Col·lecció «Estudis sobre la traducció»
Núm. 13

LA TRADUCCIÓN Y LA INTERPRETACIÓN EN LAS RELACIONES JURÍDICAS INTERNACIONALES

ESTHER MONZÓ NEBOT Y ANABEL BORJA ALBI (EDS.)

UNIVERSITAT
JAUME·I

BIBLIOTECA DE LA UNIVERSITAT JAUME I. Dades catalogràfiques

La **TRADUCCIÓN** y la interpretación en las relaciones jurídicas internacionales / Esther Monzó y Anabel Borja (eds.).— Castelló de la Plana : Publicacions de la Universitat Jaume I, D.L. 2005
p. ; cm. — (Estudis sobre la traducció ; 13)
Bibliografia.
ISBN 84-8021-540-2
1. Dret — Traducció. I. Monzó, Esther, ed. lit. II. Borja Albi, Anabel, ed. lit. III. Universitat Jaume I. Publicacions, ed. IV. Sèrie.
81'25:34

Esta publicación ha contado con el apoyo de una ayuda del Ministerio de Educación y Ciencia (BFF2002-12101-E).

Edita: Publicacions de la Universitat Jaume I. Servei de Comunicació i Publicacions
Campus del Riu Sec. Edifici Rectorat i Serveis Centrals. 12071 Castelló de la Plana
Fax 964 72 88 32
http://www.tenda.uji.es e-mail: publicacions@uji.es

ISBN 84-8021-540-2

Imprimeix: **CMYK***PRINT* - Almassora

Dipòsit legal: CS-279-2005

ÍNDICE

Parte III
Reflexiones desde la profesión

Parte IV
Colorear la literatura gris: últimas tesis en traducción jurídica

PRÓLOGO

En todo campo de conocimiento y en toda profesión, distintas personas desde posiciones diversas colaboran, al menos en teoría, para conseguir sus objetivos como colectivo. Quien investiga sobre traducción lo hace para crear nuevo conocimiento, que podrá aplicarse y mejorar la práctica, ya sea haciéndola más cómoda, rápida, racional o científica. Quien enseña esta disciplina lo hace para que todas las innovaciones lleguen a las personas que ocuparán el mercado y ofrecerán ese servicio profesional tras licenciarse. Quien administra las asociaciones y representa a los profesionales dedica su tiempo a conseguir comunicar esa innovación a las instancias de poder y a la sociedad, para demostrarles con hechos que la solución que ofrecen los profesionales funciona, y para persuadirles de que confíen en estos agentes sociales, que les permitan mayor autonomía o que les confieran mayor relevancia. Finalmente, quien se dedica a tiempo completo a traducir está ofreciendo un servicio indispensable, posibilitar la comunicación, recorriendo para ello un proceso profesional: analiza la situación comunicativa, infiere lo que se requiere para que la comunicación tenga éxito y aplica una solución que incorpora las innovaciones que le aporta la investigación, en un entorno socioprofesional tan favorable como le han podido proporcionar quienes tienen la potestad de representarle.

En nuestro caso, la existencia de esta estructura básica suele ponerse en duda desde distintos frentes. Urge, por tanto, acometer acciones y diseñar estrategias que permitan unir a todos los estamentos que tienen en sus manos el futuro de la traducción y la interpretación jurídicas. Con esta vocación, el grupo de investigación GITRAD lleva ya más de un lustro trabajando por la profesión a través de iniciativas que promuevan el conocimiento y la innovación en este campo. El presente volumen se enmarca en esta misma voluntad de trabajo, a la que se unen voces procedentes de distintos ámbitos con un objetivo común: profundizar en el conocimiento de la traducción y la interpretación del derecho. Desde estas páginas pretendemos hacer frente a un reto de divulgación profesional y académico en el que disciplinas y experiencias profesionales de muy distinta índole nos aporten luz sobre cuestiones de gran calado en nuestra comunidad profesional: quién traduce, dónde traduce, en qué condiciones y con qué medios, para quién, qué se espera de él...

LA TRADUCCIÓN Y LA INTERPRETACIÓN EN LAS RELACIONES JURÍDICAS INTERNACIONALES surge como testimonio de un compromiso de trabajo al que se ha pretendido dar una dimensión tangible al reunir las contribuciones de los autores invitados. En la selección se ha intentado mantener una diversidad de perspectivas que, en nuestra opinión ofrece una visión plural y enriquecedora. Estas páginas recogen reflexiones vivas y provocadoras sobre lo que es la traducción jurídica, su investigación, su docencia y su práctica, tanto por parte de quienes la ejercen como de quienes requieren sus servicios. Se da cabida a aportaciones que ofrecen el testimonio de contextos muy diversos: empresas privadas, tribunales de ámbito nacional e internacional, organismos internacionales, universidades y centros de investigación.

El primero de los cuatro bloques en torno a los que se estructura la obra se plantea una duda ontológica: ¿qué es la traducción jurídica? Este tipo de traducción se ha entendido a lo largo de la reflexión sobre la materia, y de la práctica, desde enfoques muy distintos, tal como queda patente en la diversidad de disciplinas a las que se ha vinculado. Las tres aportaciones que se incluyen en este bloque ofrecen visiones particulares de cómo debe entenderse y desempeñarse, y qué factores deciden la *traducibilidad* de los textos jurídicos. Las voces que conforman este bloque, Leo Hickey, Jean-Claude Gémar y Anabel Borja, combinan un profundo conocimiento práctico y teórico de la traducción jurídica que han sintetizado con claridad y precisión en estas páginas.

Leo Hickey, con su agudo sentido del humor, rebate los argumentos que plantean la traducción del derecho como un acto de comunicación imposible a través de ejemplos concretos que clarifican problemas y justifican soluciones. Jean-Claude Gémar trata la complejidad del campo del derecho resaltando el contraste de las dos familias más importantes: el derecho consuetudinario de la tradición anglosajona y el derecho civil de la tradición continental. En su contribución, Gémar subraya la necesidad de que, ante diferencias culturales irreductibles, el traductor se rija por la función que deba cumplir el texto jurídico. La propuesta de Anabel Borja se centra en un género jurídico, el testamento, y a través del análisis de su contexto de creación en los sistemas origen y término escogidos propone una aproximación a la actividad traductora basada en las restricciones y prioridades que plantea el encargo profesional.

El segundo bloque presenta la situación actual y los retos de futuro que se impone la docencia y la investigación en traducción jurídica. Laura Santamaria propone una visión integradora de las distintas competencias que se ponen en marcha en el aula de traducción jurídica y de la metodología didáctica con la que los futuros traductores adquieren esas competencias. Por su parte, Roberto Mayoral aborda uno de los temas más controvertidos en la enseñanza de esta especialidad: hasta dónde debe llegar la formación en derecho del traductor jurídico. Emilio Ortega da en este bloque un paso hacia la reflexión sobre el ejercicio práctico al distinguir, desde la perspectiva del profesional, las especializaciones a las que da acceso la traducción del derecho. Tras esta introducción, centra su trabajo en una de ellas: la traducción judicial. Luis Pérez abre el apartado de contribuciones dedicadas a la investigación con una reflexión de amplias miras sobre la influencia que las tecnologías de la información y la comunicación han tenido y pueden tener en el panorama investigador de la traducción jurídica. Finalmente, Esther Monzó cierra el apartado con una contribución que propone una transición a lo profesional desde el punto de vista de la investigación y, desde una descripción inicial sobre la situación de la traducción jurada en España, plantea un marco en el que académicos, profesionales e instituciones de representación puedan colaborar en la consecución de mejoras.

El tercer bloque lo componen reflexiones de traductores y juristas sobre lo que es y hace en el mercado profesional el traductor de esta especialidad. José Luis Díaz de Liaño nos ofrece la visión de una empresa privada; Leo Hickey sintetiza la situación profesional de la interpretación ante los tribunales a través de sus propias experiencias; Fernando Hervás nos muestra la situación del traductor en el Parlamento Europeo y describe los procesos en los que interviene; Elena Martín, desde su posición de letrada, habla del traductor e intérprete en el contexto del tribunal penal internacional para la ex Yugoslavia; y las reflexiones de Fernando Pérez Barreiro nos ofrecen una síntesis de una experiencia traductora de varias décadas en distintas instituciones internacionales.

Por último, el cuarto apartado pretende dar a conocer algunas tesis de gran calidad que se han defendido en los últimos años en las universidades españolas. Si hace una década las tesis sobre traducción jurídica que se defendían en nuestro Estado podían contarse con los dedos de una mano, parece que esta tendencia está cambiando y cada vez es mayor el número de personas que demuestran un interés entusiasta por esta rama de la traducción, también en lo que a la investigación se refiere. En este volumen se quiere reconocer la importancia de la investigación doctoral para toda disciplina otorgándoles una mención especial. Cristina Valderrey, en la Universidad de Salamanca, Elena Ferran, en la Universidad Pompeu Fabra, y Catherine Way y M. Carmen Acuyo, en la Universidad de Granada, han dedicado esfuerzos encomiables para poder ofrecernos innovación al resto de personas interesadas en esta especialidad, una innovación que nos permita seguir avanzando como grupo y ofrecer soluciones cada vez mejores a la sociedad que requiere nuestros servicios.

Espero que el esfuerzo que los autores han plasmado en estas páginas pueda tener continuidad en otras reuniones y trabajos conjuntos en los que profesionales, estudiantes, docentes e investigadores podamos comunicarnos, cooperar y difundir nuestras preocupaciones y propuestas. Todos trabajamos por un mismo campo profesional, desde opiniones y perspectivas distintas, y, si queremos obtener mejoras, necesitamos organizar nuestras iniciativas y nuestros esfuerzos. El futuro de la traducción jurídica depende de ello.

ESTHER MONZÓ
Universitat Jaume I
Julio de 2005

NOTAS SOBRE LOS AUTORES

M. CARMEN ACUYO VERDEJO (mcacuyo@ugr.es) es profesora del Departamento de Traducción e Interpretación de la Universidad de Granada, donde imparte clases de traducción jurídica y científico-técnica. Es asimismo intérprete jurado para la lengua inglesa nombrada por el Ministerio de Asuntos Exteriores desde 1999. Sus principales líneas de investigación son, entre otras, la traducción jurídica y jurada, la didáctica de la traducción jurídica, la mediación intercultural y el multilingüismo.

ANABEL BORJA ALBI (borja@trad.uji.es) es intérprete jurado para la lengua inglesa y profesora titular de traducción jurídica en la Universitat Jaume I, en la que codirige el grupo de investigación en traducción jurídica GITRAD. Su investigación se ha centrado en el análisis contrastivo y la clasificación de géneros textuales jurídicos ingleses y españoles a través del uso de corpus electrónicos. En su trayectoria de investigación destaca asimismo la creación de un campus virtual para la enseñanza de la traducción jurídica y el Proyecto de Sistema de Gestión del Conocimiento Experto para la Traducción Jurídica. Es autora de diversas obras sobre traducción jurídica y actualmente prepara un manual sobre esta especialidad.

JOSÉ LUÍS DÍAZ DE LIAÑO ARGÜELLES (jdl@celersol.com) es licenciado en Derecho, abogado del Colegio de Abogados de Madrid y traductor jurado nombrado por el Ministerio de Asuntos Exteriores para las lenguas alemana, francesa, inglesa, italiana y portuguesa. Fue director técnico de la empresa de traducciones Diorki SA hasta 1983 y desde entonces hasta la actualidad desarrolla su labor profesional como director de operaciones de Celer Soluciones SL, empresa de servicios de traducción de reconocido prestigio de la que es socio fundador.

ELENA FERRAN LARRAZ (elena.ferran@trad.upf.es) es intérprete jurado de inglés, licenciada en Derecho y doctora en Traducción. Ejerce como traductora e imparte docencia de traducción jurídica y económica en la Universitat Pompeu Fabra de Barcelona. Forma parte de la red interuniversitaria LEXTRA de Estudios sobre Derecho y Traducción y centra su investigación en la jurilingüística, línea a la que dedicó su tesis doctoral y que combina con estudios sobre didáctica de la traducción.

J. CLAUDE GÉMAR (Jean-Claude.Gemar@eti.unige.ch) ha desarrollado la mayor parte de su investigación en Canadá, donde fue director del Departamento de Lingüística y Traducción de la Universidad de Montreal. Actualmente es catedrático de la Universidad de Ginebra, donde imparte docencia de traducción jurídica y traductología. Es autor de más de un centenar de publicaciones y ha dirigido algunas de las contribuciones más relevantes del campo de la traductología jurídica entre las que cabe destacar *La traduction juridique*, número especial de la revista *Meta* de 1978, *Langage du droit et traduction. Essais de jurilinguistique* (1982) y *Jurilinguistique : entre langues et droits* (2005).

FERNANDO HERVÁS DEMPSTER (fhervas@europarl.eu.int) es funcionario del Parlamento Europeo. En el momento de redactar estas líneas era jefe de la División de Juristas-Revisores y es ahora jefe de la División de Codificación y Refundición de Textos del Servicio Jurídico del Parlamento Europeo.

LEO HICKEY (leoxxxxx@hotmail.com), M.A. y LL.B. por la Universidad Nacional de Irlanda, Dublín, licenciado y doctor en Filosofía y Letras por la Universidad Complutense de Madrid y Barrister-at-Law, es Research Professor en la Universidad de Salford, Inglaterra, donde durante varios años había ocupado la cátedra de Español. Es autor de un centenar de publicaciones sobre literatura, lingüística, estilística y pragmática españolas, así como sobre teoría y práctica de la traducción. Ejerce de intérprete y traductor jurídico.

ELENA MARTÍN SALGADO (martin.icty@un.org) es letrada de sala del Tribunal Penal Internacional para la ex Yugoslavia (ICTY) desde el año 2001. Tras finalizar sus estudios de Derecho en la Universidad de Durham y en la UNED, inició su investigación en la de Durham con un máster en Derecho Penal Internacional, al tiempo que obtuvo una ayudantía de investigación en el mismo centro que le permitió especializarse en derecho público internacional y derechos humanos. En este último campo centró sus esfuerzos como personal investigador de la Human Rights Act Research Unit del King's College de Londres. Su publicación más reciente: «The Judgement of the ICTY in the *Vasiljević* case» (2003).

ROBERTO MAYORAL ASENSIO (rasensio@ugr.es) es licenciado en Filología y doctor en Traducción. Ejerce de intérprete jurado desde hace 20 años y ha impartido docencia en las universidades de Princeton, Brigham Young, Dartmouth y en el Departamento de Traducción e Interpretación de la

Universidad de Granada, en el que es profesor titular de traducción jurídica desde hace 25 años. Cuenta con un centenar de artículos sobre traducción y es autor de *La traducción de la variación lingüística*, *Aspectos epistemológicos de la traducción* y *Translating Official Documents*, publicado recientemente en St. Jerome.

ESTHER MONZÓ NEBOT (monzo@trad.uji.es) es traductora e intérprete jurada y profesora de traducción jurídica en la Universitat Jaume I desde 1999. Es promotora de varias iniciativas relacionadas con la traducción jurídica, entre ellas la Web del Traductor Jurídico, el grupo de investigación en traducción jurídica GITRAD, que dirige junto con Anabel Borja, un campus virtual para la traducción jurídica y la red interuniversitaria LEXTRA de Derecho y Traducción. Actualmente centra su investigación en la dirección del proyecto ACTIVE sobre los aspectos socioprofesionales de la traducción e interpretación jurídicas, tema sobre el que versó su tesis doctoral defendida en 2002.

EMILIO ORTEGA ARJONILLA (eortega@uma.es) es profesor titular de traducción jurídica (francés-español) en el Departamento de Traducción e Interpretación de la Universidad de Málaga, en el que coordina el programa de doctorado Estudios de Traducción: Investigación en Traducción e Interpretación Especializadas, distinguido con la mención de calidad del Ministerio de Educación y Ciencia. Coordina asimismo la colección Interlingua de la editorial Comares, y centra su investigación en la traducción y la interpretación judiciales, línea que ha desarrollado en distintos proyectos educativos y de investigación en colaboración con el Consejo General del Poder Judicial y el Institut Libre Marie Haps, de Bruselas.

LUIS PÉREZ GONZÁLEZ (luis.perez-gonzalez@man.ac.uk) es profesor en el Centre for Translation and Intercultural Studies de la Universidad de Manchester. Tras realizar estudios de posgrado y comenzar su carrera docente en el Reino Unido, se doctoró en 1998 con una tesis sobre lingüística forense. Entre 1996 y 2004 enseñó traducción jurídica y financiera en la Universidad Europea de Madrid. Es autor de una treintena de trabajos sobre formación del traductor, traducción jurídica y lingüística forense. Recientemente, ha editado un volumen colectivo sobre la traducción en la era de la globalización (*Speaking in Tongues: Language across Contexts and Users*, 2003). Es traductor externo del Parlamento Europeo, la OMC y otras instituciones internacionales.

FERNANDO PÉREZ-BARREIRO NOLLA (perezbarreiro@btopenworld.com) ha sido traductor jefe de la Organización Internacional del Café, así como traductor y revisor de otros organismos internacionales. Se ha dedicado asimismo a la formación de traductores en las universidades londinenses de Westminster y

Thames Valley, además de colaborar en varios cursos de especialización organizados por el Institute for Translating and Interpreting, de Londres, el ISLA de Lisboa y la Universidad de Granada. En 1985 obtuvo, junto con Teresa Barro, el Premio Nacional de Traducción de Libros Infantiles y Juveniles del Ministerio de Cultura.

LAURA SANTAMARIA GUINOT (laura.santamaria@uab.es) es profesora titular de traducción jurídica en la Universitat Autònoma de Barcelona. Participa desde su creación en las pruebas convocadas por la Generalitat de Catalunya de habilitación para la traducción jurada (inglés-catalán). Es miembro fundadora de la red interuniversitaria LEXTRA de Derecho y Traducción, y su investigación se desarrolla principalmente en el campo de la didáctica y la metodología de la traducción jurídica, así como en los aspectos ideológicos de la traducción audiovisual.

CRISTINA VALDERREY REÑONES (valderrey@usal.es) es licenciada en Filología Románica (Francés) y doctora en Traducción e Interpretación por la Universidad de Salamanca; profesora en la Facultad de Traducción y Documentación de dicha Universidad, desde 1994, donde, actualmente, imparte clases de traducción especializada (ámbito jurídico) y traducción general en la dirección francés-español. Desarrolla su labor investigadora en el campo de la traducción jurídica y es autora de diferentes artículos sobre el tema, en particular, sobre la formación de traductores en dicho ámbito.

CATHERINE WAY (cway@ugr.es) es profesora de traducción e interpretación en la Facultad de Traducción e Interpretación de la Universidad de Granada desde el año 1989. También imparte clases en el curso de posgrado Experto en Derecho de Extranjería del Departamento de Derecho Internacional Privado de la Facultad de Derecho de Granada. Es asimismo traductora e intérprete profesional, y sus campos de especialización incluyen el comercio, la economía, las finanzas y el derecho. Sus líneas de investigación incluyen la traducción económica y jurídica, la traducción e interpretación juradas, la interpretación social, la direccionalidad y la didáctica de la traducción.

¿QUÉ ES LA TRADUCCIÓN JURÍDICA?

TRADUCCIÓN JURÍDICA: ¿CÓMO HACER QUE LO DIFÍCIL SEA TAN FÁCIL COMO LO IMPOSIBLE?[1]

LEO HICKEY
European Studies Research Institute
University of Salford

A DIFERENCIA DE OTROS GÉNEROS DE TRADUCCIÓN, en los que los conceptos suelen coincidir aunque los términos difieran –el sarampión sigue siendo sarampión aun cuando se denomina *measles*–, en el campo jurídico las figuras, estructuras y prácticas varían según la jurisdicción de que se trate. Esto hace depender fuertemente la facilidad, dificultad o imposibilidad de la traslación de este tipo de textos de varios factores extratextuales, entre los que la familia jurídica tiene una importancia destacada: el grado de correspondencia entre las realidades, conceptos y figuras de ambos ordenamientos jurídicos así como el de la correspondencia entre la terminología de la lengua de partida y la de la lengua meta está claramente influido por la cultura jurídica en la que se originan los documentos. No pretendo elaborar aquí una nueva teoría de la traducción jurídica pero sí quiero exponer en qué sentido concibo que la traducción jurídica resulta a veces imposible y cuáles son las causas de tal imposibilidad, o de su dificultad o facilidad en otros casos.

Para ilustrar el argumento de este artículo, sugiero empezar con un ejemplo de lo que sería una traducción fácil:

> *The defendant denied everything affirmed by the claimant.*
> TRADUCCIÓN: «El demandado negó todo lo que había afirmado el demandante.»

Aunque el término «defendant» permite una doble interpretación por cuanto se refiere tanto al demandado en una causa civil como al acusado o imputado en un proceso penal, al tratarse en un mismo contexto de un «claimant» se descarta cualquier posible ambigüedad y se elegirá, por tanto, el término «demandado».

---

1. Quiero expresar mi profundo agradecimiento a mis amigos y colegas Virginia Cano Mora, Miguel Ángel González Reyes, Paz Marín García y Carmen Ríos García por su ayuda en la preparación y redacción del presente estudio.

Por el contrario, el que sigue sería un ejemplo de lo que considero una traducción difícil:

> *Conspiracy is an offence contrary to Section 1 of the Criminal Law Act 1977 and it carries a maximum penalty on conviction on indictment of imprisonment for life in the case of Class A drugs.*

Quisiera llamar la atención del lector hacia la expresión «on indictment». El *Diccionario de términos jurídicos inglés-español, Spanish-English* de Alcaraz Varó y Hughes da por *indictment*: «documento inculpatorio, acta o escrito de acusación solemne utilizado en los juicios con jurado presididos por jueces profesionales en el *Crown Court*», lo que supongo que no aspira a ser traducción sino explicación. El *indictment* es una vía procesal de lo penal que debe su existencia al hecho de que, en el sistema judicial inglés, ciertos juicios pueden celebrarse o bien ante el Magistrates' Court (análogo al Juzgado de lo Penal), bien ante el Crown Court (Tribunal Superior). Es decir, un mismo imputado puede ser enjuiciado siguiendo dos vías –en muchos casos es el mismo imputado quien elige qué vía prefiere seguir– y, como indica el ejemplo citado, el castigo dependerá, entre otros factores, de la vía elegida.

En cualquier caso, ¿cómo traducir al español «on indictment»? Los lectores españoles potenciales podrán clasificarse para el caso entre los que ya conocen este rasgo del sistema inglés y los que desconocen el tema por completo. En consecuencia, toda traducción deberá dirigirse simultáneamente a dos clases de lectores: el que ya sabe algo, para el que la traducción debe identificar la figura en cuestión y evitar el peligro de que no se dé cuenta de que se trata precisamente de esa figura que ya conoce; y, al mismo tiempo, el lector que no sabe nada del asunto, para el que debe tener un mínimo de significado.

Sugiero, pues, que el traductor escoja uno de los rasgos más relevantes del *indictment* –juzgado frente a tribunal, procedimiento rápido e informal frente a otro más lento y formal, sin jurado (con consecuencias importantes para el tipo de defensa que pudiera prosperar) frente a procedimiento con jurado (con consecuencias concomitantes para la defensa), magistrados (en el sentido inglés, por supuesto) frente a juez, posible castigo menor frente a posible castigo mayor, etc.– para así cumplir dos funciones: identificar sin ambigüedad la vía en cuestión (para el lector que ya conoce la dicotomía), y tener sentido (para el que la desconoce).

Para este último lector lo deseable será que se explicite que se trata de una de entre varias vías –algo ya implícito en la definición de *indictment*–, aunque, por supuesto, no será cuestión de que el traductor añada nada. Por ello, no valdrían *al ser condenado por el Tribunal Superior, por el juez, por el jura-*

do, etc., puesto que no son frases restrictivas, sino que sólo constituyen prolongaciones de *condenado*: es decir, para el que no sepa la diferencia, *condenado* equivale a *condenado por el juez, por el tribunal, por el jurado*, etc. En cambio, *por la vía formal*, o incluso *por vía formal*, son frases restrictivas que dan a entender de por sí que hay, como mínimo, una vía más.

> TRAD.: «La conspiración constituye un delito en contra del artículo 1 de la Ley Británica de 1977 de Derecho Penal y todo aquel que lo cometiere será castigado, al ser condenado por la vía formal, con una pena máxima de cadena perpetua [...].»

¿Qué pasa entonces en la mente del lector español? Naturalmente, yo no puedo saberlo, pero me imagino que pensará algo así como: «El sistema inglés debe de tener al menos dos vías, y aquí se trata de la formal; esto debe de ser algo extraño que usan los ingleses; no sé lo que será pero los ingleses tienen cosas, y dicen cosas, muy raras».

Otro ejemplo de una traducción imposible sería el siguiente:

> *The defence have applied for a Newton Hearing.*

«Hearing» es 'audiencia', 'vista' o 'juicio', y «Newton» es un apellido. Una «Newton hearing» es un minijuicio dentro de un juicio penal en el que los magistrados o el juez deciden sobre un punto concreto relacionado con el juicio. Por ejemplo, si al imputado se le acusa de haber intentado asesinar a su mujer con un cuchillo, y la defensa alega que, fueran las que fueran las pruebas de intento de asesinato, no hay indicios fidedignos de que tuviera un cuchillo, para que el jurado no oiga en ningún momento la palabra *cuchillo* –lo que podría predisponerle en contra del acusado– la defensa puede solicitar una «Newton Hearing». Entonces, en ausencia del jurado, el fiscal aduce los indicios de los que dispone referentes al cuchillo, y sólo al cuchillo, y la defensa arguye que éstos no deben admitirse. Si el juez falla que hay pruebas *prima facie*, el jurado oirá hablar del cuchillo; en cambio, si falla que no las hay, el jurado no oirá en ningún momento hablar de un cuchillo.

Ahora bien, ¿cómo decir «Newton Hearing» en castellano? Peter Newmark escribe, al hablar de la traducción de «términos nacionales institucionales» (políticos, financieros, administrativos y sociales): «I suggest that alternative or supplementary information can be supplied by the translator in three ways: (a) within the text, (b) as a footnote to the page, the chapter or the book, or (c) as a glossary» (1981: 75). Lo curioso es que Newmark –y otros– presupone que forma parte del deber del traductor suministrar «alternative or supplementary information», como si fuera un perito, un asesor jurídico, una enciclopedia o un catedrático de derecho. En mi opinión, una traducción no es un tratado de derecho, y un traductor no es un jurista: aun cuando tenga estudios jurídicos, no debe entrometerse en el terreno del asesor jurídico, no le contratan para explicar derecho, asesorar o dar información jurídica y no tiene póliza de seguro que le cubra al meterse en terreno ajeno.

En el caso de una persona que puede ser afectada por un texto o documento jurídico redactado en su propia lengua, si no lo entiende, lo normal es que se deje asesorar por un jurista. Parece que Newmark y otros exigen al pobre traductor que actúe de perito y, peor aún, que asesore a personas que pueden no tener idea del sistema jurídico acerca del que ha de asesorarles. Las dos funciones o papeles son netamente distintos y la función del traductor termina al traducir.

Vamos a comentar al hilo de esta argumentación la traducción de «The defence have asked for a Newton Hearing». Si escribimos «La defensa ha solicitado una vista Newton», habremos cumplido con nuestro deber como traductores ya que, sin duda alguna, «Newton Hearing» equivale a «vista Newton», con lo que hemos desempeñado además una función muy importante que cualquier otra traducción puede no desempeñar; a saber, permite la retraducción: si se traduce el texto meta a la lengua de partida, surgirá automáticamente –a menos que el segundo traductor sea algo perverso– el término *Newton Hearing*. Ahora bien, si el traductor quiere marcar más abiertamente el término, puede elegir una formulación como la que sigue: «La defensa ha solicitado una vista de las denominadas *Newton*». El metacomentario «denominadas» señala que el traductor se exculpa, no es responsable de que los ingleses tengan esta figura ni de que la llamen así, y con ello expone que él no puede cambiar los nombres que ellos, los ingleses, dan a sus instituciones.

Obviamente, no es por el nombre propio de la «Newton Hearing» por lo que el traductor declina toda responsabilidad en el asunto. Veamos la fórmula *Without Prejudice* que, entre otras consecuencias, prohíbe que las partes de unas negociaciones se sirvan judicialmente de lo comunicado en el curso de ellas. Por ejemplo, si en unas negociaciones o intercambio de correspondencia encabezada «Without Prejudice», un demandado admite su responsabilidad por haber infligido algún daño al demandante y ofrece indemnizarle en un intento de resolver sus diferencias, pero al final no llegan a un acuerdo y acuden al tribunal, el demandante no podrá aducir, ni siquiera revelar, que el demandado ha admitido su responsabilidad u ofrecido una indemnización. ¿Qué hace, pues, el traductor? Lo que *no* debe hacer, en mi opinión, es escribir un tratado explicando el concepto: no tiene por qué saberlo, ni puede asumir la responsabilidad de explicarlo mal.

Veamos ahora la oración «They held without prejudice negotiations». Para su traducción, sugiero algo así como: «Negociaron según el sistema de *sin perjuicio*» o «Negociaron bajo el sistema denominado *sin perjuicio*», dando así a entender que el concepto trasladado tiene algo que ver con el sistema inglés, que su explicación no es algo que incumba al traductor y que, por ello, se lava las manos del asunto. Consecuencias: el traductor ha cumplido con su deber, se ha cubierto las espaldas y no se ha expuesto a equivocarse. Si el cliente quiere más explicaciones, que acuda a su asesor jurídico –lo que puede dar lugar, entre otras ventajas, a más trabajo para el traductor, a quien puede serle encargada la traducción de la carta dirigida por el asesor jurídico español a un colega inglés pidiéndole explicaciones acerca del significado de la fórmula.

Otro ejemplo para exponer la argumentación que guía este artículo sería el siguiente:

While on probation, he has to report to his Probation Officer once a week.

Un «Probation Officer» es un funcionario que vigila, apoya y ayuda a los que han sido *put on probation*, es decir, sentenciados a estar durante cierto tiempo vigilados por este funcionario. El término tiene sentido, pues, sólo dentro de cierto tipo de sistema penal. Es fundamental, por lo tanto, que la traducción no engañe al lector español induciéndole a pensar que corresponde a algo en su sistema, sino que indique claramente que se trata de otro sistema. Por ello, una traducción admisible sería «Durante el período de su probación, tiene que personarse una vez por semana ante el funcionario probatorio» o «ante el llamado *Probation Officer*». Aquí, no se trata de *traducir* en el sentido convencional del vocablo, sino de señalar que lo expresado tiene algo que ver con otro sistema penal. (Doy por supuesto a lo largo de mi estudio que el traductor entenderá el texto de partida: si no, tanto el título de este estudio, como el propio trabajo, serían mucho más breves, ya que toda traducción sería imposible).

Está claro, pues, que, mientras lo imposible es siempre intrínsecamente imposible, y lo difícil suele ser difícil, lo fácil no es siempre fácil, ya que depende del conocimiento y la competencia del traductor. Cambiando de registro, ¿es fácil, difícil o imposible traducir al inglés la sencillísima frase española «Tengo que pagar el recibo de la luz»? Para el que entiende los intríngulis de las metonimias o sinécdoques españolas, mediante las que se usa *recibo* por *factura* –dos objetos en realidad diametralmente opuestos– y *luz* por *electricidad*, será fácil decir «I must pay the electricity bill». No creo que nadie niegue que la traducción sea perfecta, aunque no se trata sólo de cuestiones lingüísticas sino de realidades, ya que en España muchas veces el recibo actúa de factura; cuando te pagan, te obligan a firmar el recibo antes, así que no sólo el lenguaje sino la realidad extralingüística son diferentes. Ahora bien, ¿es fácil, difícil o imposible traducir esa oración al inglés? La respuesta es que es muy fácil para quien sepa de metonimias y realidades en las dos lenguas.

Hay otro factor que influye en toda traducción, a saber lo que podríamos denominar la *cadena de interesados* en los textos. Ya que el que encarga una traducción no lo hace por capricho –no elige un texto diciéndose «Voy a encargar una traducción de este texto, que me parece bonito»–, se sitúa dentro de una cadena de partes interesadas. El cliente del traductor recibe el texto de parte de alguien, que se lo manda para que surta algún efecto. Una cadena muy simple y en la que yo me veo involucrado constantemente es la siguiente. Un equipo de la policía inglesa se entera de que un sospechoso inglés vive en España; no pueden trasladarse a España para buscarle o capturarle, ya que no tienen autoridad fuera de Gran Bretaña. Solicitan, pues, la ayuda de sus colegas españoles para localizarle mediante un proceso tan complejo y laborioso que parece pensado para que tanto los policías como el sospechoso hayan muerto de viejos antes de producir algún resultado.

El proceso comienza con una carta redactada por el Ministerio Fiscal inglés que se denomina *letter of request*. ¿Es fácil, difícil o imposible traducir al español el término *letter of request*? Es fácil desde el punto de vista de que tanto la función como la forma de las dos realidades se corresponden totalmente, y difícil desde el punto de vista de que el traductor no puede adivinarlo: tiene que saber, o enterarse, de que *letter of request* equivale a 'comisión rogatoria'. Lo que no debe hacer es suponer que se pueda traducir literalmente para dar 'carta de petición'. Sin embargo, los policías ingleses que se sirven de estas cartas como herramienta de su trabajo diario las llaman muchas veces *comrogs*, independientemente de que sean sus propias comisiones, redactadas por ellos mismos, o de las que les llegan de sus colegas de otros países. ¿Por qué? Porque saben que en francés se denominan *commissions rogatoires* y les hace gracia el sonido de la abreviatura *comrog*, ni más ni menos. Ahora bien, yo creo que podríamos aprovecharnos de esta actitud mental y la manera –lúdica, por supuesto– de servirse de términos en lengua extranjera, para proponer una manera de reclasificar lo imposible en fácil. Si los hablantes nativos de una lengua prefieren (en ciertos casos) llamar a algo por su nombre extranjero, teniendo un nombre perfectamente comprensible en su propia lengua, ¿no nos da eso pie a dejar en el texto meta algún que otro término extranjero?

Un apartado de la *letter of request* va encabezado por la frase «Enquiries to be made», expresión nada técnica y que entendería todo hablante de inglés, por muy analfabeto que fuera. El *Oxford Spanish-English Dictionary* da por «enquiry» 'pregunta', así que la traducción podría ser 'preguntas [o quizá, al hacerlas la policía, 'investigaciones'] que deben hacerse'. Parece muy fácil y de hecho lo sería si no fuera por el hecho de que el equivalente español no es 'preguntas', ni siquiera 'investigaciones que deben hacerse', sino 'diligencias que se interesan'. Tengamos en cuenta que existen comisiones rogatorias españolas por derecho propio y el apartado correspondiente se titula «Diligencias que se interesan», por lo que éste es el equivalente más admisible o quizá el único. Parece, pues, que no se trata de una *traducción*, ni buena ni mala, sino de buscar y encontrar la terminología correspondiente en la lengua meta.

En un momento dado, la autoridad competente española redacta una respuesta a la comisión rogatoria, alguien la traduce, y un buen día la lee un policía inglés. Aquí surge un peligro que, francamente, no sé cómo evitar o resolver, a saber, el peligro de que el original inglés –que probablemente el traductor de la respuesta redactada en español no habrá visto nunca–, no se refleje en la respuesta. Por ejemplo, si el original solicita que se informe al «National Crime Squad» del resultado de las diligencias, el primer traductor escribe «Brigada Criminal Nacional» (traducción racional y exacta) y el traductor del español elige «National Penal Brigade», o «National Criminal Brigade», el documento puede correr el peligro de que no llegue nunca a su destino, ya que la voz inglesa *brigade* no se asocia nunca con la policía, sino con el ejército o el servicio de bomberos. De paso diré que la comisión rogatoria es un género de textos –y no el único– que se redacta con la intención de que nadie la lea en la lengua de partida (excepto el redactor al redactarla y el traductor al traducirla).

Naturalmente, lo fácil, lo difícil y lo imposible representan puntos en lo que es en realidad una escala continua de dificultad. ¿Qué requisitos postulo, pues, para que sea aceptable la *traducción* de un texto o fragmento clasificable como *imposible* de traducir? Son dos: indicar que se trata de algún rasgo del sistema jurídico o de la lengua de partida, para así evitar el riesgo de que el lector crea entenderlo, y expresar dicha característica o rasgo en términos que sean retraducibles en el sentido de que, al ser retraducidos más o menos literalmente a la lengua de partida, sean comprensibles en esa lengua. Además, a mi entender estos postulados tienen una sólida base en la literatura sobre traducción en general, empezando con el sabio consejo de Peter Newmark (1995: 35): «Do not always be searching for synonyms», aunque no creo que se haya aplicado esta máxima específicamente a la modalidad jurídica.

Al resumir la «Skopostheorie», Christiane Nord (1991: 24-5) explica:

> [...] the TT recipient has a different knowledge of the world [a lo que yo añadiría que, en el caso de la traducción jurídica, el mundo también puede ser diferente], a different way of life, a different perspective on things, and a different 'text experience' in the light of which the target text is read [...]. That may mean, for example, that the target reader is not familiar with the subject matter, which in the source text is dealt with in a special terminology that is supposed to be well-known to the ST addressees or vice versa [...].

Pasando a la teoría de la *traducción documental* de la misma autora, Nord (1991: 72-73) aclara:

> Documentary translations [...] serve as a document of an ST communication between the author and the ST recipient [...]. In a documentary translation certain aspects of the ST or the whole ST-in-situation are reproduced for the TT recipient, who is conscious of 'observing' a communicative situation of which he is not a part.

En una obra más reciente, la autora (Nord, 1997: 47) añade:

> The result of a documentary translation process is a text whose main function is metatextual [...]. The target text, in this case, is a text about a text, or about one or more particular aspects of a text.

A mi entender, el concepto de la traducción *imposible* encaja en estas dos aproximaciones funcionalistas a la traducción, aunque no pienso entrar en detalles de cómo o hasta qué punto. Me parece, además, que la comisión rogatoria es especialmente *documental* puesto que, en el sentido que da Nord a ese término, no sólo llama la atención del lector a terminología y realidades ajenas a él, sino que, en la práctica, siempre o casi siempre se adjunta a la misma un anejo con la legislación pertinente a los delitos mencionados en el documento propiamente dicho.

Tampoco creo que haya ejemplo más exacto que la comisión rogatoria respecto de la opinión de Ernst-August Gutt (2000: 215) quien, al referirse a la distinción establecida por Juliane House (1997: 66-71) entre traducción *abierta* y *encubierta* (*overt* y *covert*), arguye:

> [...] in a very real sense, translation cannot be covert: since one of its defining characteristics is that it comes with the intention of informing the target audience that the original author has said or written such-and-such, it cannot achieve its objective without that intention being recognized by the audience.

En otra obra (Gutt, 1998: 46), el mismo autor comenta la coordinación de «las intenciones del comunicador con las expectativas de la audiencia». A esto añadiría que es el traductor quien define y determina estas expectativas al escribir lo que escribe, puesto que el lector acepta lo que se le ofrece sin tener ideas previas y sin formular exigencias *a priori*. Cuanta más experiencia tenga un lector en leer documentos jurídicos traducidos, más se habrá acostumbrado a trabajar con lenguaje y conceptos extraños o incomprensibles.

Todo traductor se enfrenta con dos posibilidades generales en el momento de traducir: puede llevar el mundo de partida al lector o introducir al lector en el mundo de partida. Esta idea no es original. Refleja lo dicho en 1813 por Freidrich Ernst Daniel Schleiermacher (1768-1834) sobre el hecho de que el traductor puede o bien dejar en paz en cuanto sea posible al autor trayéndole al lector, o bien dejar en paz en cuanto sea posible al lector llevándole al autor (citado en Wilss, 1982: 33). Sin embargo, mientras que en la traducción literaria se ha establecido la tradición de que el lector entra en el mundo del texto original, en la traducción jurídica no se ha establecido ninguna tradición correspondiente y el traductor tiene libertad para elegir entre las dos perspectivas: «Querido lector: este texto habla de realidades y se sirve de un lenguaje que, aunque sean propios de otro mundo, podrían existir y emplearse en su mundo, y por lo tanto se los presento como parecidos a los que usted ya conoce»; o al contrario: «Querido lector: este texto habla de realidades y se sirve de un lenguaje que son muy ajenos a los del mundo en el que usted vive, y por lo tanto le invito a trasladarse con mi ayuda a aquel mundo, en el que verá cosas extrañas y quizá incomprensibles.»

Aunque tratando casos diferentes a los que me ocupan, Enrique Alcaraz Varó y Brian Hughes (2002: 155) aclaran:

> Indeed, the only problem in certain cases is to decide whether to translate the terms or to leave them in the original English, thus marking them as technical peculiarities, the product of specific local conditions with no exact parallel elsewhere.

Lo que quiero sugerir es que la segunda técnica, la *transferencia*, se presta particularmente a los casos de traducción imposible, sea debido a causa de realidades y figuras o a causa del lenguaje y el estilo que no corresponden de un sistema a otro. La idea que defiendo es optimista ya que se basa en la premisa de que, si en estos casos la traducción se presenta como imposible, no podremos hacerla, y, para no hacer nada, haremos algo más factible. Y ¿qué podría ser más factible que dejar las cosas tal y como aparecen en el original, o bien en la misma lengua de partida o en todo caso levemente cambiadas?

Para explicar lo que entiendo por «levemente cambiadas», veamos como ejemplo la *Police Caution*. Se trata de una advertencia o amonestación que puede administrar un funcionario de la policía que no sea (aparte de ciertos casos excepcionales) de un grado inferior al de inspector después de haberse practicado una investigación e interrogado (en inglés se dice *entrevistado*) al sospechoso, siempre que éste manifieste su consentimiento y se reúnan tres requisitos: (*a*) el delito (o falta) sea de menor cuantía, (*b*) el imputado no tenga antecedentes penales y (*c*) haya confesado su culpabilidad. Se trata, en realidad, de un *modo de disponer* del caso y del delincuente, según la terminología de la policía inglesa. Se le toman al imputado las huellas dactilares, una fotografía y una muestra de ADN, se guardan sus datos en el ordenador de la policía y, en caso de reincidir, podrá ser castigado por los dos delitos (o faltas). Con estas salvedades, queda en libertad incondicional.

El término *caution* podría traducirse de varias maneras ('caución', 'amonestación', 'advertencia', etc.) pero la traducción quedaría *vacía*, y únicamente alcanzaría las palabras, sin tocar ninguna realidad propia del ordenamiento español. En mi actividad profesional, he traducido infinitas *cautions* y siempre uso el término 'amonestación'. En la situación real, el interesado se da cuenta rápidamente de lo que es la *amonestación* y sugiero que se puede emplear el término sin escrúpulos, ya que tiene sentido en español y un traductor que no lo conozca lo encontrará al abrir cualquier diccionario.

Como escribe Gideon Toury (1995: 207-8):

> [...] it is a well-documented fact that in translation, linguistic forms and structures often occur which are rarely, or perhaps even never encountered in utterances originally composed in the target language. The occurrence of such 'alien' phenomena owes much to the fact that the verbal formulation of a translation is partly governed by a felt need to retain aspects of the corresponding source text invariant, which is a strong target-external constraint on its establishment [...] source-text interference is indeed an important source of forms which clearly deviate from general target-language patterns [...].

Tres consecuencias de lo que aquí sugiero serían, pues: usar términos y estructuras que no resultarían normales en el sistema meta (sean términos de la lengua de partida como «vista Newton» o términos de la lengua meta como «amonestación»); con ello el lector se da cuenta de que tales términos y estructuras tratan de algo que no entiende del todo; y, al retraducir más o menos literalmente el texto meta a la lengua de partida, el lector del texto traducido comprenderá algo.

Vuelvo a citar a Gideon Toury (1995: 28):

> […] it is not unusual for a certain amount of deviance to be regarded not only as *justifiable*, or even *acceptable*, but as actually *preferable* to complete normality […]. Moreover, even if they are not culturally favoured, deviations – even when they manifest themselves in the very make-up of the texts – do not necessarily disturb the 'persons-in-the-culture'.

Repito que, en mi opinión y de acuerdo con mi experiencia, los clientes y los lectores de una traducción son conscientes de que ésta puede ser muy diferente de cualquier texto original, aceptan lo que se les entrega sin ponerse a la defensiva: no suelen ser seres agresivos, como a veces lo son los críticos, los profesores universitarios o los traductólogos.

Otra consecuencia más es que, si nos permitimos *traducir* lo imposible dejando lo que se encuentra en el texto de partida o bien exactamente tal y como aparece en ese texto o bien levemente cambiado, ¿por qué no echar mano de la misma estrategia o subterfugio en casos no estrictamente *imposibles* sino solamente *difíciles*? Y, como la categoría de *difícil* es flexible, ¿por qué no servirnos de ella en casos, no estrictamente difíciles, sino sólo un poco difíciles o tirando a fáciles, según nuestra competencia y nuestra percepción del texto? Al fin y al cabo, nuestros clientes y lectores (al menos la inmensa mayoría de ellos) no pueden adivinar lo que es –para nosotros– fácil, difícil o imposible. Esta distinción queda estrictamente para usos domésticos y no vamos a aclararles que un texto dado ha sido fácil, difícil o imposible, arriesgándonos con ello a que piensen que nos pagan demasiado (en el primer caso) o que somos incompetentes (en los dos últimos casos).

Es curioso que, aunque diferentes estudiosos de la traducción han tratado la posible imposibilidad de la traducción con referencia a otros géneros de textos, ninguno parece haber tocado el género jurídico. Por ejemplo, Hatim y Mason (1990: 13) –como otros, entre ellos James Holmes (1988: 45)– se preguntan si la poesía es, o no, traducible, sin hacer su duda extensiva al género jurídico.

Veamos ahora un texto que, al enfrentarme con él hace poco, me pareció a primera vista imposible de traducir –o quizá meramente difícil o casi fácil– por motivos puramente lingüísticos. Se refiere al artículo 170 de la Customs and Excise Management Act 1979 (Ley Británica de 1979 de Administración de Aduanas y Arbitrios), el cual establece:

> *[…] if any person is, in relation to any goods, in any way knowingly concerned in any fraudulent evasion or attempt at evasion:-*
> *(a) of any duty chargeable on the goods;*
> *(b) of any prohibition or restriction for the time being in force with respect to the goods under or by virtue of any enactment, or*

(c) of any provision of the Customs and Excise Act 1979 applicable to the goods, he shall be guilty of an offence under this section and may be arrested.

Notamos que el sustantivo inglés «evasion» se combina perfectamente con los sustantivos «duty» ('tasa' o 'impuesto'), «prohibition or restriction» ('prohibición o restricción') y «provision of an Act» ('disposición de una ley'). Me pregunté si serían admisibles en español las colocaciones correspondientes: «Incurrirá en un delito [...] aquel que estuviere involucrado en una evasión fraudulenta de cualquier tasa [...], de una prohibición o restricción [...] o de cualquier disposición de una Ley [...]». Al enfrentarme con esta cláusula (precisamente en el anejo de una comisión rogatoria), pedí la opinión de cuatro amigos y colegas españoles, quienes optaron por: «evasión de una tasa», «elusión de una prohibición o restricción» e «infracción de una disposición legal» (dos); «eludir una tasa», «burlar una prohibición o restricción», y «sustraerse a una disposición legal»; y «evadir una tasa», «eludir una prohibición», e «infringir una disposición legal».

Está claro que ninguno de mis informantes optó por la colocación de «evasión» con «tasa», «prohibición o restricción» y «disposición» sino que eligieron tres colocaciones distintas. ¿Por qué, pues, no me convencieron sus traducciones y seguí preguntándome si la colocación en cuestión daba lugar a un texto imposible de traducir? Sencillamente porque el inglés habla de una «evasion of duty [...] prohibition or restriction [...] provision», refiriéndose a un solo delito aunque cometido de tres maneras diferentes (análogo al robo de drogas, coches y teléfonos móviles), mientras que las versiones de mis cuatro informantes hablan de la «evasión de una tasa, elusión de una prohibición e infracción de una disposición», estableciendo tres delitos distintos (análogo al suministro de drogas, conducción de coches con exceso de velocidad y robo de teléfonos móviles). ¿Qué hacer, pues? Me pregunté si sería aceptable lo siguiente:

> Incurrirá en un delito a tenor del presente artículo y podrá ser detenido todo aquel que, con respecto a cualquier bien o cualesquiera bienes, estuviere de cualquier manera y a consciencia involucrado en una evasión fraudulenta o un intento de evadir fraudulentamente:-
> (*a*) el pago de cualquier tasa imponible al bien o a los bienes;
> (*b*) cualquier prohibición o restricción vigente en un momento dado y referente al bien o a los bienes de conformidad con, o como consecuencia de, alguna disposición legislativa; o
> (*c*) cualquier disposición de la Ley Británica de 1979 de Aduanas y Arbitrios que sea aplicable al bien o a los bienes.

Al encontrarme aparentemente obligado a elegir entre una versión que contuviera unas colocaciones dudosas –«evadir el pago [...] [evadir] cualquier prohibición o restricción [...] [evadir] cualquier disposición de la Ley»– y otra que cambiara el significado del texto –«evadir el pago [...] eludir cualquier prohibición [...] infringir una disposición legal»–, y convencido de que la *exactitud* o la *fidelidad* importa más que la corrección lingüística, la elegancia estilística o la comprensibilidad, había optado por la primera estrategia, hasta que uno de mis colegas (M.A.G.R.), a quien agradezco de manera especial su colaboración, me hizo ver que el comportamiento semántico y sintáctico del sustantivo y el verbo españoles «elusión/eludir» era idéntico al del inglés «evasion/evade». Propongo, pues, la versión siguiente:

> Incurrirá en un delito a tenor del presente artículo y podrá ser detenido todo aquel que, respecto de cualquier bien o cualesquiera bienes, estuviere de cualquier manera y a consciencia involucrado en una elusión fraudulenta o un intento de eludir fraudulentamente:-
> (*a*) el pago de cualquier tasa imponible al bien o a los bienes;
> (*b*) cualquier prohibición o restricción vigente en un momento dado y referente al bien o a los bienes de conformidad con, o como consecuencia de, alguna disposición legislativa; o
> (*c*) cualquier disposición de la Ley Británica de 1979 de Aduanas y Arbitrios que sea aplicable al bien o a los bienes.

Este ejemplo aumenta el optimismo ya mencionado e inherente en la flexibilidad de la categoría de *imposible* tal y como yo la concibo, demostrando que a veces lo que parece imposible no tiene necesariamente que serlo. (Sólo queda por aclarar que la séxtuple repetición de «cualquiera» en el texto meta refleja el uso ocho veces repetida de «any» en el original inglés.)

¿Cuál es, pues, mi aportación, si la hay, a la práctica de la traducción jurídica? Sugiero que, al enfrentarse con textos imposibles de traducir (incluyendo en esta flexible categoría textos difíciles y no tan difíciles), el traductor habrá cumplido con su deber si señala lo más claramente que pueda (o bien al comienzo de la traducción o como parte integral de la misma *traducción* del segmento imposible) que *el original es así*, o exactamente igual o levemente adaptado, ya que él no tergiversa, moldea, conforma, metamorfosea o traduce realidades del mundo de partida, ni es un fabricante, creador o confeccionador de términos nuevos, sino que sólo toma metafóricamente de la mano al lector y le dice: «Mire usted, querido lector, esto es lo que dice el texto, así es cómo lo dicen en el mundo de partida, son cosas de ellos, el texto es así porque así son ellos.» De manera que, lejos de prescribir o dictaminar, sólo he querido insinuar, partiendo de mi propia experiencia y manera de pensar sobre estos problemas, que lo imposible puede venir a ser tan fácil como lo fácil y desde luego mucho menos difícil que lo difícil.

BIBLIOGRAFÍA

ALCARAZ VARÓ, E. y B. HUGHES (1993): *Diccionario de términos jurídicos: Inglés-Español, Spanish-English*, Barcelona, Ariel.

— (2002): *Legal Translation Explained*, Manchester, St. Jerome.

GUTT, E.-A. (1998): «Pragmatic Aspects of Translation: Some Relevance-Theory Observations» en L. HICKEY (ed.) (1998): *The Pragmatics of Translation*, Clevedon, Multilingual Matters, pp. 41-53.

— (2000): *Translation and Relevance: Cognition and Context*, Manchester, St. Jerome (1ª edición de 1991).

HATIM, B. y I. MASON (1990): *Discourse and the Translator*, Londres, Longman.

— (1997): *The Translator as Communicator*, Londres, Routledge.

NEWMARK, P. (1981): *Approaches to Translation*, Óxford, Pergamon.

— (1995): *A Textbook of Translation*, Hemel Hempstead, Phoenix ELT (1ª edición de 1988).

HOLMES, J. S. (1994): *Translated!: Papers on Literary Translation and Translation Studies*, edición de Raymond van den Broeck, Amsterdam, Rodopi.

HOUSE, J. (1997): *Translation Quality Assessment: A Model Revisited*, Tubingen, Narr.

NORD, C. (1991): *Text Analysis in Translation: Theory, Methodology, and Didactic Application of a Model for Translation-Oriented Text Analysis*, Amsterdam, Rodopi.

— (1997): *Translation as a Purposeful Activity: Functionalist Approaches Explained*, Manchester, St. Jerome.

TOURY, G. (1984): *Descriptive Translation Studies and Beyond*, Amsterdam, John Benjamins.

WILSS, W. (1982): *The Science of Translation: Problems and Methods*, Tubingen, Narr.

LA ASIMETRÍA CULTURAL Y EL TRADUCTOR JURÍDICO. EL LENGUAJE DEL DERECHO, LA CULTURA Y LA TRADUCCIÓN[1]

Jean-Claude Gémar
ETI, Universidad de Ginebra

La comprensión de los otros es un ideal contradictorio: nos pide cambiar sin cambiar, ser *otros sin dejar de ser nosotros mismos.*
Octavio Paz (1983: 31)

1. INTRODUCCIÓN

Este ensayo está dedicado a la traducción, y más concretamente a la traducción de textos jurídicos. Dado que el derecho es a la vez producto y representación de una cultura, trataré en primer lugar el factor cultural (1), porque desempeña un papel esencial en traducción, pero lo haré de forma muy breve ya que el problema que plantea sobrepasa los límites de la traductología. A continuación, analizaré el lenguaje del derecho como lengua de especialidad (2), aunque también brevemente puesto que es objeto de exhaustiva investigación tanto en lingüística como en jurilingüística.[2] Pese a que la cuestión de la traducción de las lenguas de especialidad (3), la jurídica en particular, sigue siendo de gran interés para la formación del traductor, me detendré sólo en lo esencial puesto que este tema ya se ha tratado ampliamente (Gémar, 1995; Sarcevic, 1997). Por otra parte, es importante determinar todo lo que se entiende por *texto jurídico.* Trataré de aclarar la cuestión (4) antes de analizar este tipo particular de texto y su relación con la traducción (5). Abordaré después el tema de la equivalencia en traducción, pero aplicada al texto jurídico (6). Este ideal de equivalencia sigue siendo un terreno sin explorar, todavía demasiado vago a pesar de las aportaciones más recientes de los traductólogos. Basta con plantear la cuestión de la comparación o la distinción que se

1. La traducción de este texto y de las citas es de Marta Renau Michavila. En las citas traducidas se conserva la paginación del volumen referenciado en la bibliografía.
2. Son innumerables las bibliografías y trabajos dedicados a este tema. Véase, por ejemplo: http://www.umoncton.ca/cttj/documents/actualitesjurilinguistiques.pdf.

debe hacer entre traducción y adaptación para comprender la complejidad de la noción de equivalencia en traducción. Guarda todo su misterio, que es el del lenguaje, el de las lenguas naturales y la *palabra* que éstas producen, es decir, el misterio del sentido y los significados (7).

2. LENGUA, CULTURA Y TRADUCCIÓN

La traducción, actividad tan antigua como la humanidad, es esencialmente humana hasta los años 60. Con el desarrollo de la informática, la traducción es cada vez menos propiedad del hombre, que se encuentra cada vez más asistido o incluso reemplazado por la técnica y las máquinas (Mitkov, 2003).

De ahí que la naturaleza misma de la traducción haya cambiado. Se espera del traductor más un *savoir-faire* que una simple competencia. La cantidad de textos denominados *pragmáticos* aumenta constantemente, dado que son producto de innumerables actividades humanas de nuestras sociedades, sedientas de conocimientos y voraces de información de todo tipo. Proporcionalmente, como muestran las estadísticas publicadas por la UNESCO (2003),[3] el volumen de traducción de textos *estéticos*,[4] antaño dominantes, no deja de disminuir en beneficio de la traducción utilitaria. Esta tendencia refleja la orientación actual de la sociedad postindustrial, que se dedica más a actividades de servicios remuneradas (de orden comercial, económico, jurídico, técnico, etc.) que a actividades no lucrativas.

La traducción no ha dejado de ser un vehículo excepcional de información, de conocimiento y de saber desde hace unos 5.000 años (Gémar, 1995: 21). Al permitir que se descubran obras y producciones humanas elaboradas y transcritas, a veces miles de años atrás, en una lengua extranjera, al dar acceso a civilizaciones y culturas del pasado o del presente, la traducción ha contribuido al desarrollo de la humanidad en tres vertientes distintas: las ideas que circulan en el seno de cada agrupación humana, la organización de las sociedades y su economía.

La Pléyade en Francia y la Vulgata en Alemania muestran que la traducción es un vector extraordinario de enriquecimiento lingüístico y cultural y, para una lengua, un medio rápido y simple de desarrollarse: basta con importar y después adaptar un modelo extranjero, como hizo la Pléyade. El tiempo

---

3. La UNESCO proporciona esta información también en su página web (URL www.unesco.org/culture/xtrans)
4. Según la división clásica de la traductología contemporánea en textos literarios/estéticos y pragmáticos/utilitarios.

se encarga de seleccionar, manteniendo sólo aquello que constituye un uso para unos y, para otros, un uso útil, funcional o criticable. Las principales lenguas vehiculares pasaron en un momento dado de su historia por una fase vertical, en la que la influencia se ejercía de arriba abajo. Sometidas a dominación al principio, se liberaron progresivamente del yugo bajo el que las mantenía una tradición (cf. Juramentos de Estrasburgo en 842: romance y germánico contra latín) o una ocupación extranjera (cf. inglés contra francés, francés contra alemán e inglés; alemán contra francés o sueco; flamenco contra español; español contra árabe, etc.) y salieron enriquecidas y reforzadas de esta confrontación.

Si trasladamos esta situación a nuestra época, observamos que se tiende a establecer una relación de *alter ego*. Al menos entre las principales lenguas vehiculares, ya que el inglés –*lingua franca* de nuestro tiempo– constituye un caso aparte: en relación con la lengua de Shakespeare, cualquier lengua está en situación de inferioridad. El mercado, sobre todo el de la edición, dicta sus propias leyes, también en traducción. Y digo bien: *se tiende* a una relación de igualdad, dado que la realidad, cada vez más matizada, es diferente. De hecho, no son los grandes poderes –literarios, económicos, militares o comerciales–, salvando las distancias, los que producen más traducciones, sino los países como Bélgica, Finlandia, Países Bajos o Noruega (cf. *Index Translationum*). En su caso, al contrario que en las principales lenguas vehiculares, la necesidad obliga.

2.1. Lengua y traducción

Sabemos lo que el desarrollo de las lenguas debe a la traducción. Sin embargo, una sociedad que sólo confiara en la traducción como modo de desarrollo de su lengua, su cultura y su saber correría gran peligro de perder su alma. De hecho ¿qué podría expresar una sociedad solamente *traducida*? Como afirma Montesquieu en *Cartas persas*, una sociedad así no pensaría, ya que no se expresaría por sí misma. En tal caso no podríamos hablar de *sociedad de expresión* (Gémar, 1983).

La traducción sólo es, en el mejor de los casos, una aproximación, un acercamiento al texto de partida según un proceso que he calificado de antropológico (Gémar, 1995). Para el escritor y ensayista antillano Edouard Glissant: «La traducción, arte del acercamiento y de la aproximación, es un ejercicio de indagación.» (1993: 28).

La traducción no deja de ser la principal forma de transferencia de un texto redactado en una lengua hacia un texto escrito en otra lengua. Es sin duda el vector más utilizado en el mundo con este fin. Numerosos países han destacado en esta práctica, entre ellos Canadá, que comparte con Camerún, entre otros, el temible privilegio de tener que trasladar la lengua, el texto y el espíritu de sus leyes no sólo a otra lengua y, por una vez, del francés al inglés, sino a otro sistema jurídico situado en las antípodas del primero.

La lengua es el pilar en el que se sustenta la historia de un pueblo. Las palabras que la componen y el discurso que la expresa traducen los valores de un patrimonio común, que cada generación se esfuerza por transmitir dejando su impronta, su *huella* (Glissant, 1993).

Además del desarrollo del pensamiento y la técnica y del enriquecimiento de las culturas por medio de una literatura didáctica en lenguas vulgares, la traducción ha influido considerablemente en el curso de la evolución lingüística. El traductor enriquece su lengua con palabras nuevas, imágenes y giros que no le habrían llegado de forma natural o que no habría imaginado si no se hubiera puesto en contacto con el texto extranjero. Las lenguas hacia las que se empezó a traducir el griego y el latín eran mucho menos ricas y estaban menos desarrolladas que las lenguas de partida, ya que se trataba de dialectos esencialmente hablados y, por tanto, desprovistos de tradición escrita. En comparación, las lenguas de referencia, llamadas clásicas, fertilizaron las lenguas vulgares a través de numerosos préstamos que tomaron generaciones de traductores.

Esta afirmación de las lenguas vernáculas ante el griego y el latín se la debemos en parte a la paciente labor del traductor. Fue él quien contribuyó a promover el estatus de las lenguas de llegada, elevándolas poco a poco al nivel de su modelo clásico e impulsándolas hacia la modernidad. Cuando consideramos las lenguas de oíl y de oc y las numerosas transformaciones, variantes y acentos que engendraron, en un espacio sin embargo tan limitado como el sur de Europa, vemos lo que podría representar la aportación lingüística y cultural de la región vecina. Este «frottement de la cervelle contre celle d'autrui» sigue siendo la mejor forma de abrir y desarrollar el espíritu. El conocimiento de otra lengua no sólo enriquece el vocabulario de la persona que lo posee. Si se trata además de una lengua de una familia alejada de la nuestra, su influencia será todavía mayor. El acceso a una cultura, a formas de decir, de pensar y de hacer diferentes alimenta otro tanto nuestro espíritu. Es la diferencia, más que la proximidad, la que constituye la fuente del enriquecimiento personal. Con relación a nuestra lengua, nuestra cultura y nuestros conocimientos, esta diferencia, esta distancia, son otros tantos factores multiplicadores y, para André Gide al abandonar su lengua, el mejor medio de volver a ella para penetrarla a fondo.

2.2. Desafíos y funciones de la traducción

Pero existe un riesgo, percibido por Octavio Paz (1983: 31). El dilema que plantea la comprensión de los otros ¿no es el mismo al que se enfrenta el traductor diariamente? Dividido entre el etnocentrismo, del que serían tradicionalmente buena prueba los imperios culturales y sus ciudadanos (Berman, 1984), y la tentación de ponerse a la escucha del Otro, el traductor es un ser ambivalente. Sin embargo, en su favor hay que admitir que la lengua expresa valores de un patrimonio común o, dicho de otro modo, de una *cultura*, si se admite que nos podamos poner de acuerdo sobre el sentido que se da a este término polifónico, que lingüistas y traductólogos tanto se han esforzado por definir. Por ejemplo, para el lingüista Emile Benvéniste la cultura es «el *medio humano*, todo lo que allende el cumplimiento de las funciones biológicas da a la vida y a la actividad humanas forma, sentido y contenido». (Benvéniste, 1966: 30). Peter Newmark, el traductólogo, ve en la cultura «[...] la forma de vida y las manifestaciones que son características de una comunidad que utiliza un lenguaje determinado como forma de expresión» (1988: 94). Para Claude Hagège, actuar sobre las lenguas viene a ser actuar sobre *las propias culturas* (1985: 204). Afirmaciones que no podrían dejar indiferente al traductor, y que de hecho nos dejan insatisfechos.

Por ello, para comprender todo el alcance del término que encubre una noción tan marcadamente connotada, habría que remontarse a las fuentes de la civilización y de los mitos fundadores (Dumézil, 1995), y convocar simultáneamente a la antropología (Lévi-Strauss, 1949), la sociolingüística y la traductología (Nida, 1996), e incluso, en lo que depende concretamente del texto jurídico, a la antropología jurídica (Rouland, 1991, Vanderlinden, 1996). Edgar Morin, que ha consagrado su vida al estudio del conocimiento y del saber, ve en la cultura (Morin, 1999: 3.3):

> El conjunto de saberes, conocimientos prácticos, reglas, normas, prohibiciones, estrategias, creencias, ideas, valores y mitos que se transmite de generación en generación, se reproduce en cada individuo, controla la existencia de la sociedad y mantiene la complejidad psicológica y social. No hay sociedad humana, arcaica o moderna, que esté desprovista de cultura, pero cada cultura es singular. Así, siempre hay una cultura en las culturas, pero *la* cultura sólo existe a través de *las* culturas.

Lo mismo ocurre con la traducción. Para quien dude que la cultura es consustancial a la lengua, el ejemplo de Canadá muestra una estrecha interacción entre los aspectos lingüísticos, culturales y sociopolíticos (Plourde, 2000) que representa muchos desafíos, de los que *la identidad* (Taylor, 2000: 352) constituye el epicentro.

El hecho es que se trata de un fenómeno raro, una excepción cuyo elemento clave es la traducción. Sin ella, ninguna comunicación interlingüística sería posible. Gracias a la traducción,[5] el Estado de Canadá ha podido hacer funcionar de forma eficaz sus instituciones en un territorio inmenso con dos lenguas oficiales, el inglés y el francés, sancionadas en su constitución (1867, 1982). Aquí prima la voluntad (política) de respetar la lengua *y* la cultura de los dos pueblos fundadores al ofrecerles las condiciones y los medios para expresarse en el ámbito nacional.

¿Es, entonces, en la capacidad de una lengua para *repeler lo extranjero* (Berman 1984: 26) en donde reside su *fuerza*, como parece creerse comúnmente? También podríamos preguntarnos si la verdadera fuerza de una lengua no viene más bien, como creía Gœthe, de su capacidad para *devorar* lo extranjero. Aún así, siempre subsistirán vestigios. Prueba de ello son, por ejemplo, las principales lenguas europeas y sus numerosos préstamos a otras lenguas, a veces muy antiguos, durante el curso de su evolución. Esto ha podido llevar al ensayista suizo Iso Camartin a pensar, a propósito del retorromano, que aunque toda cultura (y lengua) está profundamente enraizada en su zona, el fragmento, esto es, la lengua y la cultura locales, no puede ignorar lo extranjero (es decir, el todo: el vecino, el mundo), sin correr el peligro de anquilosarse (Camartin, 1996). El ejemplo de Canadá, y sobre todo el de Quebec, es revelador. La lengua francesa, en contacto con el inglés, ha evolucionado de forma sorprendente desde la «revolución tranquila» (Plourde, 2000: 232-319).

La mayoría de las grandes ideas vehiculadas en occidente, en las principales lenguas de civilización, fueron introducidas por medio de la traducción. Si bien a principios de la era de la traducción esta actividad se reducía esencialmente a la traducción en lengua vernácula de textos griegos y latinos, no tardó mucho en pasar a las lenguas vulgares. Cada pueblo aprovechó las riquezas ofrecidas por la lengua de otros: los rusos se beneficiaron de las aportaciones de la lengua alemana; los alemanes y los ingleses, de las del francés. Y ya sabemos lo que el francés debe a la acción de la Pléyade. Ninguna lengua ni ningún país se bastan por sí mismos. El contacto con un pensamiento formado en otros lares produce una reacción instintiva en el espíritu, que bien se abre a él y se alimenta, aunque sea por emulación o imitación, o bien se

---

5. Y en especial a la traducción jurídica. Véase sobre este punto mi tesis doctoral *Fonctions de la traduction en milieu bilingue et langage du droit au Canada*, Toulouse, Université du Mirail, 1994 [reprografiado].

encierra en sí mismo, en un reflejo de autodefensa o de rechazo, para protegerse (Berman, 1984). Habría por tanto culturas abiertas y culturas *cerradas en sí mismas* (Morin, 1999: 3.3). Un pensamiento original, si consigue ser comunicado, independientemente de la lengua que lo exprese, suele ser un poderoso estimulante para quien lo descubre. De este pensamiento original se derivan otros, y así sucesivamente. Ya no es necesario probar el efecto multiplicador de una traducción.

En suma, la traducción tiene como función «poner en contacto una cultura extranjera con otra, y preparar el terreno para un *tertium quid*, un nuevo mundo intelectual» (White, 1985: 52). Forma parte intrínseca del desarrollo de la Unión Europea, en la que se ha convertido en un desafío lingüístico, y también político y económico teniendo en cuenta el número de lenguas en juego (Moréteau, 1999: 143).

2.3. La resistible atracción de las culturas

Circulan muchas ideas sobre la relación entre cultura y traducción. Pensamos, y es una intuición a menudo acertada, que cuanto más se aleja una cultura de la del traductor, más difícil es para éste trasladarla a su texto de llegada. El ejemplo de la traducción de la Biblia a determinadas lenguas, como por ejemplo algunas africanas, lo prueba sobradamente: las nociones de desierto, de tienda, de arena y de espacio plantean grandes dificultades al traductor cuyo destinatario vive en el corazón de «este magnífico y salvaje manto verde» (Loti) que es la selva virgen. Pero no por eso hay que subestimar los obstáculos que presentan las lenguas y culturas *hermanas*. Como apunta Iso Camartin, el extranjero es ante todo el vecino (Camartin, 1996: 24). Tal como veremos más adelante, la proximidad e incluso la cohabitación de lenguas y de sistemas no garantizan de ningún modo la *transmisión* de un hecho cultural (cf. Sparer, 1979).

Esto quiere decir que la cultura está en el seno de la problemática de la traducción y de las dificultades que plantea al traductor. Según Amparo Hurtado (2001: 607-608):

> La traducción no sólo se produce entre dos lenguas diferentes, sino también entre dos culturas diferentes; la traducción es, pues, una comunicación intercultural. El trasvase de los elementos culturales presentes en un texto es uno de los mayores problemas a que se enfrenta el traductor.

Paul Bensimon comparte esta opinión y afirma (Bensimon, 1998: 10):

> [...] la traducción es una de las vías esenciales de comunicación intercultural y uno de los principales modos de crecimiento de las culturas. No es menos cierto que el hecho cultural, en su esencia, resiste con fuerza a la operación de la traducción, primero por su irreductible singularidad, su anclaje en una cultura original más o menos diferente de la cultura receptora [...].

Sin embargo, es otro tipo de resistencia en el que hay que pensar puesto que, antes de empezar a traducir un texto, hay que comprenderlo. Independientemente de la complejidad de las operaciones que intervienen en el proceso que conduce a la comprensión de un texto, fenómeno que excede el ámbito de este estudio, el traductor deberá reconocer desde el primer instante el contexto al que pertenece dicho texto. Interviene entonces la distinción, reciente en lingüística y traductología contemporáneas, y por tanto discutible, que hacemos entre (texto) *estético* y (texto) *pragmático*.

Podemos entender las razones, pero no por ello aceptarlas tal cual. La división maniquea del mundo en dos hemisferios, el del trabajo y los negocios (y, por tanto, el *pragmatismo* de una producción de intención práctica) opuesto al del ocio y el descanso (aspecto lúdico del texto de ficción), invita, por motivos de orden práctico, a simplificar y reducir un fenómeno mucho más complejo de lo que parece, más que a analizarlo y explicarlo. Por mi parte, siguiendo a Goethe, prefiero hablar de lengua de *naturaleza* y de lengua de *cultura* (Gémar, 1995: 173), que dan lugar al nacimiento de los correspondientes textos.

Como parte integrante de una cultura, la traducción viene a ser su levadura. La enriquece mientras la deforma, a menudo por largo tiempo. La traducción, etnocéntrica o no, es formadora, como lo fue por ejemplo en los siglos XVI y XVII. Pero si es etnocéntrica, si produce un texto en el que el *destinatario* (lector) se encuentra como en su casa, me parece menos fecunda que una traducción que, procedente de una lengua, cultura o tradición extranjeras, sorprende, molesta o incluso zarandea al lector, obligándole a interrogarse y enriqueciéndole con su diferencia. Además, para que la traducción sea «la esencia misma de la civilización», como afirma Isaac Bashevis Singer,[6] tal vez el traductor deba tender más hacia la liberación del texto extranjero y resistir a la atracción de la cultura de llegada. De ahí se deduce que la traducción[7] es desestabilizadora por definición, que debe provocar un choque saludable en el lector y dejar huellas tras su paso. El enriquecimiento, y por tanto la civiliza-

---

6. En una entrevista concedida a *Time*, 19 de noviembre de 1985, p. 139.
7. Literaria, se entiende. Sin embargo no podemos excluir otras categorías de textos, entre ellos ciertos textos jurídicos (contratos, testamentos o sentencias, por ejemplo).

ción, nace también de este choque, de esta diferencia. Traducir no consiste necesariamente en deleitar al destinatario, en agradarle al encontrar el texto que espera leer, sino más bien en sorprenderle proponiéndole un texto extranjero a su cultura, a sus costumbres. Para Gide, el interés de un libro reside en «la revelación de una nueva actitud ante la vida» (tercera *Lettre à Angèle).* En definitiva, mediante la traducción, el traductor aspira a (re)encontrar la intención real del autor del texto, y no a comportarse como si fuese el propietario cuando sólo es su *trustee*, es decir, un tenedor temporal, ligado por una convención implícita al autor del texto.

Los fundamentos tradicionales de las culturas, tanto al norte como al sur, se tambalearon violentamente tras el final de la Segunda Guerra Mundial. Esto provocó una transformación de la que todavía no acertamos a distinguir los límites. En la era de la mundialización, parece que nos dirigimos hacia una forma de cultura que descansa sobre bases más amplias y más frágiles al mismo tiempo, una cultura que será a la vez mixta y más integrada. De ahora en adelante, ya no se apoya únicamente sobre el pilar literario, clásico o moderno. El patrimonio informativo del traductor de nuestro tiempo ya no puede estar constituido sólo por el conocimiento de costumbres y obras literarias de una época. El bagaje del traductor también debe abarcar el conocimiento de los hechos, de los acontecimientos sociales, económicos, políticos, científicos e incluso técnicos de su tiempo. Es así como se forma una cultura denominada *general*, es decir, un bagaje compuesto tanto de saberes como de los conocimientos prácticos de la sociedad.

2.4. El traductor, mediador intercultural

Si la operación traductora es ante todo, según los teóricos del lenguaje, un acto de comunicación, también es como mínimo un acto de fe, de confianza del traductor en el éxito de la comunicación interlingüística, a pesar de los obstáculos que hay que superar. Para alcanzar este objetivo, el traductor deberá:

1. comprender el mensaje;
2. reescribirlo, y
3. trasladarlo.

Para ello, la máquina o la técnica todavía representan sólo un medio, más o menos eficaz según el caso, de trasladar el mensaje y establecer la comunicación (Bouillon, 1993). En el estado actual de la ciencia (Mitkov, 2003), el traductor es todavía irremplazable. Tiene por tanto una obligación –cuádruple– con respecto a las lenguas origen y destino y a los textos de partida y de llegada. Por tanto, tiene una gran responsabilidad ante la sociedad que será más o menos ardua según el tipo de texto en cuestión, según si plantea o no desafíos que comprometan a la totalidad o una parte de la colectividad, a un grupo o sólo a una persona. Se trata de establecer una jerarquía, la diferencia que debe hacerse entre, por ejemplo, un texto fundamental como la Declaración Universal de los Derechos del Hombre y del Ciudadano (1789), un convenio colectivo y las instrucciones de una impresora.

La formación del traductor también debe prepararle para asumir esta responsabilidad, que no será menos apremiante en 2010 de lo que lo era en el siglo XIX o en los años 80 sólo porque el texto esté en una pantalla catódica y no sobre una hoja de papel. Desde este punto de vista, la traducción juega un papel crítico en el diálogo intercultural, sobre todo porque es una búsqueda constante de equilibrio.

Al acercar las lenguas, la traducción incita y predispone al diálogo. Por tanto, da acceso a lo más íntimo y original de una cultura extranjera: la lengua y los valores que expresa. Como gestión etnográfica, la traducción pone en escena una civilización que toma forma ante los ojos del lector, despertando así su empatía. Se establece entonces un vínculo directo y personal entre dos culturas. Más aún, al exponer las diferencias entre las culturas y entre las lenguas, la traducción prepara para la diversificación del diálogo y tiende a hacer evolucionar tanto la norma lingüística como la cultural. Es por tanto un arma contra la intolerancia y la negación de la diferencia.

En definitiva, la traducción es un instrumento de mediación entre lenguas y culturas. Su vocación es poner en pie de igualdad los elementos que emplea. Como mediadora, establece espontáneamente el equilibrio entre las lenguas e incluso las culturas presentes, a las que confiere en principio el estatus de igualdad ya que sitúa una al nivel de la otra. La traducción no rebaja, sino que eleva. Ésa debería ser su finalidad, su función.

A continuación vienen los problemas de ética. Durante mucho tiempo, la traducción se limitó a las lenguas muertas y por ello su pedagogía se resiente. No ha pasado de forma decisiva a las lenguas vivas hasta las últimas décadas. Pero existe un riesgo inherente a la puesta en contacto de dos lenguas. La traducción es potencialmente peligrosa cuando, por torpeza, negligencia o ignorancia, se convierte en el juguete del traductor que se deja influir por la lengua de partida y se desvía de su deber de fidelidad (al texto, al sentido, ¡e incluso al autor!) y de su compromiso con el resultado.

Tanto la forma como el fondo pueden verse afectados, a veces profundamente, en perjuicio del destinatario o del lector ordinario, habitualmente poco predispuesto a interrogarse sobre lo que lee y a poner en duda la competencia del traductor.

Ninguna forma de traducir está exenta de desafíos. Según si el traductor adopta tal estilo, tal vocabulario o tal norma lingüística, orientará, *nolens volens*, su texto. Tiene por tanto una gran responsabilidad en el aspecto moral, social, cultural e incluso político, dado que la ideología nunca está muy alejada de los extremos: el purismo exesivo (en la lengua) y la laxitud que denunciamos por otro lado *urbi et orbi.*

Estas consideraciones preliminares y sin embargo necesarias sobre la lengua, la cultura y la traducción no tenían otro objetivo que llevarnos a la cuestión de las lenguas de especialidad y, particularmente, a la que interesa al jurilingüista, es decir, la lengua jurídica, o mejor aún: el lenguaje del derecho.

3. EL LENGUAJE DEL DERECHO COMO LENGUA DE ESPECIALIDAD

Cuando se trata de traducir un texto, pragmático o no, la transferencia de su contenido cultural siempre es fuente de dificultad para el traductor (Sarcevic, 1985: 127). El texto jurídico, que suele contener nociones muy cargadas de historia y de tradiciones, es por este motivo particularmente representativo. Por esto, entre las lenguas *especializadas* (Herat, 1995), el lenguaje del derecho ocupa un lugar particular en la cultura y el imaginario del traductor. Para el común de los mortales, a quienes intimida, el derecho es un campo vasto y complejo en el que sólo los iniciados pueden aventurarse. Es cierto que el derecho se expresa de formas muy diversas en el seno de una misma lengua, pero la diferencia es aún mayor entre una lengua y otra, como bien saben los que se dedican a traducir. De ahí que el texto del derecho, al pasar de una lengua a otra, sufra transformaciones a veces tan sorprendentes como imprevistas.

La noción de *lengua de especialidad(es)* o *especializada* (Lerat, 1995: 20) sigue siendo un tema controvertido entre los teóricos de la lingüística. A pesar de ello, se ha convertido en algo habitual, teniendo en cuenta el interés que suscita desde hace algunas décadas entre los especialistas del lenguaje y su uso cada vez más generalizado en las industrias de la lengua: lingüística aplicada, traducción, terminología, didáctica de las lenguas, bancos terminológicos, etc.

En teoría, el principio de la lengua de especialidad es de los más simples: cada campo posee su lengua, su manera de pensar las cosas, y las palabras con las que expresarlas. Un cardiólogo, un físico, un geólogo o un biólogo poseen y practican, sin duda alguna, una lengua propia e incluso exclusiva de su campo. Utilizan un vocabulario especializado, jerga técnica o profesional, más o menos desarrollada según la disciplina, pero también palabras de la lengua común con una acepción singular, generalmente opaca a la comprensión del profano. El ejemplo siguiente, encontrado en un periódico de Ginebra y relacionado con el campo de la relojería, ilustra bien lo que puede ser una lengua de especialidad (original en francés publicado en *Le Temps*, 24 de marzo de 2001, p. 5):

> L'échappement constitue le cœur de toute montre mécanique (...) Ce nouveau système est constitué d'une double roue d'échappement coaxiale, d'une ancre munie de trois rubis ainsi que d'un plateau portant une levée d'impulsion en rubis et solidaire d'un balancier-spiral sans raquette.

Si se aplica a un texto jurídico, este principio podría dar el siguiente texto, redactado en lengua notarial:

> Puisque le *de cujus* est décédé *ab intestat*, nous allons d'abord liquider la communauté, établir les récompenses et les reprises et, au résultat de cette première opération, nous procéderons à un partage, avec soultes sans doute, mais qui sera facilité par l'absence d'avancement d'hoirie, de tout préciput et conséquemment par l'inutilité de calculer la quotité disponible.

He aquí dos ejemplos casi caricaturescos que ilustran la eventualidad, subrayada por Roman Jakobson, de tener que traducir un texto de forma *intralingüística*, es decir, en el seno de una misma lengua, y no sólo *interlingüística*, de una lengua a otra (Jakobson, 1963). Es necesario traducir estos dos ejemplos a la lengua corriente para que sean legibles para el común de los mortales, sobre todo el texto jurídico, que trata una cuestión tan banal como una herencia. Este tipo de textos caracterizan las lenguas de especialidad frente a la lengua general o corriente, no sólo en los aspectos semántico y léxico, sino también en la forma, es decir, el estilo propio de un campo, con las particularidades sintácticas que aparecen en algunos textos jurídicos como leyes, tratados y reglamentos, sentencias y otros actos (contratos, testamentos, etc.). De ahí que las lenguas de especialidad constituyan a la vez un campo de conocimiento y una forma particular de expresarlo, es decir, un lenguaje y un discurso característicos de un campo.

El derecho se sitúa también en esta perspectiva. Independientemente del campo al que pertenezca, el texto, una vez producido con todos sus elementos de sentido aparentes y subyacentes, su sintaxis y su estilística particulares, es el producto de una lengua de especialidad puesta en palabras. Simplificando la cuestión al máximo,[8] el texto jurídico presenta tres características principales que lo distinguen de los otros: se trata de un texto *normativo* que cuenta con un *estilo* y un *vocabulario* (o terminología) particulares.

«En el principio fue la regla» nos dice Jean Carbonnier (1995: 96). La primera característica del derecho es su naturaleza normativa: el legislador fija la regla. A continuación, el derecho expresa esta norma de diversas formas, a través de la ley, la sentencia y el acto (jurídico). Cada uno de estos textos se expresa en formas que difícilmente podemos confundir entre ellas y con un vocabulario particular. Por ejemplo: contrato sinalagmático, acreedor quirografario.

El lenguaje del derecho, por último, está lejos de ser uniforme y posee un número de términos unívocos, entre ellos: *abintestato*, abrogación, asesinato, derecho real, comisionista, enfiteusis, homicidio, renta vitalicia, usufructo, *inter vivos*, etc. A diferencia de otros campos técnicos, su registro es de los más amplios y va de lo más pragmático –el texto contractual, por ejemplo, aunque a veces también el texto de ley– a lo más estético, incluso místico (cf. Nida, 1982: 261). En esta última categoría pueden entrar textos tan cargados de símbolos como la Declaración de los Derechos del Hombre y del Ciudadano (1789), el Código Napoleónico (1804) o algunos textos de doctrina de cierto valor literario.

Tantas particularidades hacen del derecho, cuando se trata de traducir un texto jurídico, un campo singular e incluso paradigmático, teniendo en cuenta las dificultades que presenta la operación traductora.

4. EL LENGUAJE DEL DERECHO FRENTE A LA TRADUCCIÓN

Traducir, «un arte exacto» según pretende Steiner (1992: 311), es una actitud muy difícil, pero, si seguimos a Gérard Cornu, traducir textos jurídicos lo es todavía más, ya que «allí donde se juntan, el bilingüismo y el bijudirismo llevan la complejidad al paroxismo» (Cornu, 1995: 13). ¿Debemos llegar a la conclusión de que es imposible traducir textos de contenido jurídico en un contexto de bilingüismo y de bijuridismo, como por ejemplo el de Canadá?

Podríamos caer en la tentación de creerlo, y de hecho son muchos los autores, entre ellos especialmente los juristas, que así lo hacen. René David, uno de los especialistas en derecho comparado más eminentes del siglo XX, se muestra categórico al respecto (David, 1974: 346):

---

8. Para un estudio más detallado de la cuestión, véase el tomo 2 de mi obra *Langage du droit et traduction*, Quebec, Presses de l'Université du Québec, 1995.

> Al no corresponder a ningún concepto que conozcamos, los términos del derecho inglés son intraducibles a nuestras lenguas, como lo son los términos de la fauna o de la flora de otro clima. Normalmente desvirtuamos el sentido cuando queremos traducirlos a cualquier precio [...].

El derecho, nos dicen, es uno de los campos más culturales, y por tanto singulares, que existen. Se remonta a los orígenes de la civilización de cada lengua y de la cultura que conlleva. Además, el derecho es por naturaleza un fenómeno local y, como tal, sujeto al principio *locus regit actum* ('el acto se rige por la ley del lugar'). Difícilmente sobrepasa las fronteras nacionales. Quien haya leído *Cándido o El optimismo* (Voltaire, 1759) y se haya reído de las desgracias de su infortunado héroe quedará convencido.

El lenguaje del derecho de un país expresa en consecuencia y en grado máximo la carga histórica de un concepto, de una institución. Los ejemplos abundan: *rule of law*, *due process of law* o *reasonable man/person*, *trust* o *consideration* de los países de la *common law*; *Etat de droit, quasi-délit, présomption d'innocence* o *mise en examen* de los franceses; *société libre et démocratique* de los canadienses, etc. ¿Y qué decir de la palabra *droit* ('derecho') en sí misma, si comparamos este término con el inglés *law* o el alemán *Recht*? Su traducción a otra lengua, si es que existe (cf. *¿common law*?), ¿hace justicia a la riqueza del concepto que subyace a estos términos?

Algunos escépticos incluso llegan a afirmar que el contenido jurídico de un texto hace que su traducción sea difícil o incluso imposible: estrechamente ligado a una cultura y a una tradición nacionales, el derecho, al ser consustancial a una lengua, no podría ser traducido.

Sin embargo, la realidad demuestra lo contrario. Georges Mounin lo afirmó abiertamente: la traducción existe y la producción de la actividad traductora nunca ha sido tan abundante (Mounin, 1963: 7). Ya se aceleró después de la Segunda Guerra Mundial, sobre todo en el campo jurídico, a medida que se producían textos jurídicos de todo tipo, sobre todo en las organizaciones internacionales (ONU), en la Unión Europea y también en el seno de los estados. En Suiza, por ejemplo, donde el Estado federal ordena la traducción de sus textos de ley –más del 90% del alemán hacia otras lenguas (francés e italiano)–, el repertorio de los textos legales superaba, en el año 2000, las 45.000 páginas. En la Unión Europea, donde las 20 lenguas actuales representan 380 combinaciones posibles (de interpretación o de traducción), el *Diario Oficial* cuenta con más de 70.000 páginas de texto. La traducción jurídica, en esas condiciones, tiene un buen porvenir.

En fin, como parece que no prevalece ninguna fórmula única, que la operación traductora está sometida a numerosas variables (naturaleza del texto, finalidad y público al que va dirigido, normas jurídicas y lingüísticas, etc.), algunos juristas y jurilingüistas (entre otros: Bocquet, 1994; Gémar, 1995; Groot, 1987: 793; Lehto, 1985: 147-176; Pigeon, 1982: 279; Sarcevic, 1997; Weston, 1983) se acogen al método que juzgan más apropiado para conseguir el objetivo esperado: la equivalencia de los textos, según las lenguas, los sistemas en cuestión y las particularidades locales. Aunque algunas formas de traducir, según los lugares y las épocas, tengan más autoridad que otras, el traductor situado ante el texto de partida cuenta con varias soluciones posibles. Puede optar bien por una traducción que se ajuste a la formulación del original, incluso palabra por palabra, o bien optar por una interpretación más libre. Dicho de otra manera: la letra o el espíritu. Cicerón ya distinguía entre *interpres ut orator* (traductor o autor/escritor).

El traductor también puede elegir entre múltiples posibilidades y combinaciones al alejarse o acercarse a una y otra. Cada método posee sus defensores y sus detractores. Las disputas doctrinales dividen con frecuencia el microcosmo de la traducción, independientemente del campo –derecho incluido– en el que se ejerza. A lo largo de su historia, la mayoría de los países han recurrido unas veces a la traducción literal y otras a la traducción libre. El caso de Canadá es, en este aspecto, tan ejemplar como interesante, ya que ha pasado de un extremo al otro, de la traducción más servil a la expresión casi libre de la corredacción.

En los primeros años de la Confederación Canadiense (1867), la costumbre casi secular de la traducción literal, incluso calcada, adoptada desde finales del siglo XVIII en Nueva Francia, continuaba por el impulso adquirido y se mantuvo hasta bien entrado el siglo XX. Tras diversas peripecias (Plourde, 2000), la traducción se convirtió en el chivo expiatorio de las frustraciones socio-político-lingüísticas de los canadienses y la traducción de las leyes acabó por ser rechazada por los propios poderes públicos en beneficio de una forma de expresión más libre y, según se creía, más respetuosa con las lenguas y su especificidad: la corredacción bilingüe (Labelle, 2000: 269-284). Para algunos traductólogos (Sarcevic, 1997), juristas (Sacco, 2000) y jurilingüistas (Labelle, 2000), es una variante de la traducción. Otros, entre los que me incluyo, la consideran una forma de expresión original, muy elaborada, pero que se desmarca con bastante claridad de la traducción, en el sentido limitado en el que este término puede ser entendido (Gémar, 1983).

4.1. Cultura(s), cultura general y traducción

Para traducir, el simple conocimiento lingüístico, el dominio de las palabras, no es suficiente. El traductor también ha de tener una cultura sólida. No quiero decir con esto que el traductor deba contentarse con conocer a los autores de renombre y sus obras para acceder a la cultura. Esta cultura, es decir, la que se funda sobre el conocimiento de grandes obras literarias, es sin duda necesaria, pero insuficiente en estos tiempos. No puede seguir constituyendo, por sí misma, el «bagaje», «la enciclopedia» (Umberto Eco) del traductor contemporáneo y, con mayor motivo, del de mañana. La evolución de la sociedad a partir de los años 60 hace que ese tipo de cultura sea insuficiente para que el traductor pueda responder a los múltiples desafíos que le plantea la actividad humana en todas sus formas. Hoy en día, la separación arbitraria del conocimiento entre letras, por un lado, y ciencias, por otro, ya no es admisible. Un equilibrio armonioso de los dos saberes, del mismo modo en que funcionan nuestros hemisferios cerebrales, permitirá realizar lo que ninguno de los dos sabría hacer por separado. Las exigencias de la actividad traductora son un reto constante. Desde ahora traducir requiere una suma de conocimientos que sobrepasa el marco de los dos grandes campos de la actividad humana, que son los hechos de la naturaleza y los hechos de la cultura (Morin, 2001). Al decir esto no invoco la nostalgia de una época pasada, la de la cultura, tan enciclopédica como vana o ilusoria, de un Pantagruel. Estoy pensando en una necesidad actual y urgente del traductor, la de una competencia basada en la polivalencia que le dictan las fuerzas de una economía convertida en *global*.

Además, antes de pensar en traducir y buscar equivalencias entre las lenguas, ¿no deberíamos interrogarnos sobre el sentido profundo de la pareja obligada que la traducción forma con la cultura y preguntarnos dónde se sitúa la verdadera equivalencia? Siguiendo en el contexto de Canadá, *país de traductores*, allí la traducción (o, a veces, la corredacción) ha producido lo mejor y, por desgracia, también lo peor. El lenguaje del derecho vehicula nociones, instituciones y procedimientos que son tan propios de cada lengua y culturas jurídicas que no los podemos transponer tal cual de una lengua y de un sistema a otro sin correr el riesgo de caer en cualquier momento en la inexactitud, el contrasentido e incluso el sinsentido jurídicos (Crépeau, 1993; Sacco, 1999: 169; Vanderlinden, 1998: 63).

De ahí que la traducción jurídica, sobre todo entre el francés y el inglés, plantee un problema particularmente agudo en la medida en que no se trata simplemente de pasar de una lengua a otra, sino de un sistema a otro, además tan diferentes (Didier, 1990).

Sin embargo, antes de abordar la cuestión del texto jurídico y del traductor, es importante definir lo que entendemos por *texto jurídico*.

5. ¿QUÉ ES UN TEXTO JURÍDICO?

La cuestión puede parecer banal, pero las opiniones están divididas y reina cierta confusión. Dejemos a los lingüistas la definición de la palabra *texto*, que aquí se entenderá en su sentido habitual de escrito, y veamos más bien lo que se entiende por el adjetivo *jurídico*.

Según el Petit Robert (véase la segunda acepción de *juridique*), es jurídico lo que *tiene relación con el derecho*, ya que este adjetivo califica a ese sustantivo. Esta definición cubre un gran campo semántico y anuncia por tanto una tipología exhaustiva de textos jurídicos. Para el profano, la noción de texto jurídico incluye generalmente la del texto parajurídico o la de textos que *suenan* jurídicos, como por ejemplo, un artículo de periódico dedicado a la crónica judicial del día o el reglamento colgado en la puerta de una habitación de hotel. Bastará, en efecto, con que dicho texto contenga algunos términos vagamente asimilables al vocabulario del derecho para que sea tachado de jurídico, al mismo nivel que una obra de doctrina escrita por un eminente jurista.

Esta polisemia es propia de las lenguas naturales, y el adjetivo, en la jerarquía de las palabras, ocupa sólo la tercera posición, después del verbo y el sustantivo. Sustituido por el sustantivo *derecho*, jurídico asume un sentido más preciso, el que los juristas reconocen en la definición de Gérard Cornu: «Es jurídico todo discurso que tenga por objeto la creación o realización del derecho» (Cornu, 1990: 21). Aquí la tipología se reduce a los textos que creen o realicen el derecho, lo que limita esta categoría a los productores de textos, que son el legislador, el juez y el jurista, aunque no se pueda excluir completamente la doctrina puesto que en ella se basa la jurisprudencia.

En consecuencia, el texto jurídico será portador de una carga cultural más o menos pesada según tenga que ver, en el sistema romano-germánico del derecho francés, por ejemplo, con una producción del legislador (constitución, carta, ley), del juez (sentencia) o del jurista (acto jurídico en general y contrato en particular). En suma, de lo más a lo menos cultural.

Sin embargo ¿este *más* o *menos* tiene el mismo significado para todos los lectores? Independientemente de la intención del autor, según afirma Norbert Rouland, una vez escrito, «el texto *habla* tanto en la forma en que lo recibe quien lo lee como en la intención de su autor» (Rouland, 1991: 34). Ahora bien, el lector no siempre está en condiciones de comprender, además de su alcance jurídico, la carga cultural de un término o de una expresión del lenguaje del derecho, por ejemplo: *rule of law* (Reino Unido) o *société libre et démocratique* (Canadá). A este respecto podemos distinguir cuatro grandes categorías de lectores que van del menos al más instruido: 1) el lector profano más o menos docto; 2) el lector docto («el hombre bueno» de su tiempo); 3) el jurista profesional (los hombres de leyes); 4) el erudito (jurisconsulto, autor de doctrina, especialista en derecho comparado). Según el texto jurídico sea leído por una u otra persona de esta o aquella categoría, su contenido jurídico (el lenguaje de naturaleza) será mejor o peor comprendido, pero el fundamento cultural (o sociocultural: el lenguaje de cultura), salvo excepciones, escapará casi completamente al lector de la primera categoría, y en parte al lector de la segunda categoría e incluso de la tercera.

Evidentemente, el lector profano de un texto (jurídico) redactado en una lengua extranjera experimentará una dificultad todavía mayor, mientras que el especialista en derecho comparado, mejor conocedor de las diferencias con las que cuenta el sistema extranjero en comparación con el suyo, medirá mejor que los otros el peso y el alcance del campo semántico.

6. EL TEXTO JURÍDICO Y EL TRADUCTOR

Transpuesto a la situación no ya del simple lector sino del traductor, el texto jurídico que se va a traducir –normalmente de una lengua extranjera a la lengua materna– plantea numerosos problemas (Sacco, 1999: 169), entre ellos el de las elecciones que hará el traductor.

Su responsabilidad comienza cuando se sitúa ante el dilema que le plantea, en el texto de partida, un término ajeno a su lengua y del que debe encontrar un equivalente en la lengua de llegada. La solución del neologismo, del calco o del préstamo puede verse entonces como un enriquecimiento de la lengua de llegada, aunque esta solución puede no ser conveniente en todas las situaciones. En este caso, ¿es preferible, para marcar la diferencia y el origen del texto, conservar, por ejemplo, la palabra inglesa *leader* tal cual, como todavía se hace en francés o en italiano decenios después de su aparición, o asimilarla sin vergüenza como lo hacen, entre otros, los españoles: (el) *líder* (*máximo*)? Es sin duda una cuestión de elección cultural y de planificación lingüística. No obstante, cuando una lengua como el inglés produce palabras, al ritmo vertiginoso de los avances científicos y técnicos de los Estados Unidos, a razón de varios miles de términos nuevos al año, la adaptación y la integración de tal cantidad de palabras a otra lengua, en principio menos rica, no son evidentes.

Para el traductor, a los obstáculos jurídicos que presentan las nociones de derecho no concordantes entre los sistemas se añaden obligaciones lingüísticas ineludibles. Tal es el caso de la legibilidad del texto destinado a un público en concreto.

6.1. Contextos jurídicos y servidumbres lingüísticas

Las cosas se complican aún más para el traductor si precisamos que puede verse obligado a trabajar en tres o incluso cuatro grandes categorías de contexto cultural, lingüístico y jurídico.

Partiendo, una vez más, de lo más simple para ir a lo más complejo, encontramos, en primer lugar, el grupo más numeroso, el de los países unilingües que, como Brasil, Francia, México o los Países Bajos, poseen un solo sistema jurídico. A continuación viene el grupo, más reducido, de los países donde reina un bilingüismo oficial, como Bélgica, Camerún, Canadá y Finlandia, o incluso el multilingüismo: Suiza, por ejemplo. El tercer grupo está formado por un número todavía más limitado de países donde coexisten el bilingüismo o multilingüismo y el bijuridismo. Es el caso de algunos países federales: Bélgica, Canadá, la India.

Podríamos considerar una cuarta categoría, muy limitada, de países a la vez bi- o multilingües y bi- o multisistémicos. Entre los más antiguos de este grupo se sitúa Canadá; entre los más recientes figura, entre otros, Sri Lanka. Según tenga que trabajar en uno u otro contexto, del más simple al más complejo, el traductor se enfrentará a un factor cultural oscilante entre el más unificado, como el caso de Francia, y el menos unificado (como, por ejemplo, la India), es decir, entre una cultura que podría llamarse única[9] y una cultura polimorfa. La dificultad, sin duda alguna, crece en proporción al número de lenguas y de sistemas en juego y, como afirma el decano Cornu, «allí donde se juntan, el bilingüismo y el bijudirismo llevan la complejidad al paroxismo» (Cornu, 1995: 13). Para poner un ejemplo del tipo de dificultad que espera al traductor de una categoría u otra, comparemos dos situaciones jurídicas, la de Francia y la de Canadá.

Para un jurista de tradición tan unificada como puede serlo la rama francesa de la familia romano-germánica, en contraposición a la de la *common law*, una institución jurídica extranjera no posee por regla general más que un equivalente en la lengua y el sistema de llegada: la noción X (por ejemplo: *mortgage*) = la noción X' (hipoteca). Pero para un jurista de la otra tradición, la de Canadá por ejemplo, un término tan banal y corriente como *business corporation* puede tener hasta cinco equivalentes posibles según el lugar (Nuevo-Brunswick, Ontario, Ottawa, Quebec) y el momento en el que se sitúe en el tiempo (antes o después de tal fecha), lo que no simplifica la tarea del traductor.

---

9. Aquí no podemos dejar de pensar en la «excepción cultural» reivindicada por Francia. Véase, sobre este tema, el dossier que le dedica la revista trimestral *Le Temps réel*, n.° 11, 2003 [en URL www.entempsreel.org].

En tales condiciones, ¿dónde situar lo más y lo menos cultural para el traductor? ¿En la cultura *monocroma* de países como los Estados Unidos, Japón o Francia? ¿O tal vez en la *policroma* de Canadá o de la India? La mejor forma de asegurarse, según nos sugiere Iso Camartin, es de nuevo «traducir en otra lengua lo que encontramos en la nuestra incomparable» (Camartin, 1996: 21) y medir los resultados, «a menudo abrumadores» (*ibid.*).

Con todo, poco importan el método y la manera seleccionados: el objetivo de la traducción, independientemente del campo en el que se inscriba el texto que se va a traducir, es alcanzar, si no la utópica identidad, la traducción *total* que algunos creen posible, o al menos la equivalencia de los textos.

7. LA CUESTIÓN DE LA EQUIVALENCIA

Independientemente de la naturaleza del texto que se vaya a traducir, el principio sigue siendo el mismo: trasladar un mensaje de un texto a otro, de manera que lo entiendan las personas a las que va destinado: el destinatario, que hay que determinar previamente. Un postulado prima en traducción: sólo cuenta el *sentido*. Es el sentido lo que hay que hacer comprender al destinatario y, para eso, todos los medios y vías apropiadas son buenos.

De los diferentes procedimientos expuestos por Vinay y Darbelnet (1958), la equivalencia sigue siendo sin duda el más útil. También es el que ha hecho correr más tinta, ya que es una noción muy controvertida dada la dificultad que experimentan traductores y lingüistas para definirla con precisión. Ahora bien, basada en el principio de universalidad del lenguaje reconocido por la lingüística contemporánea (Hagège, 1985), la equivalencia constituye un objetivo realista cuando las situaciones son comparables. Una serie de calificativos, concretamente el de *funcional* (de la lingüística funcional), ha precisado esta noción de equivalencia, aplicada también a los textos jurídicos (Pigeon, 1982: 271). Dependiendo del autor, será calificada, por ejemplo, de dinámica, de funcional, de natural, de formal. En cambio no deja de ser el resultado que más buscan tanto los juristas como los jurilingüistas (Pigeon, 1982: 271; Gémar, 1995: 142), aunque siempre a costa de un compromiso (Schroth, 1986: 54), difícil y sin embargo necesario.

No obstante, si bien en la práctica la cuestión no parece plantear grandes problemas al traductor –jurídico o no–, está lejos de quedar resuelta en el plano teórico, ya que cada lengua, nos dice Hagège, «impone sus límites a los objetos del mundo, de manera que todo paso a otra lengua es en el mejor de los casos sólo una equivalencia» (1985: 49). En definitiva, la equivalencia sería sólo un remedio para salir del paso y, para los juristas, un «compromiso».

7.1. Equivalencia y/o identidad

Sin embargo, el fondo del problema reside en esta cuestión: una traducción (acertada) ¿es idéntica al original, su copia exacta, hasta el punto de poder sustituirlo? Esta cuestión puede parecer puramente teórica ya que siempre se ha traducido y la equivalencia se toma como algo evidente. De hecho, en lo que respecta a los textos jurídicos, esta equivalencia está decretada: por el legislador (el Estado), por acuerdo (entre particulares) o, en caso de litigio, por un tribunal. Bien. Pero ¿de qué equivalencia estamos hablando? ¿Acaso los siguientes términos, considerados equivalentes en la mayoría de diccionarios, equivalen de verdad?

Rule of Law
Etat de droit ('Estado de derecho')
Rechtsstaat

No es necesario hacer un profundo análisis del concepto sociopolítico que subyace en cada uno de estos términos para darse cuenta de que no pueden cubrir el mismo campo semántico: cada uno descansa sobre una tradición tan antigua como singular. Más aún, «el Estado de derecho» de los franceses, en la situación actual de la V República (1958), ¿es el mismo en todos los estados francófonos, en Bélgica (estado monárquico) por ejemplo? ¿Y qué decir del principio de la *rule of law*[10] entre dos países con instituciones tan diferentes como el Reino Unido, que es una monarquía parlamentaria, y los Estados Unidos, estado federal cuyos fundamentos se basan en la constitución escrita más antigua del mundo? Estos dos términos –estado de derecho y *rule of law*–, que ya expresan una realidad tan diferente una de la otra, ¿pueden ser traducidos además por el equivalente alemán *Rechtsstaat*, sin correr el riesgo de hacer creer que el traductor ignora los principios de base que subyacen a los fundamentos?

---

10. Término que se explica con claridad en el reciente libro del profesor Antoine J. Bullier: *La common law*, París, Dalloz, 2002, p. 44 y sig. La traducción de este término por «Etat de droit» no es la única posible; depende, evidentemente, del contexto. La primera traducción que viene a la mente es el calco «règle de droit» (o «règle juridique»). En Canadá, también puede traducirse por «règle/principe de (la) légalité»; en el Preámbulo de la *Carta Canadiense de Derechos y Libertades* (*Charte canadienne des droits et libertés*, Ley constitucional de 1982, promulgada como anexo B de la Ley de 1982 sobre Canadá, 1982, cap. 11 (R. U.), que entró en vigor el 17 de abril de 1982), *rule of law* se traduce por «primauté du droit», que, en este contexto, es un equivalente según el espíritu del texto francés, y no un equivalente según la letra del texto de partida.

Yo diría, en un caso así, que estos términos se sitúan en un plano de equivalencia funcional. En sentido estricto, la realidad que designa cada uno de ellos, es decir, la manera de concebir el estado de derecho, es propia de cada país y, por tanto, única en sus modalidades. Sin embargo, en un sentido amplio, corresponde a un principio bien establecido en las democracias occidentales –el Estado produce reglas que se aplica a sí mismo– y representa por esto un *cuasiuniversal jurídico*. Utilizo el prefijo «cuasi» para mostrar que el concepto occidental de *estado de derecho* no se extiende al conjunto del planeta jurídico.

Igual de característico es el caso de *good faith* y de *Treu und Glauben* (Legrand, 2000: 111). La noción de *buena fe* es un principio reconocido casi universalmente, pero que no descansa sobre los mismos fundamentos jurídico-socio-políticos de un país a otro. Aquí una vez más podríamos hablar de equivalencia funcional de estos términos, incluso si no hay identidad de noción entre ellos.

Más discutible –o decididamente más simple– es el caso de los términos sin equivalente de una lengua a otra. A ellos debemos la impresión, tan extendida en los medios jurídicos, de que el derecho extranjero es tan diferente al nuestro que su traducción es muy difícil o incluso imposible (David, 1974: 346). En realidad, estos términos sólo representan por suerte una pequeña minoría del vocabulario jurídico de una lengua. Su tratamiento, si bien ya no plantea una gran dificultad, sigue siendo geometría variable en función de la situación jurídica y lingüística y de las cuatro situaciones posibles mencionadas anteriormente. Hace tiempo que numerosos especialistas en derecho comparado, entre ellos René David, propusieron conservar tal cual en francés términos como *Common Law*[11] y *Equity*, que son nombres propios.

Son casos de préstamo, noción clásica en traducción. Esto puede convenir al lector de un tratado de derecho comparado o a un especialista de la materia. Aceptable en países de bilingüismo y de bijuridismo –como Canadá, donde hasta el lector menos informado conoce las dificultades de base tanto lingüísticas como jurídicas–, este procedimiento es sin duda menos recomendable en una traducción cuyos destinatarios ignoran las sutilezas de las lenguas y de los sistemas jurídicos en cuestión, y no puede utilizarse indiscriminadamente en todas las situaciones. ¿Pero qué hacer con casos como *due process*, a los que podríamos añadir, por ejemplo, *Law Lord(s)*, *anticipatory breach of contract* o *equitable interest*, términos sin equivalente en francés? Nociones

11. Término cuyo género es ambiguo. Sobre esta cuestión, véase Antoine J. Bullier: *La common law*, París, Dalloz, 2002, p. 11 y sig.

como *fair/fairness* y *reasonable*, aunque tienen equivalentes funcionales, plantean en muchas lenguas serios dilemas al traductor (Fletcher, 1999: 57; Sacco, 1999: 169).

Una tercera situación puede darse cuando no existe equivalencia funcional entre términos, porque las nociones no coinciden[12] sino que existe una traducción más o menos oficial o equivalente –*House of Lords/Commons/Representatives* (=chambre des Lords / des Communes / des Représentants), *Trust* (= fiducie, Canadá). También pueden plantearse otras situaciones. Por ejemplo, en Canadá, la traducción, en el Acta de América del Norte Británica (*Acte de l'Amerique du Nord Britannique*, AANB, 1867), de la palabra *dominion* por 'puissance' (de Canadá) es un equivalente curioso que, en este caso, sólo corresponde a la voluntad del poder político de imponer un término correspondiente a su concepción particular de las cosas.

Cuando se conoce la amplitud del campo semántico que subyace a cada uno de estos términos, fruto de una larga historia jurídica y política, creer en su equivalencia atestigua, si no una cierta ignorancia, por lo menos sí una gran ingenuidad. Esto vendría a desmerecer a las lenguas, culturas y tradiciones sociopolíticas de cada país. Estas tradiciones se manifiestan con fuerza en los métodos y formas de interpretar los textos, sobre todo los jurídicos. Cada país que pertenece a la familia y a la tradición de la Common Law posee sus normas de interpretación, que a veces difieren considerablemente de un país e incluso de una zona a otra. Aunque la interpretación jurídica de un texto no es competencia suya, sino de los tribunales, el traductor no puede quedar indiferente ante esta cuestión cuando tiene que evaluar el resultado de su trabajo.

8. EQUIVALENCIA DE TEXTOS: ¿EQUIVALENCIA DE EFECTOS?

La equivalencia –real o supuesta– de los textos ¿se extiende a sus efectos? Conocemos la importancia que tienen los efectos jurídicos para el jurista. Este problema de equivalencia de los efectos jurídicos del texto traducido en relación con el original no se plantea en los mismos términos para el traductor que para el jurista; el primero busca en principio producir un *texto* equivalente y el segundo una equivalencia *jurídica*. Ahora bien, tanto en un caso como en

---

12. Véase, por ejemplo, *Act of God* y *force majeure*. El primero corresponde más bien al francés '*cause étrangère*' que cubre todas las situaciones, incluida una catástrofe natural, acontecimiento que designa el término inglés (*«occasioned exclusiveley by forces of nature»*, *Black's law Dictionary*) que, al contrario que el término francés *force majeure*, excluye la intervención humana.

otro, son el encuentro y la fusión armoniosos de los dos elementos constitutivos del texto –continente y contenido– los que producirán la equivalencia deseable. Queda saber lo que debemos entender por *equivalencia* en palabras de un jurista cuando un texto de derecho, como cualquier texto, sea susceptible de interpretaciones diferentes (Perelman, 1977; Côté, 1990).

Los lingüistas han adelantado algunos elementos de respuesta a este problema general que plantea la lengua. Sin embargo, en el plano jurídico, ¿de qué equivalencia estamos hablando? ¿Es posible, en traducción jurídica, alcanzar los dos objetivos a la vez, es decir, la equivalencia de los textos en cada lengua y en cada sistema, sin sacrificar uno u otro? Si hay sacrificio, ¿debemos, con vistas a alcanzar la equivalencia funcional, sacrificar la aplicación de la regla de derecho y de paso el objetivo mismo de esta equivalencia, o la expresión de la regla (Beaupré, 1987: 742)? Todo el dilema de la traducción jurídica se sustenta en esta elección fundamental. El traductor debe servir a dos amos a la vez, sin sacrificar a uno a expensas del otro, con los riesgos inherentes a este tipo de ejercicio (Pigeon, 1982: 279):

> Por un lado, [la equivalencia] debe abstenerse de corromper la lengua a través del calco servil que no respeta ni el genio ni la estructura; por el otro, no debe traicionar el sentido del mensaje por la imperfección inherente a este tipo de equivalencia.

En derecho, el fondo del problema es jurídico: ¿los dos textos son igualmente auténticos? Esta pregunta vale para cualquier traducción jurídica, independientemente de que el contexto sea unilingüe o bilingüe y de que pasemos o no de un sistema a otro. El jurista canadiense Michael Beaupré lo plantea crudamente: un artículo del código civil del Canadá francófono (*Code civil du Bas-Canada*) que reproduce una disposición del Código Napoleónico ¿puede ser interpretado por medio de su versión inglesa? Los tribunales han respondido a esta pregunta, bien extraña para un jurista civilista, pero completamente plausible en un contexto bilingüe, bijurídico y bisistémico, como el de Canadá (Beaupré, 1986: 206). La interpretación, en un contexto así, puede parecer un poco *forzada* (Sacco, 1999: 175). Resulta que el traductor nada experimentado sabe, por su propia interpretación del sentido del texto de partida, todo lo que una traducción puede aportar al establecimiento del sentido de este texto y, por tanto, a su futura interpretación.

8.1. Límites de la equivalencia

En las situaciones jurídicas en las que hay que tener en cuenta dos o más textos, como en el caso de los países en los que reina el bi- o el multilingüismo, y más aún en los que cuentan con dos sistemas jurídicos diferentes, la equivalencia de esos textos es un hecho legalmente establecido. Pero esta equivalencia ¿es tan real como lo pretende el legislador? En el ejemplo siguiente veremos los efectos de la polisemia y de las diferencias que conlleva de una lengua a otra. La ambigüedad del término inglés *property* obliga aquí a la versión francesa a presentar sus dos sentidos, «biens» ('bien' o 'cosa') y «propriété» ('propiedad' o 'derecho sobre la cosa'), lo que no facilita la interpretación...

TABLA 1

Criminal Code of Canada. Code criminel du Canada (R.S. 1985, c. C-46)

4. (1) For the purposes of this act, a postal card or stamp referred to in paragraph (c) of the definition of "property" in section 2 shall be deemed to be a chattel [...]	4. (1) Pour l'application de la présente loi, une carte postale ou un timbre mentionné à l'alinéa c) de la définition de «biens» ou «propriété» à l'article 2 est censé un bien meuble [...]

Sabemos que la complejidad actual de los textos jurídicos, sobre todo los legislativos, viene principalmente del hecho de que reflejan la creciente complejidad de la sociedad que los produce, a lo que hay que añadir la de los sistemas jurídicos. Hemos visto que esta complejidad aumenta otro tanto cuando el bilingüismo o el multilingüismo se suma al bijuridismo. Pero hay una situación todavía peor. Hemos considerado un grado suplementario en el que la complejidad alcanza su paroxismo en un contexto bisistémico. En este nivel de complejidad los límites de la traducción destacan con más claridad.

Sin embargo, mientras se trate de producir un texto –jurídico o de otro tipo– a partir de otro texto redactado en lengua extranjera, a veces de un sistema (jurídico) diferente, el traductor está lejos de haber dicho su última palabra (Vanderlinden, 1999: 57). Pero de la confrontación de textos surgirá un *tertium quid*, otra lengua (Didier, 1990), en resumidas cuentas, un híbrido que no es del todo ni la copia del original, ni un texto verdaderamente conforme, en la letra o en el espíritu, al sistema de llegada. En este caso, la traducción sólo producirá la sombra de uno y otro, el reflejo mostrado por el espejo que deforma el lenguaje.

8.2. La letra, el espíritu y el sentido

Si la lucha es desigual y el resultado seguro, ¿hay que resignarse a lo peor en vez de pretender lo mejor? No, ya que siempre es posible hacerlo mejor, aunque sea preparando todavía mejor al traductor para las dificultades que le esperan, formándolo más en las lenguas, sistemas y métodos con los que deberá trabajar. Estas soluciones entran en lo posible ya que, en definitiva, traducir no significa encontrar las equivalencias de las palabras –ni tan siquiera de los *términos*– como ha demostrado ampliamente la traductología desde hace algunas décadas. Traducir «significa transmitir el sentido de los mensajes que contiene un texto y no convertir en otra lengua la lengua en la que está formulado» (Seleskovitch, 1979: 7). Se trata de expresar en otra lengua las ideas y, por tanto, el *sentido* del texto. Las *palabras* del texto de partida desaparecen para reaparecer bajo otra forma, la de un texto de llegada que expresa a la vez el mensaje vehiculado por el texto de partida y su espíritu.

Tal vez una de las mejores respuestas a esta pregunta haya sido la aportada por el traductor y redactor de la versión francesa del Código Civil suizo, Virgile Rossel, quien también era el asesor en lengua francesa del código aprobado en 1907 y que entró en vigor en 1912 (Sarcevic, 1997: 36). Según el artículo 116 de la Constitución Federal de Suiza, el código ha sido redactado en las tres lenguas oficiales (alemán, francés, italiano), pero, en realidad, fue traducido del alemán. El texto francés fue redactado con el espíritu del modelo jurilingüista de la época, a saber, el Código Napoleónico, de ahí el texto fluido e idiomático que refleja la agilidad del lenguaje del derecho que distingue al Código Napoleónico.

En definitiva, la creencia de que la traducción es posible se basa más en el principio de equivalencia de situaciones que en la supuesta equivalencia de lenguas. Estamos todavía lejos del ideal ciceroniano de una misma ley para todos y entendida por todos. Este ideal de universalismo, por muy deseable que sea, no deja de ser todavía una utopía (Legrand, 2000: 111) y el ejemplo de la torre de Babel que ya constituye la Unión Europea no nos permite creer lo contrario. Si se tienen en cuenta las cuatro situaciones jurídicas y lingüísticas posibles que he presentado, a las que añadiremos los cuatro tipos principales de destinatarios y los tres casos de equivalencia mencionados, el traductor de textos jurídicos puede encontrarse afrontando unas 48 situaciones diferentes. Y sin duda muchas más si añadimos los métodos, principios y modalidades de traducción particulares aplicables en cada caso. A cada una de estas situaciones el traductor deberá encontrar una respuesta adaptada al contexto (jurídico, lingüístico, sistémico, etc.) que no tiene por qué ser la misma en todos los casos. Al fin y al cabo, es la voluntad estatal, la del poder público, la que decide la equivalencia, real o supuesta, de dos textos jurídicos, de dos disposiciones. El traductor, generalmente solo ante su texto, sólo puede contar con sus propios recursos para conseguir la equivalencia buscada. Ahora bien, en traducción jurídica, y en traducción a secas, esta equivalencia sigue siendo como mínimo aleatoria. Es la conclusión que se deriva de numerosos estudios sobre la cuestión y que bien ha resumido el jurista Lazar Focsaneanu (1971: 262):

> [...] la traducción jurídica no podrá ser nunca rigurosamente exacta. Es una operación aproximativa, en la que conviene apreciar el margen de error. En suma, una traducción jurídica constituye una simple presunción, que los interesados deben siempre poder impugnar al referirse al texto auténtico.

Presunción es la palabra que devuelve este debate a su justa medida. Esta capacidad de impugnar judicialmente la presunción que representa la traducción de un texto es lo que confiere a la traducción jurídica su singularidad, lo que la convierte en una de las especialidades más difíciles de ejercer (Cooray, 1985: 69). La responsabilidad del traductor en la materia también está particularmente comprometida. Se espera de él que logre la improbable síntesis entre la letra del derecho que contiene el texto y el espíritu del sistema que lo rige, todo ello expresando en el texto de llegada el mensaje del texto de partida según los cánones del lenguaje del derecho del destinatario. En la hipótesis más exigente, para lograr este objetivo, el traductor debería reunir la competencia del jurista especialista en derecho comparado y el *conocimiento práctico* del lingüista. Factótum de la traducción, necesitaría además asumir la función de intérprete del derecho para evaluar los efectos potenciales de su traducción. ¿Pero debe llegar hasta ese punto?

La operación traductora, como cualquier acto del lenguaje, es una operación aproximativa. El texto jurídico no escapa a la maldición de Babel y «los resultados son a menudo abrumadores» (Camartin, 1996: 21). Ahora bien, producir una traducción satisfactoria desde el doble punto de vista de la letra y del espíritu es la función misma del traductor. Lector poco común e intérprete natural del sentido de los textos, este último debe poder ofrecer a los juristas una aportación preciosa como mediador lingüístico entre los sistemas jurídicos, las lenguas y las culturas que vehiculan.

El desarrollo de la traducción como disciplina responde claramente a las necesidades actuales y futuras de comunicación, al intercambio y circulación de ideas, de bienes y de servicios. Son las necesidades de un mundo en transformación que ha superado el esquema de los estados-naciones y sus regiones para llegar, como la Unión Europea, a la dimensión superior de una vasta comunidad de intereses reunida alrededor de un tronco común de valores compartidos, pero manteniendo la diversidad de lenguas y de culturas.

Esta función de la traducción, utilitaria y humanista a partes iguales, reúne en sí las dos lenguas de naturaleza y de cultura que hemos visto anteriormente, condiciona el equilibrio lingüístico del mundo y, de ese modo, el diálogo de las culturas. En este esbozo de la humanidad del mañana, el traductor –y el traductor jurídico en particular– está llamado, como mediador, a desempeñar un papel nada despreciable, puesto que será quien se encargue de despejar el camino.

BIBLIOGRAFÍA

BEAUPRÉ, M. (1987): «La traduction juridique. Introduction», *Cahiers de droit,* vol. 28, Quebec, Université Laval, pp. 735-745.

BENSIMON, P. (1998): «Traduire la culture», *Palimpseste*, 11, París, Presses de la Sorbonne Nouvelle, p. 10.

BENVÉNISTE, E. (1966): *Problèmes de linguistique générale*, París, Gallimard.

BERMAN, A. (1984): *L'épreuve de l'étranger : Culture et traduction dans l'Allemagne romantique*, París, Gallimard.

BOCQUET, C. (1994): *Pour une méthode de traduction juridique*, Prilly, CB Service.

BOUILLON, P. y A. CLAS (1993): *La traductique*, Montreal, AUPELF-UREF.

BULLIER, A. J. (2002): *La common law*, París, Dalloz.

CAMARTIN, I. (1996): *Sils-Maria ou le toit du monde*, Ginebra, Editions Zoé.

CARBONNIER, J. (1995): *Flexible droit*, 8ª ed., París, L.G.D.J.

COORAY, L. J. M. (1985): *Changing the Language of the Law. The Sri Lanka Experience*, Quebec, Presses de l'Université Laval.

CORNU, G. (1990): *Linguistique juridique*, París, Montchrestien.

— (1995): «Français juridique et science du droit: synthèse» en SNOW y VANDERLINDEN (dir) (1995: 11-19).

CÔTÉ, P.-A. (1990): *Interprétation des lois*, 2ª ed., Cowansville (Quebec), Les Editions Yvon Blais.

DAVID, R. (1974): *Les grands systèmes de droit contemporains*, 6ª ed., París, Dalloz.

DIDIER, E. (1990): *Langues et langages du droit,* Montreal, Wilson & Lafleur.

DUMÉZIL, G. (1995): *Mythe et épopée I. II. III*, París, Gallimard.

FLETCHER, G. P. (1999): «Fair and reasonable. A Linguistic Glimpse into the American Legal Mind» en R. SACCO y L. CASTELLANI (dir.) (1999): *Les multiples langues du droit européen uniforme*, Turín, L'Harmattan, pp. 57-70.

FOCSANEANU, L. (1971): «Les langues comme moyen d'expression du droit international», *Annuaire français de droit international,* vol. 16, París, pp. 256-263.

GÉMAR, J.-C. (1983): *Les trois états de la politique linguistique du Québec. D'une société traduite à une société d'expression*, Quebec, Éditeur officiel du Québec.

— (1995): *Traduire ou l'art d'interpréter,* Quebec, Les Presses de l'Université du Québec.

GLISSANT, E. (1993): «Le Cri du monde», conferencia inaugural del *Carrefour des littératures européennes* de Estrasburgo (4 de noviembre de 1993), *Le Monde des livres*, 5 de noviembre de 1993, París, pp. 28-29.

DE GROOT, G.-R. (1987): «Problems of Legal Translation from the Point of View of a Comparative Lawyer», *Cahiers de droit*, vol. 28, Quebec, Université Laval, pp. 793-812.

HAGÉGE, C. (1985): *L'Homme de paroles*, París, Fayard.

HURTADO ALBIR, A. (2001): *Traducción y traductología. Introducción a la traductología*, Madrid, Cátedra.

JAKOBSON, R. (1963): «Aspects linguistiques de la traduction» en *Essais de linguistique générale*, París, Editions de Minuit, t. 1, pp. 78-86.

LABELLE, A. (2000): «La corédaction des lois fédérales au Canada. Vingt ans après: quelques réflexions» en ASSTI/ETI (ed.) (2000): *La Traduction juridique. Histoire, Théorie(s) et Pratique*, Ginebra, Université de Genève-ETI/ASTTI, pp. 269-284.

LEGRAND, P. (2000): «Brèves réflexions sur l'utopie unitaire en droit», *Revue de la common law en français*, Moncton (N.-B.), Université de Moncton, 3 (1 y 2), pp. 111-125.

LERAT, P. (1995): *Les langues spécialisées*, París, PUF.

LEHTO, L. (1985): «Methodological Aspects of Legal Translation» en J. TOMOLA y K. BATTARBEE (ed.) (1985): *Papers from the Conference of Departments of English in Finland*, Turku, University of Turku.

LÉVI-STRAUSS, C. (1949): *Structures élémentaires de la parenté*, París, PUF.

— (1983): *Le regard éloigné*, París, Plon.

MITKOV, R. (ed.) (2003): *The Oxford Handbook of Computational Linguistics*, Óxford, Oxford University Press.

MORÉTEAU, O. (1999): «L'anglais pourrait-il devenir la langue juridique commune en Europe?» en R. SACCO y L. CASTELLANI (ed.) (1999): *Les multiples langues du droit européen uniforme*, Turín, ISAIDAT, L'Harmattan, pp. 143-162.

MORIN, E. (1999): «Les sept savoirs nécessaires à l'éducation du futur» [en formato electrónico], UNESCO, <http://www.agora21.org/unesco/7savoirs>, [última consulta de 8 de junio de 2005].

— (2001): *L'identité humaine*, París, Seuil.

MOUNIN, G. (1963): *Les problèmes théoriques de la traduction*, París, Gallimard.

NEWMARK, P. (1988): *A Textbook of Translation*, Hemel Hempstead, Prentice Hall Europe.

NIDA, E. A. (1982): «Translating Legal Terms in the Bible» en J.-C. GÉMAR (dir.): *Langage du droit et traduction. Essais de jurilinguistique*, Montreal, Linguatech y Conseil de la langue française, pp. 261-269.

— (1996): *The Sociolinguistics of Interlingual Communication*, Bruselas, Les Editions du Hazard.

PAZ, O. (1993): «Lecturas y contemplaciones», *Sombras de Obras*, Barcelona, Seix Barral.

PERELMAN, C. (1977): *L'empire rhétorique, rhétorique et argumentation*, París, Librairie philosophique J. Vrin.

PIGEON, L.-P. (1982): «La traduction juridique. L'équivalence fonctionnelle» en J.-C. GÉMAR (dir.): *Langage du droit et traduction*, Quebec, Conseil de la langue française, pp. 271-281.

PLOURDE, M. (dir.) (2000): *Le français au Québec. 400 ans d'histoire et de vie*, Quebec, les publications du Québec y FIDES.

ROULAND, N. (1991): *Aux confins du droit*, París, Odile Jacob.

SACCO, R. (1999): «Langue et droit» en R. SACCO y L. CASTELLANI (dir.) (1999): *Les multiple langues du droit européen uniforme*, Turín, L'Harmattan, pp. 163-185.

— (2000): «Langue et droit» en E. JAYME (ed.) (2000): *Langue et droit*, Bruselas, Bruylant, pp. 224-260.

SARCEVIC, S. (1985): «Translation of Culture-Bound Terms in Laws», *Multilingua*, 4 (3), pp. 127-133.

— (1997): *New Approach to Legal Translation*, La Haya, Kluwer.

SCHROTH, P.W (2000): «Language and Law» en E. JAYME (ed.) (2000): *Langue et droit*, Bruselas, Bruylant, pp. 153-176.

SELESKOVITCH, D. (1979): «Traduction et mécanismes du langage», *Parallèles*, Ginebra, 2 (7), pp. 7-12.

SNOW, G. y VANDERLINDEN, J. (dir.) (1995): *Français juridique et science du droit*, Bruselas, Bruylant.
SPARER, M. (1979): «Pour une dimension culturelle de la traduction juridique», *Meta*, 24 (1), Montreal, Les Presses de l'Université de Montréal, pp. 68-94.
STEINER, G. (1992): *After Babel*, 2ª ed., Óxford, Nueva York, Oxford University Press.
TAYLOR. C. (2000): «Langue, identité, modernité» en PLOURDE (dir.) (2000: 352-354).
UNESCO (2003): *Index translationum. International bibliography of translations. Bibliographie internationale de traductions. Bibliografía internacional de traducciones*, 9ª ed., París, Unesco.
VANDERLINDEN, J. (1996): *Anthropologie juridique*, París, Dalloz.
— (1999): *Contemporary Law, Canadian Reports to the 1998 International Congress of Comparative Law, Bristol,* Cowansville (Quebec), Les Editions Yvon Blais, pp. 25-68.
VINAY, J.-P. y DARBELNET, J. (1958): *Stylistique comparée de l'anglais et du français*, París, Didier.
WESTON, M. (1991): *An English Reader's Guide to the French Legal System*, Óxford, Berg.
WHITE, Kenneth (1985): *Une apocalypse tranquille*, París, Grasset.

¿ES POSIBLE TRADUCIR REALIDADES JURÍDICAS? RESTRICCIONES Y PRIORIDADES EN LA TRADUCCIÓN DE DOCUMENTOS DE SUCESIONES BRITÁNICOS AL ESPAÑOL

Anabel Borja Albi[1]
Universitat Jaume I

1. INTRODUCCIÓN

La traducción de testamentos ha adquirido en los últimos años una gran relevancia dentro del ámbito de la traducción jurídica debido a la creciente demanda de este tipo de encargos en zonas de costa en las que se han instalado un gran número de residentes extranjeros y, como consecuencia de ello, es uno de los géneros que más se traducen en la práctica profesional. Aparte de motivos profesionales, este género reviste también un gran interés desde el punto de vista del análisis textual, pues permite ilustrar los problemas, las dificultades o las restricciones típicos de la traducción jurídica, así como las prioridades que debe observar el traductor al elegir una solución u otra (Zabalbeascoa, 1998; Santamaria, en prensa).

El objetivo que se plantea este trabajo es precisamente definir las restricciones y prioridades que afectan a este género para identificar las estrategias de traducción más adecuadas en cada caso. Para ello, intentaré contextualizar el testamento español mediante el estudio de los principales conceptos legales del derecho de sucesiones de nuestro ordenamiento y los compararé, seguidamente, con los del testamento inglés. A continuación, expondré las cuestiones que causan más problemas de traducción, tanto desde el punto de vista extratextual como textual, y analizaré las distintas soluciones posibles atendiendo, entre otras cuestiones, a la necesidad de salvaguardar el efecto jurídico del texto original y a la función que debe cumplir la traducción en el momento de su recepción.

---

1. Este trabajo se ha realizado en el marco del grupo de investigación GITRAD, proyecto ACTIVE (P1 1A2004-20).

Este planteamiento consistente en abordar en una primera fase el estudio de los aspectos jurídicos que contextualizan el documento está motivado por la complejidad conceptual de los textos legales y por las diferencias entre sistemas jurídicos, que hacen difícil, y a veces imposible, encontrar equivalencias, lo que obliga al traductor a crear un tercer espacio de comunicación (Monzó, 2005). En concreto, en la traducción jurídica inglés-español entran en contacto los dos sistemas de derecho más importantes del mundo (por las áreas de influencia que han creado): el derecho continental, también llamado sistema de derecho civil, y el derecho anglogermánico o derecho consuetudinario.

2. LA SUCESIÓN EN ESPAÑA

En el derecho español concurren una serie de circunstancias especiales por tratarse de un sistema plurilegislativo. En lo que a la sucesión se refiere, como el causante ha podido estar en relación con diferentes ordenamientos jurídicos hay que concretar cuál de ellos ha de ser aplicado a su sucesión, ya que en España coexisten varios sistemas legislativos con un distinto ámbito territorial de aplicación, los denominados derechos forales de Cataluña, Navarra, Galicia, Baleares, Aragón y País Vasco. Hecha esta observación, en este trabajo nos centraremos en lo que se denomina *derecho común español*, basándonos principalmente en Albadalejo (1991) y Domingo Aznar (1999).

La sucesión *mortis causa* ha dado lugar en los diferentes ordenamientos jurídicos a tres tipos fundamentales de sucesión: 1) la sucesión testada, llamada también *voluntaria* o *testamentaria*, que tiene lugar cuando existe testamento; 2) la sucesión intestada (también *legítima* o *legal*), que se inicia cuando no existe testamento y se está a lo dispuesto por la ley; y 3) la sucesión contractual, una modalidad no admitida en el derecho común español (aunque aplicable en alguno de nuestros derechos forales).

2.1. Legislación

En el derecho español se distingue entre derecho público, que regula las relaciones en las que participa el Estado, y derecho privado, que regula las relaciones entre los ciudadanos. El derecho de sucesiones, en el que se encuadra el testamento, es parte del derecho civil. Para el traductor jurídico, el derecho civil es una de las ramas más importantes, ya que engloba todos los actos jurídicos en los que interviene la persona, desde que nace y se le inscribe en el Registro Civil, hasta que contrae matrimonio, adquiere una vivienda o recibe bienes en herencia. Está regulado en los cuatro libros de nuestro Código Civil que tratan, respectivamente, de las personas, de la propiedad, de las distintas formas de adquirir la propiedad y de los contratos. En concreto, la sucesión es una de las formas en que se puede adquirir la propiedad.

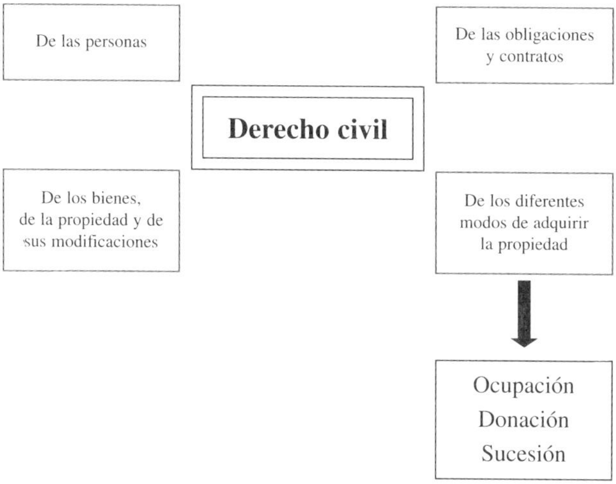

FIGURA 1: *Modos de adquirir la propiedad previstos en el Código Civil español*

Desde una perspectiva socioeconómica, la sucesión supone, además, un mecanismo de distribución de la riqueza, ya que, en el supuesto de que no existan familiares con derecho a la sucesión y el causante no haya dejado testamento, su patrimonio pasa a ser propiedad del Estado. Además, parte de ese patrimonio se canaliza a la comunidad mediante el impuesto de donaciones y sucesiones. Este impuesto que grava la sucesión es progresivo por lo que su importe aumenta proporcionalmente de forma que grava más a aquellos que más tienen. Por último, la ley de sucesiones (tanto la española como la inglesa) prevé una sucesión forzosa de las personas dependientes del causante.

El derecho de sucesiones está regulado por la legislación española en el libro III del Código Civil titulado «De las sucesiones» y constituye una de las ramas más importantes del derecho civil que ha sido tratada y regulada por todas las civilizaciones. El derecho de sucesiones no sólo regula la transmisión del patrimonio del fallecido (lo que se denomina *sucesión mortis causa*), también se ocupa de cuestiones como la tutela o el reconocimiento de hijos, o el mantenimiento de personas dependientes. Hay que tener en cuenta que a la muerte de una persona concurren siempre una serie de circunstancias de muy diversa naturaleza: la persona fallecida deja bienes y es posible que también deudas, se crean una serie de derechos a favor de las personas dependientes y parientes próximos del fallecido, o pueden quedar hijos para los que se dispone el nombramiento de tutores y la creación de fideicomisos.

El título III del libro III se denomina «De las sucesiones» y sus disposiciones generales comienzan con el artículo 657: «Los derechos a la sucesión de una persona se transmiten desde el momento de su muerte.» El artículo 659 reza así: «La herencia comprende todos los bienes, derechos y obligaciones de una persona, que no se extingan por su muerte.»

2.2. Fases de la sucesión en España

La sucesión en España pasa por una serie de fases que dan lugar a numerosos términos de especialidad. El proceso se inicia una vez certificado el fallecimiento del testador, momento que debe ser determinado con precisión, ya que el heredero, para adquirir tal condición, tiene que haber sobrevivido al causante y tener capacidad para heredar. El *albacea* es la persona que se designa en el testamento para asegurar el cumplimiento de las últimas voluntades. Suele ser un familiar o un amigo del testador y es el encargado de pagar las deudas, organizar el funeral y realizar los trámites necesarios para que la sucesión se lleve a cabo siguiendo los deseos del causante. Una vez abierta la sucesión se hacen efectivos los *llamamientos* a la sucesión, lo que se denomina también *vocación*.

A continuación, se produce otro momento importante que es la *delación* en la que los llamados a heredar pueden ejercer su *ius delationis*, es decir, su derecho a aceptar o repudiar la herencia. Si la aceptación es *pura y simple*, el heredero responde de las deudas y las cargas inherentes a la herencia con sus bienes propios. Para evitar esta situación se le atribuye a la persona que vaya a heredar la facultad de aceptar la herencia a *beneficio de inventario*, es decir, la acepta a condición de que el resultado de su liquidación sea positivo. Cuando hay varios herederos, la siguiente fase es la *partición* (que a su vez se subdivide en: *inventario*, *avalúo* y *liquidación*), el acto por el que se atribuyen bienes y derechos concretos a los coherederos. Esta partición la puede efectuar el causante en las disposiciones testamentarias o un *contador-partidor* designado por el mismo. También la pueden hacer los propios coherederos, un albacea o el juzgado. Antes de la adjudicación de lotes, mediante el procedimiento de la *colación* se revisan las donaciones hechas en vida a los coherederos para ajustar el caudal hereditario.

2.3. Forma del testamento

El testamento es un acto unilateral a diferencia de los contratos que son actos bilaterales, es decir, aceptados por dos partes. En derecho español, los testamentos mancomunados carecen de valor legal (aunque sí que están reconocidos en alguno de nuestros derechos forales). Además, siempre debe ser obra de una sola persona, pues se trata de un acto personalísimo y, como su función principal consiste en ser el reflejo de la voluntad de una persona, puede ser revocado tantas veces como se modifique dicha voluntad.

Asimismo, al tratarse de un acto jurídico solemne deben observarse en el mismo ciertas formalidades legales que variarán en función del tipo de testamento de que se trate. En derecho español existen dos categorías de testamentos, los comunes y los especiales. Dentro del segundo grupo se encuentra el testamento marítimo, el militar o el otorgado en el extranjero. Estos últimos tienen unos requisitos legales especiales por las excepcionales circunstancias en que se otorgan.

En el caso de los testamentos comunes la forma consiste básicamente en la recepción de la declaración de voluntad, normalmente por un notario que se encarga de redactar el contenido de conformidad con lo manifestado por el testador. Esto sucede en el testamento común *abierto* y en el testamento común *cerrado*. El más habitual es el abierto, en el que el testador manifiesta al notario su voluntad y este último lo redacta de forma que sea eficaz en derecho. En el testamento común cerrado, el testador entrega al notario un sobre cerrado que éste sella con lacre y firma sin conocer su contenido.

La manifestación de últimas voluntades también puede contenerse en un testamento *ológrafo* (del latín *holographus*. El adjetivo *ológrafo*, con el significado de escrito de mano del autor o autógrafo, también se acepta con la grafía *hológrafo*) redactado por el testador. El testamento ológrafo será siempre un documento manuscrito, firmado por el testador y con expresión de la fecha. Por lo tanto, no se admiten los ológrafos escritos a máquina y, como dato anecdótico, existe jurisprudencia rechazando los testamentos ológrafos redactados por personas sin brazos. A diferencia de los testamentos abiertos o cerrados, que producen efectos por sí mismos, el testamento ológrafo debe ser *adverado* por un juez, es decir, reconocido como auténtico. Otros testamentos que también deben ser adverados mediante la declaración de testigos son los testamentos hechos en peligro de muerte, tiempo de epidemia, naufragio o peligro de acción de guerra. Un ejemplo sería el testamento escrito en la pared de una celda por un preso que va a ser ejecutado.

2.4. Contenido del testamento

El análisis del contenido del testamento también es relevante para el traductor, pues de nuevo genera cuestiones léxicas y semánticas dignas de consideración. Su contenido suele ser de carácter patrimonial, pero también puede contener manifestaciones de voluntad de carácter no patrimonial, tales como el reconocimiento de hijos, el nombramiento de personas para cargos tutelares, etc.

Cuando su contenido es esencialmente de carácter patrimonial, la disposición de los bienes puede ser por institución de heredero o por vía de legado, y también puede suceder que un mismo testamento contemple ambas vías. Aquí uno de los conceptos que debe dominar el traductor es la diferencia que existe entre *heredero* y *legatario*. Mientras que el primero hereda a título universal (tanto los bienes como las deudas del causante), el legatario hereda a título particular (una cosa o varias en concreto, y nunca deudas). A modo de ejemplo, el legatario puede recibir el Ferrari rojo, el anillo de diamantes o la casa de la playa del testador, mientras que el heredero recibe una parte proporcional del caudal hereditario.

No obstante, el derecho español establece limitaciones a la facultad de disponer de aquellas personas que tienen hijos, ascendientes o dejan cónyuge viudo. Se trata del sistema de *legítimas*, que implica una limitación a la libertad de testar. El Código Civil español regula el derecho de sucesión testada siguiendo el sistema romano, otorgando libertad al testador para disponer libremente de su patrimonio con la salvedad de la legítima a favor de los parientes próximos y el cónyuge del causante. La legislación visigoda introdujo el sistema de legítima y mejora, inspirado en el derecho germánico, restringiendo el anterior sistema que reconocía la libertad casi absoluta para testar. El sistema de legítimas se caracteriza por su complejidad, pero a grandes rasgos la herencia se distribuye de la manera que se expone a continuación. La cantidad de la legítima que se percibirá varía dependiendo del *legitimario* de que se trate. A los hijos y descendientes les corresponden dos tercios de la herencia (un tercio de legítima estricta y un tercio de mejora). En su defecto, la mitad de la herencia pasaría a los padres y ascendientes, si no queda cónyuge viudo, y aumentaría a un tercio de la herencia, si queda cónyuge viudo. Al cónyuge viudo le corresponderían dos tercios en usufructo, si no hay descendientes ni ascendientes, y un tercio de la herencia, si los hubiera.

Por último, la *sustitución* es el llamamiento que hace el testador a favor de una persona distinta del heredero, bien por si éste no llegara a serlo, o bien para serlo después de que el heredero lo haya sido. Aparece en el testamento con una frase del tipo: «En caso de que mi cónyuge me premuriera, nombro heredero a mi hermano y si este último no pudiera o no quisiera aceptar la herencia, nombro heredero a [...]», es decir, se van proponiendo sustitutos al heredero inicialmente designado. La sustitución puede ser de diversos tipos: sustitución *vulgar*, sustitución *pupilar*, sustitución *ejemplar*, sustitución *fideicomisaria* (fideicomiso condicional y a término), *fideicomiso de residuo*.

Según el *Diccionario Espasa Jurídico* (2004) es vulgar la sustitución en que el testador sustituye al heredero o herederos instituidos por una o más personas, para caso de premoriencia, incapacidad de suceder o repudiación del caudal relicto. Se da sustitución pupilar cuando los padres y demás ascendientes nombrasen sustitutos a sus descendientes menores de catorce años, para caso que mueran antes de llegar a dicha edad. Por último, se da la sustitución fideicomisaria cuando el llamado recibe facultades, pero con la obligación de conservar y transmitir a su vez todo o parte del caudal relicto a un tercero, que es llamado conjuntamente con aquél a la herencia. Como modalidades de sustitución fideicomisaria se ofrecen dos: *condicional* y *a término*, según que la eficacia de la sustitución dependa de un evento futuro e incierto o que se produzca al transcurrir un plazo determinado. La diferencia es importante, pues en la condicional, como la eficacia de la delación depende del evento, puede no darse el *ius transmisiones*.

2.5. Recepción y registro del testamento

El testamento español no requiere recepción, es decir, no es obligatorio que el testador haga entrega o registre el testamento. Puede guardarlo él mismo en su domicilio, si se trata de un testamento ológrafo. En caso de otorgamiento ante notario (el sistema más habitual en España), se guarda copia en el protocolo de la notaría y se inscribe en el Registro de Actos de Última Voluntad, con el fin de garantizar el conocimiento de su existencia una vez fallecidas las personas que los hubiesen otorgado o bien en vida por los propios otorgantes. El Registro General de Actos de Última Voluntad se encuentra en Madrid y orgánicamente depende de la Dirección General de los Registros y del Notariado, y dentro de la misma de la Subdirección General del Notariado y de los Registros de la Propiedad y Mercantiles.

Las personas que residan o se hallen accidentalmente en el extranjero pueden otorgar testamento ante funcionario del país en que se hallan y hacer constar el hecho de este otorgamiento ante el agente diplomático o consular de España. El representante diplomático o consular de España dará referencia de dichas actas, con trascripción de todos sus datos, al Registro General de Actos de Ultima Voluntad.

2.6. Organización conceptual del testamento español

El grado de profundización al que podríamos llegar es, por supuesto, mucho mayor del que hemos desarrollado en el epígrafe anterior. Si tomamos como ejemplo el concepto de *legado*, encontramos distintos tipos: legados de cosas específicas, de cosas ajenas, genéricos, alternativos, de pensión, de cosa debida, de crédito, de liberación. Sin embargo, los conceptos anteriores ya nos permiten comenzar a elaborar un mapa conceptual o un árbol de campo básico a partir del cual podremos organizar la terminología de forma personalizada.

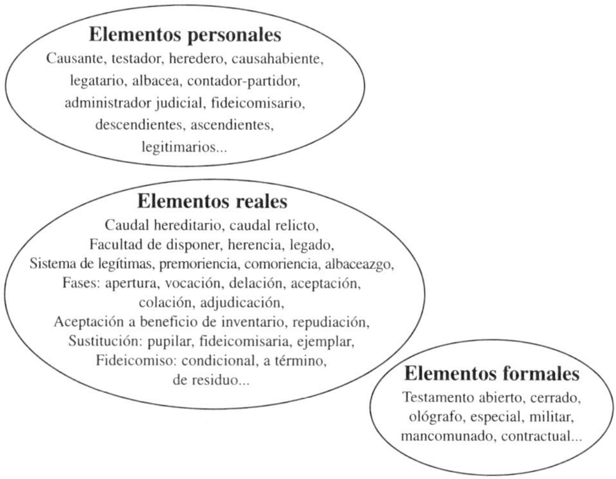

FIGURA 2: *Conceptos básicos del derecho de sucesiones español*

3. LA SUCESIÓN EN EL REINO UNIDO

En el Reino Unido la rama del derecho que se ocupa de la sucesión puede encontrarse bajo varias acepciones: *Wills, Succession, Inheritance, Intestacy, Administration.* El derecho inglés considera que el fallecimiento de un individuo supone el fin de su existencia como persona física, pero no como persona para el derecho (Simó Santonja, 1968): «*Whilst death destroys a man's human personality, it does not terminate his legal personality. His assets and liabilities will live on after him as his Estate is being held by his personal representatives*». Aparece aquí el concepto *estate*, que equivaldría al concepto de herencia en derecho español.

Si existe testamento, la distribución del caudal hereditario se realiza atendiendo a las disposiciones del mismo. De la persona que fallece (*the decedent*) habiendo otorgado testamento se dice que *has died testate* y se le denomina *Testator*. De la persona fallecida sin testamento se dice que ha fallecido *intestate*. En caso de que no exista testamento conocido, se denomina sucesión *intestate* y el caudal hereditario se distribuye de acuerdo con lo previsto en la legislación.

3.1. Legislación

Según la Common Law «*a man could dispose of his property as he wished (destitute his family) except several old doctrines (dower, escheat and curtesy)*» (Simó Santonja, 1968). A partir de 1833 se promulgan los primeros instrumentos legislativos al respecto basados en la filosofía de *laissez-faire law* que reconocía el derecho a disponer libremente de los bienes. En el sistema de derecho británico, la legislación sobre sucesiones, al carecer de un sistema de derecho codificado como el nuestro, hay que buscarla en distintos instrumentos legislativos como la *Inheritance Act 1938* o la *Inheritance Act 1975*, por citar algunos ejemplos. La libertad de testar es prácticamente total, aunque en 1938 (*Family Provision*) y sobre todo en 1975 (*Provision for Family and Dependants*) se limitó en beneficio de ciertos parientes, pero sin que podamos llegar a calificar el método de legítima, tal como se entiende en España.

3.2. Fases de la sucesión en el Reino Unido

En contraste con el sistema español que acabamos de sistematizar muy sucintamente, en el sistema inglés la transmisión se efectúa en dos etapas, ya que entre el difunto y los beneficiarios se interpone la figura de un intermediario: el *Personal Representative* que recibe la misión de liquidar la sucesión. Este intermediario debe acudir con el testamento a un tribunal especial, *Court of Probate*, que funciona como un registro de testamentos, para legalizarlo o adverarlo (*file a petition with the Court of Probate to admit the will to probate).* No todos los bienes requieren *probate*. Los bienes en copropiedad (en los que se ha hecho constar que la titularidad pasará de forma automática al superviviente), las indemnizaciones por seguros de vida y los fondos de pensiones pasan directamente al copropietario o beneficiario.

El testamento no tiene ningún valor legal hasta haber sido adverado. Si existe testamento, normalmente aparece nombrado un albacea o *Executor* que es la persona designada por el testador para liquidar la herencia. Si no existe testamento, será el *Court of Probate* quien nombre a un *Administrator*, 'administrador', para que la liquide. Este administrador puede ser una persona física, un banco, un despacho de abogados o una *trust company*.

3.3. Forma del testamento

En cuanto a la forma, el testamento es un acto totalmente privado y la voluntad no debe ser recogida necesariamente por ningún funcionario público. Pueden otorgar testamento todas las personas mayores de 18 años que tengan pleno uso de sus facutades mentales *(of sound mind)* y siempre que cumplan con los requisitos formales establecidos en el artículo 9 de la *Wills Act 1837*. Debe estar por escrito y firmado por el testador. Puede ser manuscrito, mecanografiado e incluso tratarse de un formulario. El testamento puede ser ológrafo *(holographic)* o mecanografiado (*typed*). Si no se trata de un testamento ológrafo el testador debe firmar al final del documento y siempre ante dos testigos, que firmarán sin que haga falta que queden enterados de su contenido. En este último caso podría considerarse que el testamento es *self proving* si se incluyen ciertas cláusulas de notarización y tendría valor legal sin necesidad de ser adverado por los testigos en el *Court of Probate*. Si no se cumplen estos requisitos, se considerará que el causante ha fallecido intestado *(intestacy)*. Como en el caso del sistema español, también existen formas especiales (*privileged wills*) para soldados, marinos, etc.

El testamento puede ser revocado *(revoked)* o modificado tantas veces como el testador lo considere oportuno. Si el testador realiza una modificación *(amendment)* a un testamento anterior sin que éste deba perder su validez, tal modificación se hará constar en un documento nuevo que se adjuntará al mismo, un codicilo *(codicil)*. Las modificaciones no pueden incorporarse al texto del testamento. Si las modificaciones son sustanciales, es más recomendable redactar un nuevo testamento revocando el anterior.

3.4. Contenido del testamento

Al igual que el español, el testamento inglés puede contener disposiciones patrimoniales y no patrimoniales. Comienza habitualmente con una cláusula de revocación *revoking all previous wills*, pasando a continuación al nombramiento de *personal representatives* (*executors* o *administrators*, como ya hemos visto) para que se ocupen de liquidar la herencia y se hagan cargo de todas sus deudas y gastos funerarios y de testamentaría (*debts, funerary and testamentary expenses*). Seguidamente se especifican los legados (*bequeaths*) de bienes tangibles (*tangible property*) y los nombres de los beneficiarios de los mismos (*beneficiaries*) indicando las personas que los sustituirían en caso de que no pudieran o no quisieran aceptar dichos legados. En caso de que hubiera hijos menores (*minor children*) podrían incluirse cláusulas designando un tutor o curador (*guardian, curator*).

Por último se designa a la persona que heredará el caudal hereditario relicto (*residue of the estate*) que, en realidad, suele ser la parte más importante de la herencia. Por tanto, estas cláusulas suelen ser las más extensas e incluyen, en ocasiones, la consitución de *trusts* a favor de hijos menores. Más adelante desarrollamos el concepto de *trust* con más detenimiento.

Al contrario de lo que sucede en derecho común español, en Inglaterra la legislación sí que contempla el testamento mancomunado (*joint will*).

3.5. Recepción y registro del testamento

Su recepción tampoco es obligatoria y el testador puede guardar el testamento en casa, depositarlo en un despacho de abogados o, registrarlo en el juzgado de testamentaría, el *Probate Registry*.

3.6. Organización conceptual del testamento inglés

De nuevo, el grado de profundización al que podríamos llegar es mucho mayor, sin embargo, con los conocimientos que hemos trabajado hasta este punto podemos elaborar el mapa conceptual del testamento inglés con los elementos de contrastividad conceptual que ya hemos apuntado y con los que se comentarán a continuación. Tras este brevísimo repaso a la realidad extratextual en la que se produce el testamento español y el inglés, dedicaremos el siguiente apartado a los problemas de traducción más frecuentes y exploraremos las posibles soluciones que se les puede dar.

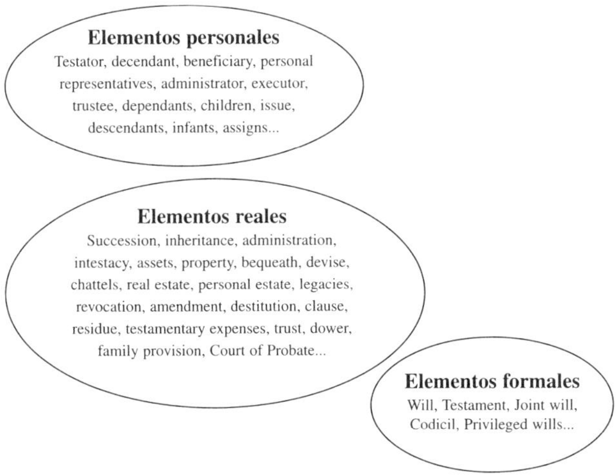

FIGURA 3: *Conceptos básicos del derecho de sucesiones inglés*

4. RESTRICCIONES Y PRIORIDADES DE TRADUCCIÓN

Las diferencias entre sistemas jurídicos que ya hemos señalado van a plantear restricciones textuales y extratextuales relacionadas con la complejidad del campo temático y con la falta de equivalencias que, como ya se ha dicho, sólo podrán resolverse con un buen conocimiento de los dos sistemas jurídicos (Borja, 2000; Engberg, 2002) que fundamente la toma de decisiones en el sistema de prioridades que le plantee el encargo al traductor. Hemos podido observar que el sistema legal español, que constituye el contexto de los testamentos españoles, está estructurado de forma algo distinta al británico. El ordenamiento jurídico depende de la cultura y esta circunstancia se refleja tanto en el lenguaje como en las convenciones de género de los textos jurídicos. En este apartado consideraremos algunas restricciones textuales, tanto de carácter léxico y conceptual (lagunas terminológicas, falsos amigos), como las restricciones impuestas por las convenciones de género, que varían enormemente de una cultura a otra. Nos referimos a las restricciones de tipo textual dependientes del género, tales como la distinta situación comunicativa (registro, estilo, redacción), la macroestructura y la fraseología.

- Restricciones extratextuales

  - Complejidad del campo temático.
  - Diferencias entre ordenamientos jurídicos.

• Restricciones textuales

- Léxico y fraseología especializados con diferentes campos semánticos.
- Inexistencia de equivalencias frente a necesidad de precisión.
- Distinta situación comunicativa que influye en el registro, estilo, persona.
- Distinta forma y convenciones de género que influyen en la macroestructura.

4.1. Restricciones y prioridades léxicas y conceptuales

El testamento inglés es uno de los géneros más interesantes desde el punto de vista del análisis lingüístico porque ha conservado muchos vestigios del carácter de registro de ceremonias orales que tienen estos documentos. El lenguaje del derecho de sucesiones, el utilizado en concreto en los testamentos ingleses, es una mezcla del francés, el lenguaje de los herederos de la tierra en Inglaterra, y el latín del derecho romano que el derecho canónico había mantenido vivo en las *Courts of Probate*, los tribunales que se ocupaban de los casos de herencias. Prueba de ello son términos como *ademption, aliquot, administrator, assets, assigns, bequeath, chattels, devise, endowment*, entre otros. También se caracteriza por ser un lenguaje en el que abunda el uso de dobletes y tripletes (*will and testament; give, devise and bequeath*, etc.) y de términos de especialidad con distintos campos semánticos. Para ayudarnos a tomar decisiones de traducción conscientes e informadas respecto al léxico de testamentos, haré una muy breve digresión histórica que nos ayudará a comprender mejor los actuales modelos de testamentos. Una referencia histórica importante en la evolución del lenguaje legal en Inglaterra la constituyen los sesenta y dos testamentos anglosajones que se conservan del periodo comprendido entre los años 805 y 1066. Estos testamentos ilustran el paso de una sociedad analfabeta que no recogía sus compromisos legales por escrito y se limitaba a realizar una serie de rituales y ceremonias orales, a una sociedad acostumbrada a registrar los actos legales en documentos con una estructura formal compleja y convencional (Danet, 1984).

Puesto que el acto de legar consistía en una ceremonia ritual, los documentos de esta época eran testimonios del acto oral que había tenido lugar. La impronta de la oralidad queda reflejada en textos como muestra el ejemplo tomado de un fragmento de este testamento de Æthelstan, fechado en 1015 (Whitelock 1986 [1930]: 62-3):

> Now I pray all the councillors, both ecclesiastical and lay, who may hear my will read, that they will help to secure that my will may stand.

Otros vestigios del carácter de registro de ceremonias orales que tienen estos documentos son las *curses* o anatemas que aparecen al final de muchos testamentos anglosajones para reforzar sus disposiciones como el testamento de Wulfgyth de 1046, en el que lanza una maldición contra todos aquellos que se atrevieran a incumplir la voluntad recogida en su testamento amenazándoles con el abismo de Satanás y el castigo eterno junto a todos los enemigos de Dios (Whitelock 1986 [1930]):

> And he who shall detract from my will which I have now declared in the witness of God, may he be deprived of joy on this earth, and may the Almighty Lord who created and made all creatures exclude him the fellowship of all saints on the Day of Judgment, and may he be delivered into the abyss of hell to Satan the devil and all his accursed companions and there suffer with God's adversaries, without end, and never trouble my heirs.

Lo que es cierto es que los testamentos anglosajones tenían una impresionante fuerza poética que han conservado los testamentos actuales y quizá uno de los fenómenos que más contribuyen a esta *poesía mágica* del lenguaje jurídico es el de los dobletes o expresiones binómicas que han desaparecido de muchos otros géneros, pero siguen vigentes en el lenguaje jurídico y especialmente en los testamentos tal como se puede apreciar en las primeras frases del siguiente testamento tomado de mi archivo profesional:

> John Smith of Normaton in the County of York. I give devise and bequeath all my real and personal estate (including all real and personal estate which I have power to appoint or dispose of by Will) unto my wife Mary for her own absolute use and benefit.

Algunos autores atribuyen el uso de estos dobletes y tripletes a razones etimológicas, es decir, que los escritores de la Edad Media y el Renacimiento utilizaban un término de origen latino o francés acompañado del término equivalente anglosajón como glosa del término extranjero. Es el caso de *goods and chattels* (inglés antiguo y francés antiguo). Otros apuntan que el fenómeno podría ser también un recurso retórico sin ninguna finalidad explicativa o deberse, únicamente, a la ignorancia de los juristas que prefieren utilizar todos los términos sinónimos, por si alguno de ellos no indica exactamente lo que pretenden (Danet, 1984).

Ejemplos de dobletes cuyos términos tienen el mismo origen serían: *by and with, each and every, have and hold* (todos del inglés antiguo) y *aid and abet, cease and desist, null and void* (todos del francés o del latín a través del francés).

En los testamentos, los primeros dobletes y tripletes que encontramos son *will and testament* y *give, devise and bequeath*. Conviene señalar que no se trata de sinónimos en inglés, *will* se refiere a la última voluntad respecto a los bienes inmuebles del testador, mientras que *testament* se refiere a las disposiciones sobre bienes muebles. Ahora bien, en español no tenemos un doblete para reflejar estos matices semánticos y en inglés actual, al utilizarse de forma conjunta, tampoco tienen un valor significativo especial. En el caso del triplete *give, devise and bequeath*, el primer término (*give*) abarca los dos siguientes, y estos dos últimos se diferencian entre sí (de nuevo) por la naturaleza de los bienes de que dispone el testamento: *devise* hace referencia a bienes inmuebles y *bequeath* a bienes muebles.

Las soluciones de traducción posibles son varias: podemos eliminar términos y hablar sólo de testamento y podemos intentar conservar ese carácter ceremonial, ese tono arcaizante que tienen los testamentos ingleses. Con la primera opción, ganamos en economía del lenguaje, mientras que con la segunda conservamos el sabor tan característico del original. En cualquier caso, es importante que el traductor sea consciente del grado de libertad de que dispone ante los problemas que le plantea la traducción. En el caso de los dobletes y tripletes hay que asegurarse de que al reducir términos no se está eliminando significado, sino sólo modificando el estilo.

Otro de los escollos de la traducción jurídica al que hemos aludido es el de los términos del lenguaje general que en un determinado ámbito jurídico adquieren un sentido especial. Como fase previa a la traducción también será preciso aclarar el significado de los términos de especialidad del testamento atendiendo a su interpretación, valor y eficacia en derecho.

Si tomamos como ejemplo el término *children*, la ley indica que incluye a los hijos legítimos e ilegítimos, así como a los adoptados. Sin embargo, no incluye a los hijastros, *stepchildren,* a menos que se haga constar expresamente o que todos los hijos sean hijastros. Otro caso interesante es el de *legacy*, un falso amigo ya que en español *legado* se refiere a la sucesión a título particular de un bien que puede ser tanto mueble como inmueble, mientras que en inglés carece de la carga semántica de universalidad o particularidad y sin embargo se refiere a la naturaleza de los bienes, de nuevo, bienes muebles. Vemos que la solución a este tipo de problemas es sencilla si se investigan bien los términos de especialidad.

Un caso distinto es el de la falta de equivalencia como sucede en el caso del término *trust*, un clásico de los testamentos ingleses y un verdadero quebradero de cabeza para los traductores. El *trust* angloamericano es una figura jurídica que no tiene equivalente exacto en el sistema español y que tiene un fuerte arraigo en la tradición jurídica inglesa. Es un instrumento de uso muy extendido en todo el mundo y cuenta con antiguas raíces en el derecho romano. Los *trusts* permiten aislar bienes, flujos de fondos, negocios, derechos, etc. en un patrimonio independiente y separado con diferentes finalidades. Existe *trust* cuando en un contrato una persona le transmite la propiedad de determinados bienes a otra, en donde esta última la ejerce en beneficio de quien se designe en el contrato, hasta que se cumpla un plazo o condición. El *trustee* administra los bienes y deberá actuar con prudencia y diligencia, sobre la base de la confianza depositada en él, en defensa de los bienes fideicomitidos (ya que se comporta como el nuevo *propietario*) y los objetivos del fideicomiso. Si no es así, el fiduciante o el beneficiario pueden exigir la retribución por los daños y perjuicios causados. Existen *trusts* de muchos tipos: de garantía, de seguros, inmobiliario, financiero, testamentario, etc.

En un *trust* testamentario el *trustee* (fiduciario) es el dueño jurídico de los bienes a quien se le ha encargado su administración durante un periodo de tiempo o hasta que se cumpla una condición, mientras que el *beneficiary* (fideicomisario) es el receptor del beneficio real de los mismos y el propietario final en el momento que se cumplan las circunstancias previstas por el testador *trustor* (fideicomitente o comitente).

En derecho civil español debemos buscar la equivalencia en el ámbito del derecho civil (negocio fiduciario) y en el del derecho de sucesiones (sustitución fiduciaria) (véase la figura 4, Fragmento del *Tesauro de Derecho,* CINDOC). Tanto el término inglés *trust* como el español, *fiducia*, significan 'fe', 'confianza', etc. Según el *Diccionario Jurídico Espasa*, el negocio fiduciario es aquél por virtud del cual una persona (fiduciante) transmite a otra (fiduciario) la propiedad de una cosa o la titularidad de un derecho para lograr una finalidad práctica (de garantía –fiducia cum creditore– o de administración –fiducia cum amico–) para la cual no es jurídicamente necesaria tal transmisión. Pero el *trust* no se corresponde exactamente con el negocio fiduciario, ya que en España el fiduciario no ostenta la propiedad de los bienes, sino su posesión.

En el derecho de sucesiones español encontramos la institución de la sustitución fiduciaria o fideicomisaria que se halla regulada en nuestro Código Civil, artículos 781-789. Se da la sustitución fideicomisaria cuando el llamado recibe facultades, pero con la obligación de conservar y transmitir a su vez todo o parte del caudal relicto a un tercero, que es llamado conjuntamente con aquél a la herencia. Su carácter fideicomisario deriva del origen romano de la figura, en que el testador, frecuentemente por instrucciones privadas o casi siempre alejadas del modo *iure civile*, designaba un heredero, encargándole a éste –dependiendo la eficacia del encargo de la buena fe del instituido– la transmisión de bienes a un tercero.

FIDEICOMISO DE RESIDUO
— — — ***DERECHO CIVIL***
— — — SUSTITUCION FIDEICOMISARIA CONDICIONAL
— — — SUSTITUCION FIDEICOMISARIA
— — — SUSTITUCIONES HEREDITARIAS
— — — SUCESION HEREDITARIA DE CATALUÑA
FIDEICOMMISSUM
— — — ***DERECHO ROMANO***
— — — HEREDITAS
— — — SUCCESSIO
— — — DERECHO ROMANO
...
FIDUCIA
— — — ***DERECHO CIVIL***
— — — FIDUCIA CUM AMICO
— — — FIDUCIA CUM CREDITORI
— — — FIDUCIA DE GARANTIA
— — — GARANTIA FIDUCIARIA
— — — CONTRATOS
— — — DERECHO DE OBLIGACIONES
— — — DERECHO CIVIL
— — — FIDUCIARIOS
— — — NEGOCIOS FIDUCIARIOS
FIDUCIA CUM AMICO
— — — FIDUCIA
FIDUCIA CUM CREDITORI
— — — FIDUCIA
FIDUCIA DE GARANTIA
— — — FIDUCIA
FIDUCIA MONETARIA
— — — PATRON FIDUCIARIO
FIDUCIA SUCESORIA
— — — ***DERECHO CIVIL***
— — — SUSTITUCION FIDEICOMISARIA
— — — SUSTITUCIONES HEREDITARIAS
— — — TESTAMENTO

FIGURA 4: *Fragmento del Tesauro de derecho* CINDOC *(Páez, 1997)*

La sustitución fideicomisaria puede ser *condicional* o *a término*. La cuestión de si el fiduciario llega a ostentar la titularidad de los bienes hereditarios durante el periodo de su comisión varía en uno y otro caso y el *Diccionario Espasa Jurídico* lo argumenta del siguiente modo:

> Por el propio alcance de la sustitución, el heredero adviene a ser titular de los bienes hereditarios, si bien sus facultades dominicales aparecen limitadas con

la propia sustitución; aunque en nada guarda relación aquella situación con la del usufructuario, como pensaba la antigua jurisprudencia. De otro lado, la imponérsele la diligencia de un buen padre de familia respecto de los bienes que debe transferir, no se le prohíbe disponer de los mismos, ya que puede hacerlo en todo caso en que la falta de disposición pudiera generar perjuicios. Pero tampoco se le puede considerar como un simple administrador, por cuanto recibe dichos bienes en dominio. Se explica, así, la timidez de los autores para calificar el instituto, problema que se evade mediante un análisis de sus probables facultades, en cuya regulación el Código Civil no es, precisamente, generoso en su expresión. En los casos en que la sustitución se determina por la condición, el sustituto no adquiere absolutamente nada, por lo que cabría configurar la posición del heredero como una adquisición resolutoria. Pero de no existir condición, adquiere desde la apertura de la sucesión derecho sobre los bienes, pudiendo, en consecuencia, actuar lo necesario para asegurarse la recepción (inventario). De otro lado, como heredero final y auténtico destinatario de los bienes, a él corresponde la responsabilidad por las deudas del causante (porque, además, no se produce estricta identificación entre el caudal relicto y los bienes del heredero, precisamente porque éste debe apartar los dirigidos al sustituto).

Tras esta revisión del concepto de *trust* y de sustitución fiduciaria, nos atreveríamos a afirmar que en el contexto de traducción de testamentos se podría utilizar *sustitución fiduciaria* como traducción funcional de *trust,* pero lo cierto es que los juristas prefieren a menudo que se mantenga el término *trust* en inglés. En algunas traducciones de documentos de sucesiones también encontramos *trust* traducido como *fideicomiso*. Esta última solución nos parece menos adecuada por dos razones. En primer lugar, porque la encontramos con más frecuencia en los textos sobre derechos forales que en los de derecho común español, y en segundo lugar porque el término fideicomiso en español se ha utilizado tradicionalmente para denotar un sistema de administración de determinados territorios por parte de un Estado soberano, bajo la autoridad de la Asamblea General de las Naciones Unidas, en virtud de acuerdos especiales que sustituyó al antiguo Sistema de Mandatos.

Con la aplicación de este método de investigación al término *trust* pretendemos ilustrar el sistema de trabajo que proponemos para todos los términos que planteen dificultades de traducción de carácter léxico o conceptual.

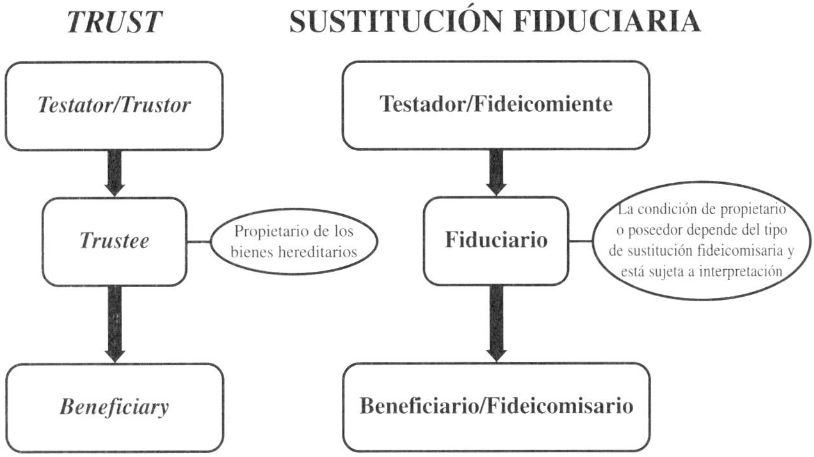

FIGURA 5: *Comparación del* trust *angloamericano con la sustitución fiduciaria del derecho español*

4.2. Restricciones y prioridades relacionadas con las convenciones de género: La situación comunicativa y la macroestructura

Pasemos ahora a otro problema, el de las diferencias en la situación comunicativa. Como hemos visto en la descripción de los requisitos formales en ambos sistemas, en el español el testamento está redactado por el notario, mientras que en el inglés el que está en disposición de la palabra es el testador, lo que va a dar lugar a diversas dificultades para el traductor.

Aunque la mayoría de los textos jurídicos ingleses están redactados en tercera persona, incluso los contratos que expresan la voluntad de dos partes, los testamentos y las sentencias judiciales se redactan en primera persona por su carácter de voluntad u opinión personal, respectivamente. En España y debido a la intervención del notario, la redacción más habitual es en tercera persona. Por este mismo motivo, la macroestructura va a ser diferente, y el estilo también. Aquí se plantean varios interrogantes: ¿Cómo redactamos la traducción al español? ¿En primera persona tal como está en inglés o en tercera persona para ajustarnos a las convenciones del género español? ¿Adaptamos la macroestructura? ¿Adaptamos el estilo? ¿Qué hacemos con la puntuación y el uso de mayúsculas? ¿Y qué hacemos con la estructura formal? ¿La adaptamos o la dejamos tal como está en inglés?

This is the last Will and Testament of me, John Smith of Normaton in the County of York. I GIVE DEVISE AND BEQUEATH all my real and personal estate (including all real and personal estate which I have power to appoint or dispose of by Will) unto my wife Mary for her own absolute use and benefit.	TESTAMENTO En Barcelona, a 10 de mayo de 2003. Ante mí, Notario del Ilustre Colegio Notarial de Barcelona, con domicilio en... COMPARECE Don Fulanito de Tal, con domicilio en... Asegura tener, y a mi juicio tiene la capacidad legal suficiente para testar, y la ejercita otorgando en los siguientes términos su testamento abierto: 1. Lega a sus nombrados hijos la legítima que les corresponde en su herencia. 2. Instituye heredera universal...

FIGURA 6: *Plasmación en las macroestructuras y el estilo de las diferencias en la situación comunicativa*

Si estamos hablando de *traducir*, la opción indicada será la de respetar la macroestructura del original. No podemos tomar los datos de un testamento británico e incluirlos en un modelo de testamento español. Si hiciéramos esto, estaríamos *adaptando*, y no traduciendo, con lo que estaríamos traicionando, en cierto modo, al lector, pues podría pensar que el documento se redactó originalmente en español y que buscaba unos efectos legales en el ordenamiento español.

El estilo de los documentos legales ingleses está muy marcado por la sintaxis. La sintaxis de los testamentos británicos se caracteriza por su densidad y por la profundidad de la subordinación. La puntuación es prácticamente nula y la progresión textual depende exclusivamente de la gramática. Uno de los mayores peligros de la traducción jurídica es la literalidad excesiva. Por temor a perder algún matiz de significado, algunos traductores aplican un método mucho más literal en la traducción jurídica que en otras especialidades (Ferrán, 2004):

> Having realized that both in theory and practice of legal translation *literalism* is still present, we think that it may be interesting to recall that a pragmatic translation of legal documents is the rule for the translator to follow. This

> pragmatic interpretation/translation of the legal document is the opposite of a literal interpretation/translation of such a document. We define a literal interpretation on the part of the translator as in fact abandoning his real task: that of interpreting the legal document as a whole. Although the theory of legal translation is starting to formulate such communicative principles in interpretation, it has not as yet found ways of fostering and stimulating such an attitude in the translator.

Sin embargo, no es necesario reproducir las estructuras lingüísticas del original para conseguir el mismo efecto, normalmente con ello sólo se consiguen calcos sintácticos que generan falsos sentidos, sin sentidos o pobreza de estilo. El traductor debería tener la competencia suficiente para encontrar estructuras sintácticas que cumplan la misma función que las del original sin calcarlas, aunque tenga que puntuar de nuevo todo el documento. No se trata de reproducir el original palabra por palabra, sino de entenderlo de forma precisa y generar un texto en lengua meta que tenga el mismo efecto jurídico. Un buen ejemplo de esta afirmación son los fragmentos referidos a la sustitución que encontramos en la mayoría de los testamentos británicos.

Si decidimos traducir palabra por palabra, llegaríamos a una expresión forzada y poco natural como la traducción 1 que se propone a continuación. Si observamos los testamentos españoles, comprobaremos que el notario expresa esa misma idea con una fórmula mucho más sencilla que podemos utilizar para generar la traducción 2 con la seguridad de que el efecto jurídico es el mismo.

ORIGINAL: In the event of my said husband dying in my lifetime or of failing for any cause to take the property aforesaid whether by reason of any uncertainty as to his having survived me or by virtue of any presumption in law as to my being the survivor or otherwise in other words if we meet our deaths in the same accident then I GIVE DEVISE AND BEQUEATH all my said real [...]

TRADUCCIÓN 1: EN CASO de que mi esposo falleciera antes que yo, o de que por algún motivo fuera incapaz de tomar posesión de los bienes antes mencionados - ya sea debido a la incertidumbre sobre si me hubiera sobrevivido o por virtud de cualquier presunción legal o de otra naturaleza que me considerara a mí como su superviviente, o si hallamos la muerte en el mismo accidente - en tal caso, DOY, DEJO Y LEGO [...]

TRADUCCIÓN 2: En caso de comoriencia o premoriencia instituyo heredero [...]

Otra cuestión es la traducción de fórmulas como la de conclusión y firma de los documentos ingleses. Su dificultad radica en que son un reflejo de los requisitos legales británicos a que nos hemos referido sobre la firma de dos testigos, que deben estar presentes y firmar en el mismo acto el testamento. Si, huyendo del literalismo, adaptamos esta fórmula a la conclusión típica de los documentos legales españoles (traducción 1), se podría interpretar como un testamento no válido al desaparecer ciertos requisitos legales en derecho anglosajón. La traducción 2 sería un ejemplo de literalidad excesiva y la propuesta como traducción 3, una solución de compromiso entre la 1 y la 2. La fórmula «en un solo acto, ininterrumpido» está tomada de los testamentos españoles y refleja los requisitos de formalización de forma más sencilla que la traducción 2.

ORIGINAL: Signed and acknowledged by the said John Smith as and for his last Will and testament in the presence of us both being present at the same time who in his presence and at his request and in the presence of each other have hereunto subscribed our names as witnesses.

TRADUCCIÓN 1: Y para que así conste firmamos el presente a [...] de [...] de 2005.

John Smith Testigo Testigo

TRADUCCIÓN 2: Firmado por el citado John Smith como su Última Voluntad y Testamento en presencia de los infraescritos quienes, a petición del mismo y hallándonos presentes en el mismo acto, firmamos el presente documento en calidad de testigos.

TRADUCCIÓN 3: Firmado por John Smith y por los testigos infraescritos, en un solo acto, ininterrumpido.

5. CONCLUSIONES

Es evidente que no existe una solución única e ideal de traducción. Hay unas restricciones y el traductor debe establecer sus prioridades en cada encargo. En el caso de las restricciones contextuales, que plantean problemas de tipo léxico, de distinta carga semántica, falsos amigos, etc., tenemos soluciones muy claras. No sencillas, pero sí claras. Habrá que investigar el sentido exacto de los términos y buscar un equivalente en español. Si no existiera (restricción por falta de concepto equivalente) podemos utilizar recursos como dejarlo en el idioma original (prioridad: respetar el sentido del original por encima de cuestiones estilísticas o de concesiones al lector), hacer una traducción explicativa (prioridad: que de alguna manera el lector entienda el significado aunque el texto pierda ritmo y se haga más penosa su lectura) o utilizar una traducción funcional aunque el significado no sea absolutamente el mismo en encargos que admitan este procedimiento (prioridad: que el texto suene natural y se lea con facilidad).

El proceso ideal ante cualquier encargo sería comparar ambos sistemas jurídicos en aquellos puntos que puedan plantear problemas traductológicos y, sin perder de vista la función que va a tener la traducción, reflexionar sobre la estrategia más apropiada. La falta de equivalencias entre instituciones jurídicas sólo se puede solucionar con un profundo conocimiento de los ordenamientos jurídicos, que la traducción como acto de comunicación intercultural pone en contacto. No obstante, no se trata de una tarea fácil, ya que el derecho comparado es una disciplina muy especializada que exige un trabajo de investigación jurídica intenso para resolver los frecuentes conflictos de leyes y las diferentes interpretaciones posibles.

Ahora bien, en el caso del estilo, la forma, las fórmulas, etc., la libertad del traductor jurídico es, en principio, mucho mayor y ahí entran en juego en primer lugar cuestiones como el *skopos*, es decir, la función que va a tener la traducción, pero también el gusto y el ideolecto del traductor. Así, no traduciríamos igual un testamento si nos lo pide un ciudadano sin formación jurídica que simplemente desea obtener una idea de lo que le ha dejado en herencia un hermano suyo fallecido en Estados Unidos, que si ese mismo cliente nos solicita traducción jurada para iniciar una acción judicial. Sin embargo, la realidad nos demuestra que el 95% de los encargos de traducción jurídica se ajustan al segundo supuesto, y van destinados a lectores expertos para su uso en entornos legales. En estos casos, el objetivo principal de la traducción es generar un texto en lengua meta que, sin pretender crear la ilusión de ser un documento original, salvaguarde la función jurídica del texto original utilizando un estilo y un registro jurídico apropiados y respetuosos con las convenciones de género. No se trata de reproducir elementos lingüísticos, sino de encontrar recursos para mantener la identidad expresiva entre el original y la traducción.

Por otra parte, la traducción jurídica debe abordar necesariamente el problema que supone trasponer la función del original, y en concreto el efecto jurídico pretendido con el mismo. Los textos jurídicos se redactan para tener una función jurídica concreta, un efecto legal específico y regulado por la legislación del país de origen. Esta función jurídica pretendida quizás no tenga equivalente funcional en la cultura jurídica de llegada o incluso puede ir contra los preceptos jurídicos de dicho ordenamiento. A todo ello hay que añadir que el texto meta será leído e interpretado por alguien que, en principio, no está familiarizado con el sistema legal de la cultura de partida y en la mayoría de los casos espera un texto legal que responda a las convenciones de los textos en la cultura meta. En la práctica profesional nos hemos encontrado juristas que al leer una traducción la han tachado de incorrecta por *ir en contra de la legislación* y hemos tenido que explicarles que se trata de una *traducción* de los contenidos de un documento extranjero que fue redactado conforme a la legislación del país de origen y que en ningún caso pretendía ajustarse a lo dispuesto en la legislación del país de la lengua meta.

Por último, cabe citar la necesidad de actualización constante de conocimientos que tiene el traductor jurídico. Los conceptos legales relacionados con la sucesión no se caracterizan por su carácter innovador como podría afirmarse sobre otros temas objeto de traducción jurídica, como la legislación sobre reproducción asistida o los productos financieros. En principio, podríamos afirmar que se trata de una rama del derecho muy conservadora pues regula (entre otras cosas) la transmisión de propiedades, inmobiliarias, en muchos casos, y todo el derecho sobre propiedad privada tiende a ser conservador, tanto en el fondo como en la forma. Efectivamente, los documentos que encontramos en este ámbito se caracterizan por su alto grado de formalidad y convencionalismo. Sin embargo, los cambios sociales y legislativos que se están registrando en España y el Reino Unido (leyes sobre parejas de hecho o matrimonio entre homosexuales, nuevos sistemas de gestión de patrimonios en forma de *statutory trusts*, popularización del testamento vital, etc.) obligan al traductor a actualizar sus conocimientos de forma continuada.

BIBLIOGRAFÍA

ALBADALEJO, M. (1991): *Curso de Derecho Civil V. Derecho de Sucesiones*, Barcelona, Bosch.

BERCOVITZ RODRÍGUEZ-CANO, R. y J. C. ERDOZÁIN LÓPEZ (coord.) (2002): *Código Civil*, Madrid, Tecnos.

BORJA ALBI, A. (2000): *El texto jurídico inglés y su traducción al español*, Barcelona, Ariel.

DANET, B. (1984): «The Magic Flute: A Prosodic Analysis of Binomial Expressions in Legal Hebrew» en B. DANET (ed.): *Studies of Legal Discourse*, número especial de *Text*, 4 (1-3), pp. 143-172.

DOMINGO AZNAR, A. (1999): *El fideicomiso y la sustitución fideicomisaria*, Barcelona, Marcial Pons.

ENGBERG, J. (2002): «Legal Meaning Assumptions. What are the consequences for legal interpretation and legal translation?», *International Journal for the Semiotics of Law*, 15 (4), pp. 375-388.

FERRAN LARRAZ, E. (2004): «El literalismo en la traducción de documentos jurídicos: una vía para su solución», *LSP & Professional Communication*, 4 (2).

FUNDACIÓN TOMÁS MORO (coord.) (2001): *Diccionario jurídico Espasa*, Madrid, Espasa-Calpe.

MONZÓ NEBOT, E. (2005): «Els límits de la innovació en traducció jurídica» en L. SANTAMARIA (ed.): *XII Seminari sobre la Traducció a Catalunya*, Barcelona, Associació d'Escriptors en Llengua Catalana, pp. 39-51.

PÁEZ, J. (coord.) (1997): *Tesauro de Derecho Cindoc*, Madrid, Centro de Información y Documentación Científica (CINDOC).

SANTAMARIA, L. (en prensa): «Els procediments de traducció en els textos jurídics» en E. MONZÓ (ed.): *Les plomes de la justícia. Lletres de traductors, juristes i normalitzadors*, Barcelona, Proa.

SIMO SANTONJA, V. (1968): *Derecho sucesorio comparado*, Madrid, Tecnos.

WHITELOCK, D. (1986 [1930]): *Anglo-Saxon Wills*, Holmes Beach, Fla., Wm. W. Gaunt & Sons.

ZABALBEASCOA, P. (1999): «La didáctica de la traducción: desarrollo de la competencia traductora» en A. GIL DE CARRASCO y L. HICKEY (ed.): *Aproximaciones a la tradución*, Madrid, Instituto Cervantes.

RETOS ACADÉMICOS DE LA TRADUCCIÓN JURÍDICA: DOCENCIA E INVESTIGACIÓN

INTERACCIÓN DE CONOCIMIENTOS EN EL APRENDIZAJE DE LA TRADUCCIÓN JURÍDICA

LAURA SANTAMARIA
Universitat Autònoma de Barcelona

1. INTRODUCCIÓN

LA ENSEÑANZA Y EL APRENDIZAJE de la traducción jurídica plantean retos difíciles tanto para el colectivo de los profesores como para los estudiantes. El proceso de traducción obliga al traductor a fijarse en unas unidades translémicas relacionadas con el resto del texto y con el contexto que ha permitido que se generara el texto que se debe traducir. Dada la complejidad jurídica subyacente al texto, y para evitar la dispersión que puede alejarnos del objetivo final de la traducción, debemos integrar la totalidad de los conocimientos necesarios, y enseñar a los estudiantes a gestionarlos para que contribuyan a mejorar la calidad de sus traducciones. Por ello, debemos seguir buscando una metodología que resulte más productiva y que incluya las nuevas mejoras sociales que las herramientas disponibles han facilitado.

Los alumnos de traducción jurídica llegan a los distintos cursos con conocimientos previos y si queremos que el proceso de aprendizaje sea más eficaz, existe la necesidad de integrar dichos conocimientos al aprendizaje en el aula. En el plan de estudios de la Universitat Autònoma de Barcelona existe un primer curso de traducción jurídica que realizan los estudiantes en el tercer año de licenciatura y al que llegan con conocimientos previos de traducción general y los que han adquirido en las asignaturas instrumentales, que en breve vamos a definir.

Los estudiantes, pues, acceden al primer curso de traducción jurídica con conocimientos de traducción general, es decir, cuando ya han aprendido a realizar operaciones de traducción y saben, por ejemplo, realizar análisis textuales, son capaces de detectar las dificultades que va a conllevar una cierta traducción y disponen de las estrategias o de los procedimientos que deben aplicar para que el traslado a la lengua meta se realice de manera apropiada. Cuentan asimismo con los conocimientos que han adquirido en las asignaturas instrumentales: técnicas de trabajo propias de la documentación, terminología e informática.

En documentación han aprendido a realizar búsquedas en bases documentales accesibles en Internet y también en soporte de papel y óptico, a analizar la pertinencia de los resultados que han hallado y a contrastar esa información con la de otras fuentes. En cuanto a la terminología, además de haber adquirido los conceptos que provienen de la teoría general de la terminología, saben cómo consultar bases terminológicas y son capaces de crear sus propias bases de datos. Este último punto les va a servir de gran ayuda tanto si trabajan como traductores *free lance*, como si traducen en agencias de traducción. Dentro de la informática son numerosos los programas que les van a ser muy útiles en su vida profesional. Más adelante observaremos la clasificación que propone Vilarnau (2001).

El segundo curso de traducción jurídica se imparte en cuarto año, es decir, cuando los estudiantes ya tienen conocimientos sobre qué significa traducción jurídica. Finalmente, en el curso de postgrado cabe resaltar que los estudiantes proceden de distintas titulaciones, por lo que se ha optado por ofrecer tres itinerarios diferentes según los distintos estudios que les facilitan el acceso.

Para analizar de qué modo se pueden organizar los conocimientos en el aula de traducción jurídica a lo largo de todo este itinerario, este artículo está estructurado a partir de cuatro ejes: el texto jurídico como texto de especialidad, el proceso de traducción, las herramientas y los recursos para la traducción jurídica, y las tecnologías de la información y la comunicación (TIC) en relación con la traducción jurídica.

2. CARACTERIZACIÓN DEL TEXTO JURÍDICO

La traducción implica una actividad que siempre está sujeta al texto original desde varios puntos de vista. Por ello probablemente hablamos de traducción especializada y no de traducción de textos de especialidad. De todas formas, originales y traducciones mantienen una relación inestable: a veces porque el texto original no existe y en otras ocasiones porque se ha ocultado intencionadamente que se trata de una traducción y se finge que es un original.[1] Esta relación se impone también desde un punto de vista jurídico, y así si el texto original se considera fruto de una actividad que genera derechos de propiedad intelectual, las traducciones también generan estos derechos, como es el caso

1. A lo largo de la historia, se ha plagiado el contenido de algunas obras, que supuestamente se han publicado como si de originales se tratara. En otras ocasiones, se ha fingido que la obra era una traducción cuando, de hecho, era la primera vez que se redactaba ese original. En otros casos, el texto original ha desaparecido, y contamos sólo con las traducciones; esto es lo que ocurre, por ejemplo, con la Biblia.

de la traducción literaria. En cambio, si el texto original pertenece a un ámbito que no los genera –como por ejemplo una carta comercial–, la traducción tampoco. Pese a que esta perspectiva jurídica supedita al original la traducción e incluso la propia naturaleza de la actividad, la tarea de traducir no es tan diferente en todos estos casos, aun cuando, como veremos más adelante, la estrategia de traducción, las técnicas utilizadas y la norma, o convención, que estructura la actividad traductora sí que presentan algunas peculiaridades.

Son varias las clasificaciones que se han realizado de los lenguajes de especialidad. Para definir eficazmente la comunicación jurídica, en el sentido de Jakobson, tendremos en cuenta dos parámetros centrales de la comunicación, relacionados con el proceso de traducción y con la enseñanza de dicho proceso: el propio texto –que a su vez nos delimita la temática y nos permite realizar una clasificación por géneros, donde podemos observar el grado de abstracción para cada caso– y el contexto, como elemento también del proceso de comunicación descrito por Jakobson, o sea la realidad jurídica donde se insertan los textos jurídicos, con lo cual contienen también información referencial.

Los textos jurídicos comparten ciertas características propias que los distinguen del resto de textos de especialidad y presentan algunas particularidades que inciden en el proceso de traducción. Estas características específicas de los textos jurídicos repercuten, a su vez, en la formación de traductores de este ámbito. Por la temática y dentro de los lenguajes de especialidad, consideramos los textos jurídicos como textos técnicos con un grado de abstracción bastante alto, que varía en función de los interlocutores participantes en el proceso de comunicación y de la situación comunicativa.

Para determinar el grado de abstracción de los textos jurídicos, podemos observar las variaciones según el género textual que establecemos a tal fin. Šarčević (1997: 11) propone la siguiente clasificación de los textos jurídicos:

1) principalmente prescriptivos: normativas, códigos y leyes, contratos, tratados y convenciones;
2) principalmente prescriptivos, pero también descriptivos: textos judiciales, y
3) puramente descriptivos: textos doctrinales.

Esta clasificación nos sirve de base para ordenar los textos que queremos que traduzcan nuestros alumnos según el grado de dificultad, pero también, por la misma noción de género, podemos relacionar los textos en varias lenguas en el proceso de documentación previo a la traducción tal y como veremos más adelante.

La mayor dificultad en la formación de traductores de textos jurídicos deriva de la distancia entre los contextos comunicativos donde se producen los textos, o sea de los universos jurídicos que generan los textos. Para comprender el texto jurídico, nos es preciso entender el mundo que lo envuelve, su realidad, una realidad definida a partir de los ordenamientos jurídicos. Tendremos que preparar metodologías de formación de traductores en función de si las lenguas relacionadas por el proceso de traducción comparten universo jurídico, es decir, según si forman parte de un mismo estado.[2] Algo parecido ocurre si participan en una misma organización internacional, como la Unión Europea, o bien si se trata de textos que reflejan realidades jurídicas diferentes.

Los textos jurídicos en catalán participan en buena parte del universo jurídico de los textos redactados en castellano peninsular, mientras que la distancia entre el contenido de los textos jurídicos en catalán y en otras lenguas implica una dificultad añadida. Cuando traduzcamos del catalán al castellano, o bien al revés, a pesar de la singularidad de los textos jurídicos en relación con los otros lenguajes de especialidad, el proceso de traducción no es tan diferente respecto a los casos en los que tenemos que traducir otros tipos de texto técnico. Esto es, se trata de un tecnolecto determinado en tanto que hace uso de una terminología y una fraseología específicas y tiene unas características textuales propias. Al mismo tiempo, la realidad, o contexto jurídico, es prácticamente la misma. Es precisamente este hecho lo que acerca la traducción técnica y científica a la traducción jurídica entre el catalán y el castellano, en el contexto del Estado español, y entre el inglés y el francés, en el contexto de Canadá.

Asimismo, los traductores tienen que establecer correspondencias sobre el contenido jurídico del texto original de una forma similar a como las establece el derecho comparado. Debemos subrayar, también, que no es lo mismo preparar una traducción jurídica entre, pongamos por caso, un testamento en inglés de EE.UU. que tenemos que traducir al catalán, que hacer un trabajo de derecho comparado sobre el derecho de sucesiones en EE.UU. y en Cataluña.

En cualquier caso, estas divergencias no implican que no se deba realizar un trabajo de documentación exhaustivo cuando traducimos. La diferencia básica radica en el hecho de que el trabajo del traductor se centra en el texto que tiene que traducir, mientras que el estudioso del derecho comparado analiza las consecuencias jurídicas.

2. En consecuencia, cuando hablamos de formar traductores jurídicos para la combinación castellano-catalán, nos es imprescindible distinguir entre los originales en castellano peninsular y los originales en otras lenguas.

3. PROCESO DE TRADUCCIÓN

Una vez hemos definido el texto jurídico en tanto que objeto de la traducción posterior que debemos realizar, tenemos que establecer qué debemos enseñar en la clase de traducción jurídica, es decir, qué competencias queremos desarrollar y por medio de qué estrategias. Si creemos que es necesario enfocar la docencia de forma que los estudiantes aprendan a aprender, tendremos que partir de las habilidades que buscamos que adquieran los traductores para llevar a cabo una traducción jurídica de modo satisfactorio. Entran ahora en juego un conjunto de destrezas (comprensión conceptual del texto original, análisis de las funciones del texto, reformulación de la información en la lengua de llegada, etc.), pero al ser el tema central de este artículo las herramientas y los recursos necesarios para la formación de traductores de textos jurídicos, nos centraremos en la importancia de la documentación, esto es, en la búsqueda de información que nos debe permitir entender el texto y traducirlo con éxito.

A través de la documentación podremos compilar la información sobre el contenido del original.[3] Al mismo tiempo, la búsqueda de otros documentos paralelos en la lengua original nos permite observar la singularidad del documento a traducir, o las semejanzas con otros textos con un objeto jurídico similar. Es en esta fase, pues, donde podemos comprobar la utilidad de las clasificaciones por géneros textuales.

La documentación terminológica en la traducción jurídica supone también ciertas singularidades, que son debidas a la dificultad de identificar la solución terminológica pertinente, puesto que puede no haber equivalencia conceptual entre los dos sistemas jurídicos. Tal es el caso de los nombres de ciertas instituciones (por ejemplo, de los tribunales), de algunas figuras del derecho, etc.

A menudo, cuando se pregunta a los estudiantes cuál es la mayor dificultad a la que se enfrentan durante el proceso de traducción, tienden a responder que la terminología es el escollo principal. Se debe entonces permitir que reflexionen sobre esta respuesta, puesto que a menudo la dificultad es fruto de la falta de comprensión del concepto. Por lo tanto, debemos hacer hincapié en la finalidad de la documentación, en la adquisición de conocimientos sobre el tema de la traducción.

---

3. Con todo, es bien cierto que en el contexto actual de Internet, tendemos demasiado a confiar en este medio y nos olvidamos de que el propio texto actúa también de metalenguaje. Por ejemplo, los contratos en inglés contienen definiciones e información sobre el propio contexto jurídico (las leyes que regulan aquella práctica jurídica, por ejemplo).

También se debe llevar a cabo una búsqueda de documentación sobre la misma situación comunicativa en lengua de llegada, concretamente en los dos campos que hemos señalado para el contenido del original. De este modo podemos discriminar las diferencias entre los dos sistemas jurídicos, unas diferencias conceptuales y formales que nos obligarán a investigar también sobre la norma en traducción.

Monzó (2002: 233) desarrolló el concepto de *transgénero* para la traducción jurídica para «hacer referencia a les regularidades y a las convenciones propias de la traducción». Precisamente es aquí donde más se debería incidir, puesto que los estudiantes de traducción tienen que reconocer cómo deben ser los textos traducidos.

Dado que es en este último ámbito en el que menos información podemos recoger, ya que difícilmente podremos contar con una base de textos traducidos, tenemos que procurar maximizar los resultados. Nos fijaremos, pues, en dos aspectos relacionados con la norma en traducción: por una parte, las convenciones que regulan la traducción jurídica y, por otra, las modalidades de traducción de textos jurídicos que podemos identificar:

- Traducción *jurídica*: la entendemos como la traducción de textos jurídicos en el sentido más amplio, o sea textos que contienen información jurídica.
- Traducción *jurada*: la traducción que debe cumplir con unos requisitos determinados que la llevan a tener un carácter oficial. Ha de haber sido realizada por personas acreditadas como traductores jurados; el contenido no es siempre en su totalidad jurídico (un informe forense que es preciso incluir en un proceso judicial, etc.). Borja (2000: 153) recoge las actividades de los traductores jurados: traducción de documentos judiciales, traducción de documentos de procedencia oficial, pero de carácter administrativo (certificados médicos, de estado civil, académicos, etc.).

Borja (2000: 138) distingue también entre otras modalidades:

- traducción escrita;
- traducción audiovisual, e
- interpretación (simultánea y consecutiva).

Esta variedad de modalidades de traducción nos obliga a incluir en las clases de traducción información sobre la norma. Dicha información es difícil de contrastar, ya que, como hemos dicho, no es fácil hallar un corpus de traducciones traducidas y disponibles para ser consultadas. (Véase a este respecto Monzó, en este volumen.)

4. HERRAMIENTAS Y RECURSOS PARA LA TRADUCCIÓN ESPECIALIZADA

La utilización de las tecnologías de la información y de las comunicaciones (TIC) en el proceso de traducción ha recibido nombres diferentes. Sólo entre las universidades catalanas nos encontramos ya con dos denominaciones. Mientras que el término *tradumática* es el que usamos a la Universitat Autònoma de Barcelona, en la Universitat Pompeu Fabra se prefiere *tradúctica*.

Del mismo modo en que las TIC han experimentado grandes avances en los últimos años en la mayoría de los ámbitos de conocimiento, también se han generado grandes cambios en el ámbito de la traducción. Se han creado, en este contexto, toda una serie de programas informáticos al servicio de los traductores. Para entender de qué hablamos exactamente, partiremos de la definición de *tradumática* que propone Vilarnau (2001: 18):

> Conjunto de conocimientos y habilidades en el uso de las TIC que permiten desarrollar la tarea de la traducción de una forma más rápida, eficaz y fiable.

Este mismo teórico (Vilarnau, 2001: 22-23) caracteriza los programas informáticos que pueden servir de soporte en el proceso de traducción de tal manera que se subraya la relación más o menos estrecha con la traducción:

I. Programas de traducción
   1. Procesadores de textos.
   2. Herramientas de traducción asistida.
   3. Herramientas de traducción automática.
   4. Programas de autoedición.
   5. Editores de HTML.
   6. Herramientas de localización de *software*.
   7. Programas de tratamiento de imágenes.
   8. Otros formatos específicos.

II. Programas de apoyo a la traducción
   1. Bases de datos.
   2. Diccionarios y enciclopedias en disco óptico.
   3. Navegadores.
   4. Agentes inteligentes de búsqueda.
   5. Hojas de cálculo.
   6. Correctores ortográficos y gramaticales.
   7. Programas de extracción de términos.

III. Programas para enviar y recibir documentos
   1. Correo electrónico.
   2. Programas de FTP.
   3. Reconocimiento óptico de caracteres (OCR).
   4. Reconocimiento de voz.
   5. Fax.

IV. Programas accesorios a la traducción
   1. Compresores.
   2. Programas de cifraje.
   3. Programas de chat y derivados (ICQ, Netmeeting, Messenger, webchat, etc.)
   4. Copiadoras de webs.
   5. Control de descargas.
   6. Programas para compartir archivos (P2P)

V. Programas generales
   1. Antivirus.
   2. Programas de gestión de privacidad.
   3. Cortafuegos.
   4. Grabadoras de CD-ROM.
   5. Mantenedores del sistema operativo.

De hecho, como usuarios, y en todo caso como usuarios adelantados, conocemos la mayoría de estos programas. Algunos de ellos pueden resultar especialmente útiles para los traductores de textos jurídicos, mientras que otros pueden tener más utilidad en otras especialidades (herramientas de localización de *software* o programas de autoedición).

En términos generales, las dos primeras categorías son las más próximas a la traducción especializada, en tanto que son herramientas que pueden ser de ayuda para sistematizar el proceso de traducción, de manera que se puede argumentar que «la tradumática no se limita a ofrecer al traductor unas herramientas, sino que amplía su perfil profesional y lo convierte en un gestor de la información multilingüe» (Vilarnau, 2001: 109).

En algunos casos, la relación entre la utilización de ciertos programas y la traducción es tan estrecha que no se precisa justificar su utilización. Nos referimos, por ejemplo, a los procesadores de textos, a los diccionarios y enciclopedias en disco óptico y a los navegadores que facilitan la búsqueda por Internet. Por otra parte, un buen conocimiento del resto de categorías puede simplificar la tarea del traductor de modo global, puesto que, por ejemplo, una buena gestión del correo electrónico puede permitir al traductor estar en contacto más directo con los clientes habituales, pero también con los potenciales; la utilización de los programas de reconocimiento de la voz, que actualmente ya empiezan a ser suficientemente sensibles, puede evitar el uso del teclado e incrementar, por tanto, el número de palabras traducidas por minuto;[4] los programas de gestión de privacidad y los antivirus pueden garantizar la seguridad de los datos almacenados en el ordenador; o bien, los compresores y las grabadoras de CD-ROM le pueden permitir optimizar la memoria del disco.

Por todo ello, nos centraremos ahora, sobre todo, en determinar cómo los programas de las primeras dos categorías pueden mejorar el resultado del trabajo de los traductores, y lo haremos desde una perspectiva didáctica. (Véase también Pérez González, en este volumen, para una visión de su uso en la investigación de la traducción jurídica.)

5. LAS TIC Y LA TRADUCCIÓN JURÍDICA

Vamos a fijarnos en algunos de los programas que podemos usar en el proceso de traducción jurídica. De hecho, este tipo de programas deberían incluirse en las asignaturas de traducción jurídica. En general, los programas de las facultades de traducción ya incluyen asignaturas llamadas instrumentales: informática, terminología y documentación. Sin embargo, debería encontrarse la forma de utilizar estas aplicaciones dentro de las asignaturas concretas de traducción, es decir, enseñar a los alumnos en contexto cómo se deben utilizar para sacarles el máximo partido.

5.1. Herramientas de traducción asistida

Las llamadas *memorias de traducción* reconocen traducciones anteriores sobre segmentos similares de texto. Permiten traducir con rapidez textos largos donde haya muchas repeticiones. Facilitan, asimismo, el trabajo en grupo –con varios traductores trabajando al mismo tiempo y un gestor que coordina el estilo y la terminología del proyecto.

Estas memorias ofrecen un rendimiento irregular según las características del original. En los textos jurídicos redactados en inglés, las frases son muy largas, contienen grupos largos de hipónimos y muchos segmentos insertados. Ello impone dificultades a este tipo de programas a la hora de reconocer similitudes de contenido.

4. Estos programas de reconocimiento de voz han contribuido al nacimiento de nuevas modalidades de traducción: subtitulación en directo para programas televisivos que se emiten en directo.

5.2. Bases de datos

Actualmente, la base de datos Multiterm de Trados es probablemente la más utilizada por todos los traductores de textos de especialidad del mundo y la que se enseña con mayor frecuencia en las facultades y en los departamentos de traducción. Este software permite adaptar el contenido de las fichas terminológicas a las necesidades de cada traductor.

Si el objetivo docente consiste en ofrecer herramientas a los alumnos para que aprendan a aprender, además de enseñarles a usar Multiterm, debemos enseñarles a reflexionar sobre los elementos que debe incluir la ficha.

Una posible propuesta de ficha terminológica es la siguiente:

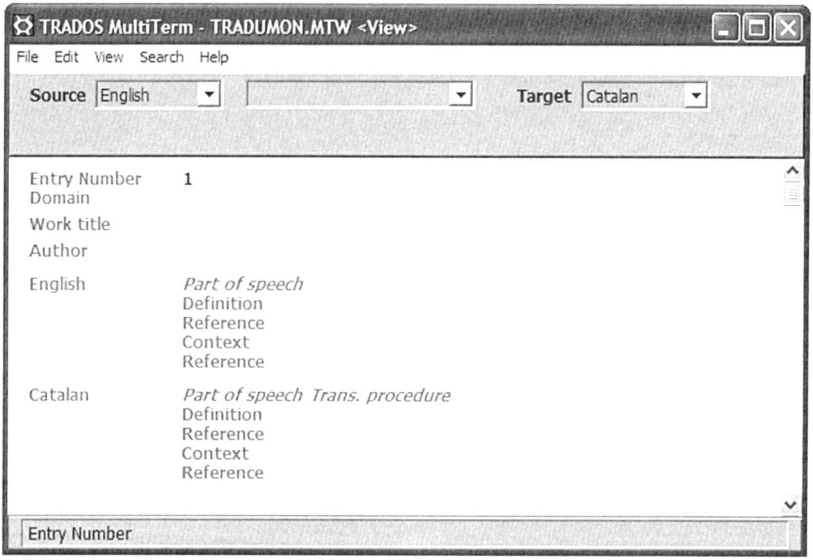

FIGURA 1: *Propuesta de ficha terminológica para el programa Multiterm*

5.3. Navegadores y buscadores

Hemos destacado la necesidad de llevar a cabo un trabajo de documentación exhaustivo antes de empezar a traducir. De ahí la necesidad de enseñar a los alumnos a usar estas herramientas con la máxima efectividad.

Podemos distinguir entre *navegadores* y *buscadores* (Vilarnau, 2001: 40 y 41):

Un navegador es un programa que lee documentos en HTML, pero, en lugar de mostrarnos los códigos y las etiquetas [...], los interpreta y muestra los documentos con cursivas, negritas, imágenes, marcos, cuadros, etc.
[...]
Los buscadores son sitios web que tienen un motor de búsqueda que trabaja con una base de datos de webs indexadas.

Una vez hemos discriminado las herramientas que nos permiten realizar búsquedas documentales, debemos también asegurarnos de que los textos que consultamos contienen un grado de fiabilidad alto. Como ello no resulta tan fácil de discernir, en Sánchez Gijón (2003) se presenta una aplicación que a través del análisis humano de unos parámetros predefinidos en una ficha permite establecer el grado de fiabilidad del sitio web consultado.

Los campos son los siguientes:

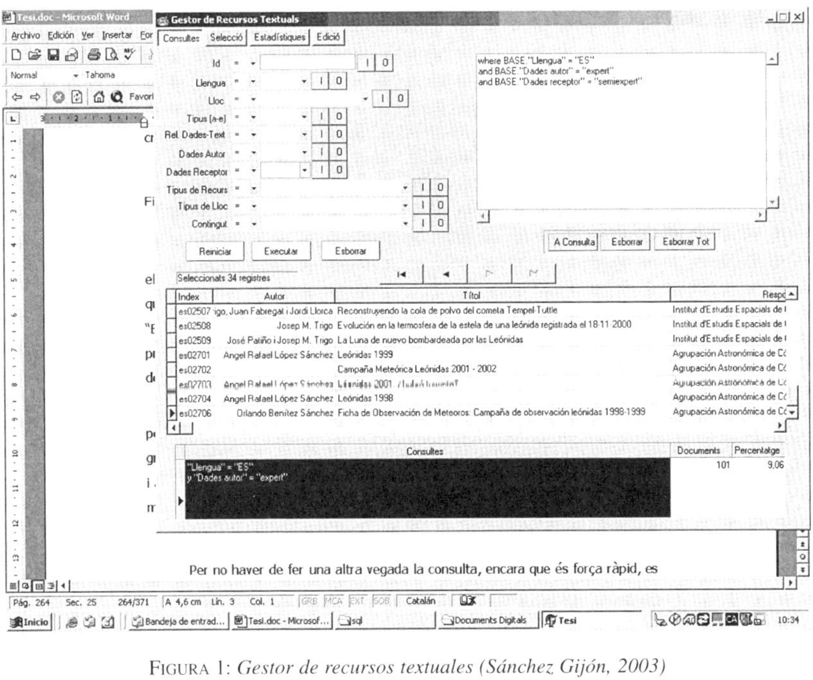

FIGURA 1: *Gestor de recursos textuales (Sánchez Gijón, 2003)*

Existe una necesidad clara de llevar a cabo las consultas documentales de la forma más acertada posible, pero sobre todo es preciso comprobar que los resultados coinciden con el fin de la traducción. Esta aplicación nos permite identificar los siguientes datos: lengua, sitio, referencia de los datos, referencia del receptor (según si es experto, semiexperto o lego), referencia del autor (experto, semiexperto, lego), nombre del autor, características del sitio web (creado por una institución de investigación, sitio personal, asociación), tipo de contenido (noticia, artículo de divulgación, entrevista, glosario). También permite combinar los campos para encontrar definiciones, documentar colocaciones y combinaciones de los elementos lingüísticos o segmentos de texto donde aparece a menudo el término.

6. CONCLUSIONES

Como apunte final, sólo queda remarcar que la complejidad de los textos jurídicos obliga a mantener la atención constante en las unidades de traducción más pequeñas sin olvidar su relación con la totalidad del texto y del contexto. En consecuencia, la formación en traducción es una actividad compleja –tanto desde el punto de vista del enseñante como del aprendiz– que exige el aprendizaje de los recursos que hemos presentado en este artículo.

Para evitar la dispersión a la que puede llevar el uso de algunas de las herramientas comentadas (como las memorias de traducción) –y con la que se corre el peligro de diluir el objetivo final de la traducción–, debemos integrar la totalidad de los conocimientos necesarios en la formación de los traductores de esta especialidad, y enseñar a los estudiantes a gestionarlos en un entorno cada vez más mediatizado por las herramientas informáticas. Debemos procurar que estos conocimientos y estas herramientas actúen en todo caso a favor de la traducción y que lo instrumental no supere en relevancia o dificultad a la auténtica finalidad del proceso, que es la traducción misma. Por todo ello tenemos que seguir buscando una metodología de enseñanza más productiva y adaptarla a los nuevos progresos sociales.

BIBLIOGRAFÍA

BORJA ALBI, A. (2000): *El texto jurídico inglés y su traducción al español*, Barcelona, Ariel.

MONZÓ NEBOT, E. (2002): *La professió del traductor jurídic i jurat. Descripció sociològica de la professió i anàlisi discursiva del transgènere* [tesis doctoral], Castelló de la Plana, Departament de Traducció i Comunicació, Universitat Jaume I.

— (2005): «Investigar con los profesionales: colaboraciones de investigación-acción» en E. Monzó y A. Borja (ed.) (2005): *La traducción y la interpretación en las relaciones jurídicas internacionales*, Castelló de la Plana, Universitat Jaume I, pp. 153-169.

Pérez González, L. (2005): «Aportaciones de las nuevas tecnologías a la investigación en el ámbito de la traducción jurídica» en E. Monzó y A. Borja (ed.) (2005): *La traducción y la interpretación en las relaciones jurídicas internacionales*, Castelló de la Plana, Universitat Jaume I, pp. 133-152.

Sánchez-Gijón, P. (2003): *Els documents digitals especialitzats: utilització de la lingüística de corpus com a font de recursos per a la traducció especialitzada* [tesis doctoral], Barcelona, Departament de Traducció i Interpretació, Universitat Autònoma de Barcelona.

Sarcevic, S. (1997): *New Approach to Legal Translation*, La Haya, Kluwer Law International.

Vilarnau, J. (2001): *La tradumàtica. Delimitació conceptual i importància en el procés de formació del traductor* [trabajo de investigación], Barcelona, Departament de Traducció i d'Interpretació, Universitat Autònoma de Barcelona.

¿CUÁNTO DERECHO DEBE SABER EL TRADUCTOR JURÍDICO?

Roberto Mayoral Asensio
Universidad de Granada

1. INTRODUCCIÓN: LOS CONOCIMIENTOS JURÍDICOS EN LA TRADUCCIÓN

La mayor parte de las reflexiones que se hacen sobre la traducción jurídica desde el campo de la traducción parten del principio de que «el traductor debe comprender perfectamente lo que traduce»; pues bien, esto puede expresar un ideal pero no es desde luego lo que ocurre en el ejercicio profesional. La mayor parte de las reflexiones que se hacen sobre la traducción jurídica desde el campo del derecho parten por el contrario del principio de que «el traductor no debe interpretar el texto»; pues bien, esta formulación es demasiado general porque el traductor, en alguna medida, necesita comprender e interpretar el texto jurídico para poder traducirlo.

En el caso de la traducción jurídica, la comprensión parece mostrar al menos tres niveles diferentes: (1) lo que el término o la expresión jurídica pueden significar con independencia del documento en que están contenidos (los diferentes significados del diccionario); (2) lo que el término o la expresión significan en ese documento en particular, y (3) la proyección jurídica de los contenidos de ese documento en cuanto a la eficacia de su acto negocial, la aplicación de esa norma legislativa o la autenticidad de la certificación, según sea el caso.

Para deducir el primer significado (de diccionario) es suficiente con disponer de buenos diccionarios (afortunadamente, para algunos pares de lenguas como el inglés y el español sí disponemos de ellos). Para deducir el significado intermedio (documental) es necesario aplicar los elementos pragmáticos y comunicativos contenidos en el documento y algún conocimiento de los ordenamientos jurídicos de ambas culturas implicadas. Para conocer el significado plenamente jurídico –el que ha de ser considerado como sancionado y definitivo– es necesario acudir a instrumentos o reglas extratextuales de interpretación del significado jurídico como son el ordenamiento jurídico, las intenciones del autor o de las partes, los actos de los intervinientes, etc.

El ideal –inalcanzable– de la traducción sería que el documento traducido recogiera exactamente los mismos significados potenciales que el documento original. Tanto para deducir el significado documental como el jurídico es necesario *saber derecho*, aunque en diferentes proporciones. Para deducir el significado jurídico hace falta un conocimiento elevado y activo del derecho, que normalmente sólo corresponde a juristas y que la cultura jurídica atribuye de forma exclusiva a legisladores y jueces, aunque los abogados lo practiquen habitualmente. El uso activo de conocimientos de derecho para la deducción del significado documental (2) sería un campo de negociación y de conflicto entre jueces y administradores por un lado y traductores por otro. La línea roja que separe las competencias de unos y otros está por trazar e incluso es posible que cierto solapamiento resulte inevitable.

2. ¿TRADUCTOR JURÍDICO O JURISTA TRADUCTOR?

¿Qué conocimientos de derecho debe tener el traductor jurídico? ¿Los que le permitan conocer los significados potenciales del texto o los que le permitan reducirlos a un solo significado a través de la interpretación jurídica? ¿Los conocimientos del mediador lingüístico, los conocimientos del jurista, los conocimientos del juez o legislador o algún punto intermedio entre ellos? Creemos que los conocimientos de derecho exigibles al mediador lingüístico no son los mismos, ni en la misma medida, que los exigibles a los miembros de las profesiones legales. Además, sus conocimientos deben ser de los dos sistemas jurídicos implicados en la traducción.

Lo cierto es que el traductor jurídico no jurista siente pavor ante el derecho y la profesión legal; siente pavor ante la posibilidad del error derivado de la ignorancia y esto le empuja con frecuencia a soluciones de traducción muy conservadoras. Esto es así porque el traductor jurídico que no reúne al mismo tiempo la condición de jurista casi nunca llega a alcanzar el grado de comprensión del documento jurídico al que llega el jurista, por mucho que pueda utilizar técnicas de documentación muy eficaces.

Si supusiéramos que el jurista alcanza una comprensión perfecta de todo documento jurídico y conociera en cada caso cuál debe ser su única interpretación válida (lo cual evidentemente ni es ni puede ser cierto) y que al traductor no jurista le resultara imposible alcanzar esta comprensión perfecta, podríamos llegar a la conclusión de que los únicos que debieran atreverse a realizar traducciones jurídicas serían aquellas personas que reunieran al mismo tiempo la condición de juristas y traductores; pues bien, si esto fuera así, sólo se cubriría una parte ínfima de las necesidades de mediación lingüística jurídica (la mayor parte de esta mediación es y será llevada a cabo por traductores no juristas), y, además, esta ínfima parte continuaría viéndose expuesta a todos los enigmas y contradicciones que plantea la traducción de documentos jurídicos a los meramente traductores.

La gran paradoja sería que a este profesional capacitado se le impediría poner en efecto todas sus capacidades, pues su papel de traductor le impediría invadir campos ajenos. Además, se agravaría una de las contradicciones más claras entre el ejercicio del derecho y el ejercicio de la traducción jurídica: el jurista con frecuencia tiene que interpretar los documentos de acuerdo con los intereses de su cliente, mientras que el traductor de documentos jurídicos está sujeto a una exigencia de verdad que le impide tomar partido. Un traductor-jurista ha de enfrentarse inevitablemente a dos culturas profesionales distintas y, en algunos aspectos, contradictorias.

3. LA FORMACIÓN DE LOS TRADUCTORES JURÍDICOS

A efectos de la formación de traductores jurídicos, la cuestión es ¿cuánto derecho hay que enseñar a un futuro traductor que normalmente viene de letras y al que en su enseñanza primaria y secundaria no se le han trasmitido nociones básicas de derecho? Si hacemos abstracción de que la traducción es una actividad humana –y por tanto imperfecta y siempre mejorable–; si hacemos abstracción de que no existe la comprensión perfecta para ningún tipo de texto y que habrá que pensar simplemente en una comprensión *suficiente* para las exigencias del encargo de traducción; si hacemos abstracción de que diferentes partes de un mismo documento jurídico plantean al profesional exigencias diferentes de comprensión dependiendo del riesgo que suponga una comprensión defectuosa; si lográramos abstraernos de todo ello, podríamos llegar a la conclusión de que hasta ahora (que nosotros conozcamos) nadie se ha ocupado de establecer, aunque sea de forma imprecisa y relativa, cuáles son los conocimientos de derecho que el mediador lingüístico de actos legales necesita.[1]

No basta con proponerse que el traductor sepa tanto derecho como el jurista: esto es irreal, es relativo, varía y resulta imposible de definir y establecer. Por otra parte, habría que suponer que se requieren conocimientos de ambos derechos implicados en la traducción, que se producirá cierto solapamiento entre ellos, que hay ramas del derecho que sirven de fundamento a otras,

1. Con posterioridad a la redacción de este trabajo conocemos que Cristina Valderrey ha leído en Salamanca en 2002 la tesis doctoral titulada *Análisis descriptivo de la traducción jurídica (inglés-español). Aportes para una mayor sistematización de su enseñanza*; nos congratulamos por ello.

como el derecho civil; el penal y el administrativo; que hay ramas del derecho que son instrumentales y transversales, como es el caso de las ramas procesales; que hay ramas del derecho cuyo conocimiento resulta accesorio para el traductor (la situación puede ser muy distinta para el estudioso de la traducción), como la historia del derecho; que las ramas muy específicas del derecho tendrán un interés importante tan sólo para los traductores muy especializados (derecho financiero, derecho internacional público, derecho romano, etc.), que se producirá cierto solapamiento entre ramas distintas del derecho, etc.

4. UN CONOCIMIENTO CONDICIONADO

Habrá que establecer también qué parte de estos conocimientos ha de corresponder a un tipo de conocimiento declarativo que se deba adquirir desde un principio y qué parte corresponderá a un conocimiento, tanto declarativo como operativo, que permita alcanzar cualquier otro tipo de conocimiento más especializado ante la demanda de una situación concreta (actividad de documentación). Es decir, dado que la actividad de la traducción se rige por el *principio minimax* (máxima eficacia con el mínimo esfuerzo), hace falta una estructuración del conocimiento jurídico diseñada para el caso específico de los mediadores lingüísticos. Si queremos que la formación de traductores jurídicos deje de ser un trabajo improvisado y anárquico, debemos establecer de la forma más rigurosa posible cuál es el trayecto hacia el conocimiento jurídico suficiente y sistemático que debe recorrer el que desea ser un buen traductor jurídico.

Pero habrá que tener en cuenta especialmente que el conocimiento del que hablamos es conocimiento al servicio del desempeño de unas tareas, por lo que previamente habrá que establecer cuáles son las tareas que deberán ser capaces de llevar a cabo nuestros futuros traductores: traducción con eficacia jurídica tanto de normas como de contratos, traducción informativa, redacción de documentos legales, etc. La respuesta está abierta a muchas variables relacionadas con el diseño curricular: nivel de especialización de los traductores, demanda de los estudios, demanda de calidad en el mercado profesional, marco social, etc.

Vamos a imaginarnos que disponemos de ese mapa del derecho especialmente diseñado para traductores, ¿quién va a enseñar esos conocimientos? La situación hasta ahora es que la mayor parte de estos conocimientos jurídicos son transmitidos por los mismos profesores de traducción jurídica, profesores que, salvo muy raras excepciones, ni somos juristas ni somos formadores de juristas; el resultado es simplemente una bomba: diferentes profesores enseñando diferentes contenidos, con diferentes interpretaciones, de forma asistemática y sin estar dotados de una pedagogía del derecho. ¿Se solucionaría el problema si nuestros estudiantes de traducción estudiaran derecho en las mismas aulas que los estudiantes de derecho? Aunque así se hace a veces, creo que se trata de una aberración pedagógica (por el argumento anteriormente expuesto de la diferencia entre el derecho que necesita el mediador lingüístico y el que necesita el jurista y también por la habitual inexistencia de actividades de formación relacionadas con el derecho de otros países). Estudiar en las aulas de la facultad de derecho plantea al aprendiz de traductor exigencias excesivas y carentes de sentido para su formación. El que quiera saber tanto derecho como un abogado, que curse la carrera de derecho hasta obtener su licenciatura.

5. CONCLUSIÓN

La formación de traductores jurídicos depende en demasía de respuestas que difícilmente se van a encontrar desde el mismo campo de la traducción (hermenéutica del documento jurídico, contenidos, didáctica del derecho, etc.). Cuestiones cruciales como el alcance de la actividad de interpretación jurídica del traductor o la medida de sus conocimientos jurídicos se encuentran en el limbo de los justos. Desde el campo del derecho, sería deseable que se aliviaran los recelos sobre los traductores y las críticas a sus deficiencias y surgieran iniciativas de colaboración. Sería conveniente también que tanto traductores como juristas redujeran el derecho y la traducción a su verdadera dimensión humana, relativa e imperfecta, sin mitificarlos. La tierra de nadie donde se produce solapamiento de actividades debiera ser campo para la negociación y la colaboración y no para el conflicto. Los traductores dependemos de los juristas y los juristas dependen de nosotros. No sería un mal comienzo admitir que no hay traducción sin interpretación, sin esfuerzo activo de comprensión, y que se dejara de proponer y de aceptar para el traductor o intérprete la simple –e imposible– función de transcriptor entre lenguas. Estamos infrautilizando el posible potencial del traductor como auxiliar activo de la justicia.

LA TRADUCCIÓN JURÍDICA, JURADA Y JUDICIAL: ASPECTOS TEÓRICOS, METODOLÓGICOS Y PROFESIONALES

EMILIO ORTEGA ARJONILLA[1]
Universidad de Málaga

1. INTRODUCCIÓN

ESTE TRABAJO pretende dar cuenta de las peculiaridades que acompañan al concepto de *traducción judicial* desde una perspectiva traductológica, atendiendo no sólo a una disquisición teórica entre expertos en la materia sino también a las realidades profesionales que acompañan al ejercicio de la traducción en este ámbito especializado.

En este sentido, vamos a abordar los aspectos siguientes:

1. La distinción conceptual entre traducción jurídica, jurada y judicial.
2. Las peculiaridades de la traducción judicial (1): Documentos de su competencia.
3. Las peculiaridades de la traducción judicial (2): Análisis de factores que intervienen en el proceso de traducción.
4. Las peculiaridades de la traducción judicial (3): Los profesionales de la traducción jurídica, jurada y judicial.
5. Consideraciones finales.
6. Referencias bibliográficas útiles para la traducción judicial.

2. LA DISTINCIÓN CONCEPTUAL ENTRE TRADUCCIÓN JURÍDICA, JURADA Y JUDICIAL

No siempre resulta fácil establecer distinciones entre diversos tipos de traducción especializada, dado que estas clasificaciones se realizan, por lo general, para facilitar la formación del traductor. De ahí que cualquier estudioso familiarizado con la terminología traductológica distinga claramente qué que-

1. Este trabajo se ha realizado en el marco del proyecto de I + D HUM2004-03229/FILO (Ministerio de Educación y Ciencia).

remos decir cuando hablamos de traducción científica, técnica, audiovisual, literaria, jurídica o económica. Nos referimos, claro está, a textos de naturaleza científica, técnica, audiovisual, literaria, jurídica o económica que son objeto de traducción de una lengua A (lengua del texto original) a una lengua B (lengua del texto meta).

No obstante, la realidad se complica, incluso desde una perspectiva traductológica, cuando nos referimos a realidades profesionales híbridas. ¿Dónde colocamos la traducción jurada? ¿Diríamos que se trata de un tipo de traducción jurídica porque el texto traducido adquiere un cierto valor legal? Entonces, en este caso habremos de desplazar la catalogación de la dimensión temática clásica de la traductología (basada en la naturaleza del texto) al ámbito del valor que adquiere ese documento una vez traducido. Posiblemente esta sea la solución, sin embargo, la realidad profesional en el ámbito de la traducción jurada y de la traducción judicial rebasa con mucho estas acotaciones temáticas, típicas y sumamente útiles desde una perspectiva pedagógica de la traducción. Veamos por qué.

2.1. La traducción jurídica y económica: un ámbito especializado de traducción. Diferencias con la traducción jurada y judicial

Cuando un alumno se matricula, por ejemplo, de una asignatura denominada «Traducción especializada (francés-español/español-francés). Textos jurídicos y económicos»[2] considera que va a aprender a traducir documentos de naturaleza jurídica y/o económica. Sin embargo, no puede sospechar que tendrá que realizar traducciones de documentos científicos o técnicos porque todavía desconoce que el radio de acción de la traducción jurada y de la traducción judicial no se limita a documentos de naturaleza jurídica y económica.

He aquí una primera diferencia entre traducción jurídica, jurada y judicial. La traducción jurídica se centra en documentos de naturaleza jurídica al igual que la traducción económica se centra en documentos de naturaleza económica.

Por otro lado, no es lo mismo traducir una ley o un reglamento que un artículo especializado analizando y/o valorando la pertinencia de una reforma en un código. En el primer caso, el texto que compone una ley o un reglamento no tiene autor, tiene responsables de su elaboración y destinatarios, pero carece de autor, entendiendo como tal que un señor experto en derecho se responsabilice de la redacción, del idiolecto utilizado o del grado de corrección de

2. Esta es la denominación que recibe la Traducción Especializada (lengua B) en el tercer curso de la Licenciatura en Traducción e Interpretación de la Universidad de Málaga.

este texto. Por el contrario, en el caso de un artículo especializado de una revista de derecho el autor del mismo es visible. Se sabe quién ha escrito el texto y éste, al igual que el autor de una novela o de un manual universitario de bioquímica, se responsabiliza de todo lo que ahí pone y de la forma en que lo ha redactado.

He aquí una segunda diferencia entre traducción jurídica, jurada y judicial. La traducción jurídica no siempre conlleva un valor legal asociado al resultado del ejercicio práctico de traducción. Nadie pone en duda que una ley traducida de una lengua a otra pierde todo su valor normativo para convertirse en un documento informativo sobre el contenido de esa ley en la lengua y en el sistema jurídico en el que originalmente fue redactada. Por otro lado, la traducción de artículos universitarios de derecho no difiere sustancialmente de la traducción de artículos universitarios de historia o de sociología. En ambos casos, la traducción es una propuesta entre otras que no compromete al autor de ésta más allá de las obligaciones que se desprenden de su deontología profesional. Por el contrario, la traducción jurada y la traducción judicial sí que comprometen al autor de la traducción. Sus errores pueden ser objeto de denuncia y, en su caso, de reparación por vía judicial.

Por último, nos encontramos con un factor que determina la distinción entre traducción jurídica, jurada y judicial: la subordinación del valor de la traducción a la presencia del documento original. La traducción de un documento jurídico (ley, reglamento, código, etc.) o de un artículo o manual de derecho no requiere necesariamente de la presencia del original para su publicación. Otra cosa muy distinta ocurre con la traducción jurada y con la traducción judicial: la traducción ha de ir acompañada en documento anexo de una copia del original y en determinados casos el traductor puede ser interpelado para que dé cuentas de las decisiones de traducción adoptadas. Por tanto, en el caso de la traducción jurada, su valor legal está supeditado o subordinado a la presencia del original, mientras que en la traducción jurídica esto no ocurre, excepción hecha de los documentos legales que se corredactan en organismos internacionales, de los cuales nos ocuparemos a continuación.

He aquí, por tanto, una tercera diferencia entre traducción jurídica, jurada y judicial. La traducción jurídica se rige por los mismos criterios que los demás ámbitos especializados de traducción, mientras que la traducción jurada y la traducción judicial requieren de la presencia del original para ser consideradas como válidas. Por otro lado, como hemos expuesto más arriba, la traducción jurada y judicial pueden ser objeto de revisión y el traductor se responsabiliza de las decisiones adoptadas en el proceso de traducción ateniéndose a reclamaciones o reparaciones de sus errores, llegado el caso, por vía judicial.

Como apuntábamos más arriba, la corredacción de documentos legales en organismos internacionales merece una mención aparte. En este caso, dada la naturaleza supranacional de los organismos que acuerdan estas leyes, convenios, tratados, reglamentos, etc., el texto resultante de la traducción adquiere el mismo valor que el original del que se parte para llevar a cabo el proceso translativo. En resumidas cuentas: una vez finalizado el proceso de traducción, todas las versiones lingüísticas tienen el mismo valor legal, todas ellas funcionan, a todos los efectos, como documentos originales.

Existen muchos ejemplos a este respecto:

1. *Convenios, tratados, leyes y reglamentos de la Unión Europea.* Todos estos documentos tienen el mismo valor una vez traducidos, independientemente de la lengua de trabajo que se haya utilizado como *original-borrador* mientras se llevan a cabo las negociaciones y se redacta el documento definitivo y se corredactan las versiones en las distintas lenguas oficiales de la Unión.
2. *Convenios, tratados, leyes y reglamentos bilaterales y/o multilaterales (comunitarios o extracomunitarios).* En este caso, el propio documento suele recoger el régimen lingüístico y la categoría que se asigna a cada una de las versiones lingüísticas. Así, hay ocasiones en que se considera como original el documento redactado en inglés o en francés y todas las demás versiones lingüísticas se realizan a título informativo, con lo que se desposee a determinadas versiones de su condición de original.

He aquí, por último, una cuarta diferencia entre traducción jurídica, jurada y judicial. Cuando se trata de documentos jurídicos internacionales el valor de las versiones lingüísticas elaboradas a partir del original pueden adquirir un valor que oscila entre *valor igual* para todas las versiones o *valor jerárquico* en el que unas versiones se consideran originales y otras versiones traducidas con valor meramente informativo.

2.2. La traducción jurada: una forma de presentación de traducciones

Frente a la traducción jurídica y económica que, como apuntábamos en el apartado anterior, presentan un ámbito específico de actuación –la naturaleza jurídica o económica de los textos objeto de traducción–, en el caso de la traducción jurada este campo de acción no está limitado por la naturaleza del texto original sino por la finalidad de la traducción: dar fe de la autenticidad del documento traducido. Para ello el traductor se vale de algunos elementos paralingüísticos:

a) Un formato específico de presentación, que comprende:

- Encabezamiento.
- Traducción.
- Notas aclaratorias (si fuesen necesarias).
- Fórmula fedataria.
- Firma, fecha y sello del traductor jurado.
- Visé.
- Anexo con copia del original objeto de traducción.

b) Una serie de acotaciones o aclaraciones de las decisiones adoptadas en el proceso de traducción. Éstas pueden incluirse en el texto [entre corchetes] o disponerse en notas a pie de página.

Cabe recordar, para poder comprender estas cuestiones de índole formal, que la traducción jurada, independientemente del ámbito de aplicación, compromete al traductor con el resultado de su traducción. En caso de necesidad, la traducción habrá de ser revisada oficialmente por la Oficina de Interpretación de Lenguas, y puede darse el hecho de que el traductor deba dar cuenta de sus decisiones (en el caso de tener que practicar la prueba en la fase oral del juicio) o de reparar daños en el caso de haber cometido errores en la traducción que hayan perjudicado de forma evidente al cliente que la encargó.

Por último, en cuanto a la traducción jurada, podríamos afirmar que los ámbitos más frecuentes (aunque no específicos) de actuación del traductor jurado son los siguientes:

- Documentos civiles (partidas de nacimiento, actas de defunción, contratos matrimoniales, acuerdos de separación y/o divorcio, sentencias de separación y/o divorcio, etc.).
- Documentos contractuales (contratos de diversa naturaleza que requieren una traducción o una corredacción bilingüe).
- Actas de reuniones (en el caso de empresas multinacionales, comunidades de propietarios, etc.).
- Documentos académicos (certificados, títulos académicos, instancias, solicitudes, etc.).
- Documentos judiciales (civiles y/o penales).

2.3. La traducción judicial: un tipo de traducción cercano a la traducción jurídica y jurada

La traducción judicial se asemeja a la traducción jurídica en que comparte, en determinados documentos, la naturaleza jurídica de éstos. La traducción judicial se asemeja asimismo a la traducción jurídica en que también hace un uso abundante de formularios adoptados en versiones multilingües; por ejemplo, aquéllos que acompañan a determinados instrumentos de cooperación judicial internacional (comisiones rogatorias, exhortos internacionales, etc.).

No obstante, la traducción judicial se diferencia de la *traducción jurídica* y económica en los siguientes elementos:

1. Todos los documentos objeto de traducción en el ámbito judicial no son de naturaleza jurídica y/o económica. Buen ejemplo de ello lo constituyen la inclusión en un sumario de documentos personales, informes periciales (científicos, técnicos, grafológicos, etc.), informes técnicos (sanitarios, genéticos, etc.), entre otros.
2. Mientras que la traducción jurídica y económica suele abordar la traducción de documentos con un registro culto de lengua, la traducción judicial puede abordar documentos con una gran variedad de registros:

   - documentos con registro culto (documentos procesales, autos, providencias, sentencias, etc.);
   - documentos con registro vulgar (transcripción de cintas, declaraciones de testigos y/o de imputados con bajo nivel de formación, etc.);
   - documentos en los que se utilizan jergas (jergas de colectivos marginales: drogadicción, tráfico de armas, blanqueo de dinero, tráfico de estupefacientes, etc.), y también
   - documentos con un registro semiculto, accesibles a un lector con cultura media, que presentan una dimensión pedagógica y/o psicológica (informes de expertos sobre aspectos relativos, por ejemplo, a las condiciones de vida de menores y/o a su estado psicológico).

3. Los documentos judiciales, una vez traducidos, adquieren un valor legal que les convierte en un elemento más del sumario, con valor igual al del resto de documentos. A estos se puede acudir durante el desarrollo del proceso judicial para perfilar, modificar o desestimar las premisas en las que se apoya una de las partes. En resumidas cuentas, el documento legal traducido (acompañado de una copia del original, como ocurre habitual-

mente en la traducción jurada) forma parte, como cualquier documento original, de ese sumario.

Por último, la traducción judicial se diferencia de la *traducción jurada* en los siguientes elementos:

1. Los documentos objeto de traducción judicial no requieren ser presentados en el formato característico de la traducción jurada aunque sí han de ir firmados por un traductor (jurado, judicial o *jurado temporal*) que se responsabiliza de las decisiones adoptadas en el proceso de traducción y del resultado final entregado al cliente.
2. La traducción jurada, aunque no presenta una delimitación clara de documentos de su competencia, suele trabajar con documentos administrativos, académicos, sanitarios, jurídicos o económicos que están redactados en un registro culto de la lengua. Por el contrario, como hemos expuesto más arriba, la traducción judicial presenta un radio de acción más amplio que abarca cualquier tema que pueda ser objeto de consideración por parte de los tribunales.
3. En la traducción judicial el traductor puede tener la obligación de explicar, en la fase oral del juicio, las decisiones adoptadas de traducción (a instancia de parte o por decisión del juez), mientras que el traductor jurado, aunque cabe esta posibilidad, rara vez debe dar cuenta de las decisiones adoptadas en el proceso de traducción, excepción hecha del trabajo de traducción realizado en o para la Administración de Justicia.

2.4. ¿En qué consiste, entonces, la traducción judicial?

La traducción judicial es un tipo de traducción especializada, cercana, por la naturaleza de algunos de los documentos de su competencia, a la traducción jurídica. También se encuentra cerca de la traducción jurada porque obliga al traductor a responsabilizarse ante la Administración de las decisiones adoptadas en el proceso de traducción y del resultado final de éste.

No obstante, la traducción judicial se caracteriza fundamentalmente porque su radio de acción abarca cualquier documento (personal, administrativo, jurídico, económico, científico, técnico, lingüístico, etc.) que un juez admita en un sumario. Por tanto, el ámbito de la traducción judicial no puede ser acotado temáticamente aunque presente una serie de variables temáticas recurrentes:

a) ÁMBITO JURÍDICO

- Documentos procesales propios del ámbito judicial (autos, providencias, exhortos, comisiones rogatorias, disposiciones, sentencias, etc.).
- Documentos legales propios del ámbito judicial (referencia a códigos, leyes, reglamentos, etc.).

b) DOCUMENTOS CON VALOR LEGAL (PROPIOS DEL ÁMBITO JUDICIAL)

- Informes periciales psicológicos y psiquiátricos.
- Informes periciales médico-legales.
- Informes periciales científicos (informes de laboratorio, estudios genéticos, etc.).
- Informes periciales técnicos (geológicos, arquitectónicos, grafológicos, balísticos, etc.).
- Documentos acreditativos de una condición o estado (contratos diversos, documentos civiles de estado, residencia o situación personal, etc.).
- Documentos acreditativos de una situación (facturas diversas, documentos personales, cartas, etc.).
- Documentos resultados de la transcripción de una grabación previa (investigación telefónica, declaración grabada, etc.).

Por último, mientras que la traducción jurídica y económica suele realizarla un experto en traducción (no necesariamente traductor jurado) y la traducción jurada la realiza un traductor jurado nombrado a tal efecto, la traducción judicial presenta una mayor diversidad de responsables de su realización según los casos. A este respecto la traducción judicial puede ser realizada por un traductor de la Administración de Justicia, por un traductor jurado o por un experto en traducción nombrado a tal efecto por el juez como perito lingüístico en un proceso determinado.

3. LAS PECULIARIDADES DE LA TRADUCCIÓN JUDICIAL (1): DOCUMENTOS DE SU COMPETENCIA

Aunque en el apartado anterior hemos delimitado, en la medida de lo posible, dónde acaba la traducción jurídica y/o económica y empieza la traducción jurada y/o judicial, no resulta siempre posible deslindar claramente los documentos que son propios de cada una de estas modalidades de traducción.

Es por ello por lo que, basándonos fundamentalmente en la realidad profesional, proponemos una tipología de documentos propios de la traducción jurídica, jurada y judicial dejando patente que, según los casos, la traducción de un determinado tipo de documento puede ser, indistintamente, objeto de traducción jurídica, jurada y judicial.

TABLA 1
Propuesta de tipología de documentos que son objeto de traducción jurídica, jurada o judicial

TIPO DE TEXTO	TRADUCCIÓN JURÍDICA	TRADUCCIÓN JURADA	TRADUCCIÓN JUDICIAL
GENERAL			
Documentos personales (agenda, diario, facturas, etc.)	NO	NO / SÍ*	SÍ
DOCUMENTOS DE NATURALEZA JURÍDICA Y/O ADMINISTRATIVA (distintos niveles de especialización)			
Comisión rogatoria (civil o penal), exhorto, auto, providencia, práctica de una prueba	SÍ	SÍ	SÍ
Documentos civiles o de derecho de familia (actas de nacimiento, defunción, contrato de matrimonio, acuerdos de separación y/o divorcio, etc.)	SÍ	SÍ	SÍ
Documentos académicos	NO	SÍ	SÍ
DOCUMENTOS DE NATURALEZA HÍBRIDA (distintos niveles de especialización)			
Libros o artículos de derecho (manuales universitarios, artículos para revistas especializadas, etc.)	SÍ	NO	NO
Documentos contractuales y documentos notariales	SÍ	SÍ	NO / SÍ*
Documentos mixtos (jurídico-informáticos, médico-legales, etc.)	SÍ	SÍ	NO / SÍ*
Transcripción de cintas y traducción posterior	NO	NO / SÍ*	SÍ
Informes lingüísticos	NO	NO / SÍ*	SÍ
Informes periciales (técnicos, científicos, grafológicos, etc.)	NO	NO / SÍ*	SÍ

* Depende de las condiciones del encargo.

Como podemos apreciar en esta propuesta de tipologización, no resulta fácil en muchos casos deslindar cuándo realizamos traducción jurídica, jurada o judicial; de ahí la confusión conceptual que en más de una ocasión acompaña a los trabajos de investigación sobre este ámbito traductológico. Será, a nuestro modo de ver, el encargo el que determine qué tipo de actuación se requiere del traductor.

4. LAS PECULIARIDADES DE LA TRADUCCIÓN JUDICIAL (2): ANÁLISIS DE FACTORES QUE INTERVIENEN EN EL PROCESO DE TRADUCCIÓN

Como apuntábamos más arriba, serán el encargo de traducción y la persona que lo solicita (el cliente) los que determinen qué tipo de traducción ha de realizarse. A este respecto proponemos un análisis pormenorizado de los tipos de textos expuestos en el apartado anterior desde la perspectiva del proceso de traducción y de los factores intervinientes.

Como resulta de todos conocidos, cuando el traductor se enfrenta a un encargo de traducción, ha de tener presente los siguientes aspectos:

1. Texto original (tipo de texto, registro de lengua, nivel de especialización, etc.);
2. Autor del texto original (según el tipo de texto y de la visibilidad o invisibilidad del autor resulta relevante o irrelevante para el proceso de traducción);
3. Receptor del texto original (según se trate de un lector general o especializado habremos de dirigir la traducción hacia una dirección u otra), y
4. Cliente (establece las condiciones del encargo y, por tanto, delimita la actuación del traductor y condiciona tanto su toma de decisiones como la presentación final del producto).

TABLA 2

Análisis de factores que intervienen en el proceso de traducción jurídica, jurada y/o judicial (1)

TEXTO ORIGINAL (TO) TIPO DE TEXTO	AUTOR DEL TO	RECEPTOR DEL TO	CLIENTE
GENERAL			
Documentos personales (agenda, diario, facturas, etc.)	Depende del tipo de documento (agenda, diario, factura) NO RELEVANTE PARA LA TRADUCCIÓN	Administración de Justicia	Administración de Justicia (penal) Las partes implicadas en un proceso (civil)

DOCUMENTOS DE NATURALEZA JURÍDICA Y/O ADMINISTRATIVA (distintos niveles de especialización)			
Comisión rogatoria (civil o penal), exhorto, auto, providencia, práctica de una prueba	Administración de Justicia remitente NO RELEVANTE PARA LA TRADUCCIÓN	Administración de Justicia (remitente o receptora, según los casos)	Administración de Justicia
Documentos civiles o de derecho de familia (actas de nacimiento, defunción, contrato de matrimonio, acuerdos de separación y/o divorcio, etc.)	Administración NO RELEVANTE PARA LA TRADUCCIÓN	El interesado Administración de Justicia Otros Organism. Oficiales del Estado	El interesado El titular del documento Administración de Justicia
Documentos académicos	Administración NO RELEVANTE PARA LA TRADUCCIÓN	El interesado Un centro educativo (Universidad, Centro de Investigación, etc.) Administración	El interesado El titular del documento Administración u organismo oficial
DOCUMENTOS DE NATURALEZA HÍBRIDA (distintos niveles de especialización)			
Libros o artículos de derecho (manuales universitarios, artículos para revistas especializadas, etc.)	Experto en la materia PUEDE SER RELEVANTE PARA LA TRADUCCIÓN	Experto en la materia	Empresa Editorial
Documentos contractuales y documentos notariales	Administración Notario NO RELEVANTE PARA LA TRADUCCIÓN	Los interesados Empresa Administración	Los interesados Empresa Administración
Documentos mixtos (jurídico-informáticos, médico-legales, etc.)	Empresa Médico forense PUEDE SER RELEVANTE PARA LA TRADUCCIÓN	Los interesados Empresa Administración	Los interesados Empresa Administración Administración de Justicia

Transcripción de cintas y traducción posterior	Los intervinientes en la grabación (generalmente no deseada) RELEVANTE PARA LA TRADUCCIÓN	Administración de Justicia	Administración de Justicia Ministerio de Interior
Informes lingüísticos	Experto en la materia RELEVANTE PARA LA TRADUCCIÓN	Administración de Justicia	Administración de Justicia
Informes periciales (técnicos, científicos, grafológicos, etc.)	Experto en la materia RELEVANTE PARA LA TRADUCCIÓN	Administración de Justicia	Administración de Justicia

Si en la tabla anterior centrábamos nuestra atención en los 4 primeros factores que acompañan a todo proceso de traducción (independientemente de su nivel de especialización y/o del campo temático objeto de consideración), a continuación presentamos un análisis exhaustivo de los siguientes factores:

- Texto meta. El traductor ha de tener presente, en función de las condiciones del encargo, el nivel de fidelidad que se le exige a la hora de traducir, el mantenimiento de la coherencia y la cohesión propias del TO en el TM y el respeto del nivel de especialización y del registro lingüístico utilizados en la realización del TO.
- Autor del TM. No siempre un traductor cualificado es un traductor autorizado para realizar según qué tipo de traducciones dentro del ámbito jurídico, jurado y/o judicial. De ahí que realicemos un análisis de encargos de traducción y de las posibles figuras profesionales que pueden intervenir en según qué situaciones.
- Receptor del TM. En estos ámbitos suele coincidir el tipo de receptor del TO con el tipo de receptor del TM. No obstante, resulta pertinente analizar a quién va destinada nuestra traducción porque no siempre coinciden el tipo de receptor y, además, las inequivalencias entre sistemas (jurídicos, administrativos, académicos, etc.) han de ser salvados con aclaraciones y/o notas a pie de página por parte del traductor responsable del encargo en cuestión.
- Presentación de la traducción. Según el encargo podemos encontrar diversos tipos de situaciones de comunicación y, como consecuencia, diversos tipos de presentación exigibles al traductor responsable del encargo.

Tabla 3

Análisis de factores que intervienen en el proceso de traducción jurídica, jurada y/o judicial (2)

Texto meta TM Tipo de texto	Autor del TM	Receptor del TM	Presentación del TM
General			
Documentos personales (agenda, diario, facturas, etc.)	Traductor Jurado Traductor de la Administración de Justicia Traductor Jurado ocasional	Administración de Justicia Partes implicadas en un proceso judicial	(depende) Maquetación simple con procesador de texto Presentación propia de la traducción jurada
Documentos de naturaleza jurídica y/o administrativa (distintos niveles de especialización)			
Comisión rogatoria (civil o penal), exhorto, auto, providencia, práctica de una prueba	Traductor Jurado Traductor de la Administración de Justicia Traductor Jurado ocasional	Administración de Justicia Partes implicadas en un proceso judicial	Formularios al uso Presentación propia de la traducción jurada (depende)
Documentos civiles o de derecho de familia (actas de nacimiento, defunción, contrato de matrimonio, acuerdos de separación y/o divorcio, etc.)	Traductor Jurado Traductor de la Administración de Justicia Traductor Jurado ocasional	El interesado Administración de Justicia Otros Organism. Oficiales del Estado	Presentación propia de la traducción jurada * Para la Administración de Justicia (depende)
Documentos académicos	Traductor Jurado Traductor de la Administración de Justicia Traductor Jurado ocasional	El interesado Administración de Justicia Administración educativa	Presentación propia de la traducción jurada * Para la Administración de Justicia (depende)

Documentos de naturaleza híbrida (distintos niveles de especialización)			
Libros o artículos de derecho (manuales universitarios, artículos para revistas especializadas, etc.)	Especialista en traducción Especialista en derecho	Experto en la materia	Depende del encargo y de la forma de trabajo de la Editorial
Documentos contractuales y documentos notariales	Traductor Jurado Traductor de la Administración de Justicia Traductor Jurado ocasional	Los interesados Empresa Administración	Presentación propia de la traducción jurada * Para la Administración de Justicia (DEPENDE) Otras formas de presentación (depende del objeto del encargo)
Documentos mixtos (jurídico-informáticos, médico-legales, etc.)	Traductor Jurado Traductor de la Administración de Justicia Traductor Jurado ocasional	Los interesados Empresa Administración	Generalmente presentación propia de la traducción jurada
Transcripción de cintas y traducción posterior	Traductor Jurado Traductor de la Administración de Justicia Traductor Jurado ocasional	Administración de Justicia	Generalmente presentación propia de la traducción jurada
Informes lingüísticos	Traductor Jurado Traductor de la Administración de Justicia Traductor Jurado ocasional	Administración de Justicia	Generalmente presentación propia de la traducción jurada
Informes periciales (técnicos, científicos, grafológicos, etc.)	Traductor Jurado Traductor de la Administración de Justicia Traductor Jurado ocasional	Administración de Justicia	Generalmente presentación propia de la traducción jurada

A la vista de este análisis pormenorizado de casos de traducción jurídica, jurada y/o judicial hemos podido comprobar que la casuística es amplia y compleja. El encargo de traducción y el cliente pueden solicitar una actuación muy diversa, según los casos, y el traductor ha de estar preparado y dispuesto para adaptarse a las exigencias del guión.

5. LAS PECULIARIDADES DE LA TRADUCCIÓN JUDICIAL (3): LOS PROFESIONALES DE LA TRADUCCIÓN JURÍDICA, JURADA Y JUDICIAL

En este apartado abordamos un aspecto crucial, a nuestro modo de ver, de la práctica profesional de la traducción jurídica, jurada y/o judicial. Quizás deberíamos comenzar, a este respecto, con una pregunta (aunque ya parcialmente respondida en apartados anteriores): ¿quién está cualificado y/o autorizado para realizar traducciones jurídicas, juradas y/o judiciales?

La respuesta no es simple. Hay ocasiones en que dependiendo del tipo de encargo puede intervenir diverso tipo de profesionales, sin embargo, generalmente podemos establecer una catalogación que comprende:

a) En España

- INTÉRPRETE JURADO. Recibe el nombramiento del Ministerio de Asuntos Exteriores.
- TRADUCTOR JURADO OCASIONAL. Recibe el nombramiento de un juez para intervenir durante un tiempo limitado en calidad de intérprete jurado.
- TRADUCTOR DE LA ADMINISTRACIÓN DE JUSTICIA. Actúa de oficio desde la Administración de Justicia a requerimiento de la autoridad judicial competente, normalmente un juez.
- TRADUCTOR JURÍDICO Y ECONÓMICO *FREE LANCE*. Normalmente se trata de un experto en traducción, aunque también existen casos de expertos en economía y o derecho con aptitudes para la traducción. Se dan otras ocasiones en las que estos traductores no son autónomos sino que trabajan dentro de una empresa, bufete o editorial.

b) En Europa

- TRADUCTOR JURÍDICO DE LA UE. Se trata de un funcionario de las instituciones europeas que ejerce sus funciones de traducción dentro de un organismo internacional de la UE (Comisión Europea, Consejo de la Unión, Comité Económico y Social, Tribunal de Justicia de la UE, etc.).

- TRADUCTOR JURÍDICO PARA LA UE. El aumento del número de lenguas oficiales y del volumen de traducción ha provocado la creación del SdT de Luxemburgo, que concede licitaciones a traductores externos a los servicios de traducción de la UE. Entre estas licitaciones nos encontramos, en ocasiones, con documentos de naturaleza jurídica y/o económica.
- JURISTA-LINGÜISTA. Es un experto en derecho y en traducción que revisa las traducciones jurídicas antes de su publicación definitiva. Son funcionarios de las instituciones europeas y trabajan en coordinación con los diversos servicios de traducción y con los representantes políticos nacionales y/o comunitarios.

A continuación analizamos esta tipología de profesionales que intervienen en la realización de traducciones jurídicas, juradas y/o judiciales atendiendo a los siguientes factores definitorios:

- Categoría profesional;
- Situación administrativa;
- Ámbito de actuación;
- Vías de acceso (a esa categoría profesional);
- Formación requerida (para acceder a esa categoría profesional), y
- Tipo de pruebas (si las hubiera).

TABLA 4

Tipología de profesionales que intervienen en la realización de traducciones jurídicas, juradas y/o judiciales

CATEGORÍA PROFESIONAL	SITUACIÓN ADMINISTRATIVA	ÁMBITO DE ACTUACIÓN	VÍAS DE ACCESO	FORMACIÓN REQUERIDA	TIPO DE PRUEBAS
Intérprete Jurado (nombramiento del Ministerio de Asuntos Exteriores)	Nombramiento permanente (traductor autónomo)	Nacional	Examen anual o nombramiento directo a licenciado en traducción e interpretación	Para el examen (bachillerato) Para el nombramiento directo (licenciado en traducción e interpretación) *El requerimiento de bachillerato puede ser susceptible de modificación*	Para el examen Traducción directa Traducción inversa Prueba oral

Traductor jurado ocasional (nombramiento por parte del juez)	Nombramiento temporal	Nacional o Internacional	Nombramiento por parte del juez como perito lingüístico en un proceso	Normalmente licenciado universitario	No consta
Traductor de la Administración de Justicia	Personal laboral de la Administración de Justicia	Local (nombrado en una Audiencia Provincial para ejercer en ella)	Oposición	Bachillerato *(puede ser susceptible de modificación)*	Prueba General (Organización Judicial española, Constitución y Estatuto de los Trabajadores) Prueba especializada (una o varias combinaciones lingüísticas) Traducción directa Traducción inversa
Traductor jurídico y económico (*free lance*)	Traductor autónomo	Local, nacional o internacional (Editorial, empresa, auditoría, bufete de economistas o abogados, etc.)	Depende (en ocasiones prueba de traducción o evaluación de CV)	Licenciado universitario	No consta
Traductor jurídico de la UE (Consejo, Parlamento, Consejo Económico y Social, Tribunal de la UE)	Funcionario de la UE	Local (Bruselas o Luxemburgo)	Oposición	Licenciado universitario	Traducción directa (varias combinaciones lingüísticas)
Traductor jurídico para la UE (Servicio de Traducciones de Luxemburgo)	Traductor autónomo	Internacional	Concurso de méritos	Licenciado universitario	No consta
Jurista-lingüista	Funcionario de la UE	Local (Bruselas o Luxemburgo)	Oposición	Licenciado universitario en Derecho	Traducción directa (varias combinaciones lingüísticas)

6. CONSIDERACIONES FINALES

Como apuntábamos al principio de este capítulo, hemos intentado abordar la reflexión en torno a la traducción judicial atendiendo a diversos factores:

1. La delimitación conceptual entre traducción jurídica, jurada y judicial.
2. El estudio de las diferencias y similitudes existentes entre la traducción judicial y los dos tipos de traducción cercanos a su ámbito de aplicación, la traducción jurídica y/o jurídico-económica y la traducción jurada.
3. La propuesta de una tipología textual de documentos que son objeto de traducción jurídica, jurada y/o judicial.
4. El análisis pormenorizado de los factores que intervienen y del valor relativo que adquieren en el proceso y presentación de traducciones jurídicas, juradas y/o judiciales.
5. Por último, hemos realizado una propuesta de tipología de profesionales que pueden intervenir en la realización de este tipo de traducciones.

Esperemos, pues, que este esfuerzo de sistematización sirva para delimitar conceptos y, sobre todo, para facilitar tanto la labor de formación como la práctica profesional de estos tipos de traducción especializada.

BIBLIOGRAFÍA

ALARCÓN NAVÍO, E. y C. ARÁNGUEZ (2003): *El código penal francés traducido*, Comares, Granada (2ª ed.) (1ª ed. de 2002).

— (2002): *Diccionario jurídico (francés-español)*, Granada, Comares, colección Interlingua.

ALCARAZ VARÓ, E. (2000): *El inglés jurídico. Textos y documentos*, Barcelona, Ariel, colección Ariel Derecho (4ª ed.).

ALCARAZ VARÓ, E.; M. A. CAMPOS PARDILLOS y C. MIGUÉLEZ (2001): *El inglés jurídico norteamericano*, Barcelona, Ariel, colección Ariel Derecho.

ALCARAZ VARÓ, E y B. HUGUES (2002): *El español jurídico*, Barcelona, Ariel, colección Ariel Derecho.

BORJA ALBI, A. (2000): *El texto jurídico inglés y su traducción al español*, Barcelona, Ariel, colección Lenguas Modernas.

— (2003): «Investigación en traducción jurídica» en M. Á. GARCÍA PEINADO y E. ORTEGA ARJONILLA (dir.): *Panorama actual de la investigación en traducción e interpretación*, Granada, Atrio.

CAMPOS PLAZA, N.; J. CANTERA ORTIZ DE URBINA y E. ORTEGA ARJONILLA (2005): *Diccionario terminológico jurídico-económico (español-francés/francés-español)*, Granada, Comares, colección Interlingua.

CASTILLO GONZÁLEZ, A. F. (1998): *La traducción de actas de juntas de propietarios (español-inglés)*, Málaga, Universidad de Málaga, colección textos mínimos.

CÓMITRE NARVÁEZ, I. (2001): *Vocabulario económico y comercial (español-francés)*, Málaga, Libros ENCASA.

ELENA GARCÍA, P. (2001): *La traducción de documentos alemanes*, Granada, Comares, colección Interlingua.

FERIA GARCÍA, M. (ed.) (1999): *Traducir para la justicia*, Granada, Comares, colección Interlingua.

GIL ESTEBAN, R. (2000): *English-Spanish Banking Dictionary-Diccionario Bancario Español-Inglés*, Madrid, Paraninfo Thomson Learning (8ª ed.).

HERTOG, E. (ed.) (2001): Aequitas. *Access to Justice across Language and Culture in the EU,* Antwerpen, Lessius Hogeschol.

ORTEGA ARJONILLA, E. y P. SAN GINÉS AGUILAR (eds.) (en prensa, *a*): *Traducción jurídica, jurada y judicial (inglés-español). Aspectos teóricos, metodológicos y profesionales*, Granada, Comares, colección Interlingua.

— (eds.) (en prensa, *b*): *Traducción jurídica, jurada y judicial (francés-español). Aspectos teóricos, metodológicos y profesionales*, Granada, Comares, colección Interlingua.

RAMOS BOSSINI, F. y M. GLEESON (1997): *Diccionario de términos jurídicos (inglés-español/español-inglés)*, Granada, Comares.

SAN GINÉS AGUILAR, P. y E. ORTEGA ARJONILLA (eds.) (1997): *Introducción a la traducción jurídica y jurada (inglés-español)*, Granada, Comares, colección Interlingua (2ª ed.) (1ª ed. de 1996).

— (eds.) (1997): *Introducción a la traducción jurídica y jurada (francés-español)*, Granada, Comares, colección Interlingua (2ª ed.) (1ª ed. de 1996).

VÉGLIA, A. (1987): *Communauté européenne. Comunidad Europea (français-espagnol/espagnol-français)*, Madrid, Alhambra.

— (1989): *Manuel pratique de traduction (español-francés / français-espagnol)*, Madrid, Alhambra.

APORTACIONES DE LAS NUEVAS TECNOLOGÍAS A LA INVESTIGACIÓN EN EL ÁMBITO DE LA TRADUCCIÓN JURÍDICA

LUIS PÉREZ GONZÁLEZ
Universidad de Manchester

1. CONSIDERACIONES PREVIAS SOBRE LA IMPLANTACIÓN DE LAS NUEVAS TECNOLOGÍAS EN EL ÁMBITO DE LA TRADUCCIÓN

DURANTE LAS DOS ÚLTIMAS DÉCADAS, las Tecnologías de la Información y la Comunicación (TIC) se han implantado de forma irreversible en todos los ámbitos de actividad profesional, y erigido en el pilar sobre el que descansa la Sociedad de la Información. Por motivos obvios, la traducción no ha podido sustraerse a la creciente ubicuidad de las nuevas tecnologías, hasta el punto de que las publicaciones especializadas más recientes incluyen secciones específicas sobre el modo en que las TIC han modificado el *modus operandi* de los profesionales de la traducción y la interacción entre los traductores y sus estaciones de trabajo (Bowker, 2002: 17-20) e incluso argumentan que la irrupción de las tecnologías permite definir un nuevo paradigma de investigación en el ámbito de la traducción (Austermühl, 2001), que vendría a sumarse a la dicotomía tradicional entre los paradigmas lingüístico y cultural (Baker, 1996).

A medida que las TIC han ido evolucionando y convirtiéndose en un vehículo canalizador de la comunicación humana en sus distintas manifestaciones, los lingüistas computacionales han desarrollado aplicaciones cada vez más sofisticadas y adaptadas a las necesidades concretas de los traductores. En tan solo dos décadas, las TIC –que, en un principio, fueron aceptadas por los traductores como un instrumento imprescindible para reducir el tiempo dedicado a procesar el texto traducido– han alcanzado un considerable grado de sofisticación, convirtiéndolas en una herramienta omnipresente en tanto que:

- A través de las TIC, el traductor se comunica con sus clientes y colegas;
- Las aplicaciones de las TIC a la traducción aportan la información necesaria para solventar las dificultades de documentación e investigación con que el traductor se encuentra en cada proyecto;

- Las TIC han contribuido decisivamente a socializar y colectivizar la labor del traductor, erigiéndose en elemento imprescindible para la gestión de los grandes proyectos, cada vez más numerosos en la economía de mercado y en un entorno económico internacional dominado por grandes corporaciones multinacionales;
- Las TIC se han convertido en un asistente indispensable para la traducción de los nuevos formatos multimedia que ellas mismas han generado e impuesto en nuestra vida personal y profesional;
- En último término, estas mismas TIC han aumentado la productividad del traductor hasta el punto de que (i) algunos profesionales han convertido su competencia tecnológica en una baza para realzar su competitividad respecto a otros profesionales y (ii) los clientes procedentes del ámbito corporativo presionan cada vez con mayor intensidad para reducir las tarifas de traducción de forma directamente proporcional al esfuerzo supuestamente *menor* que realiza el nuevo traductor de la Sociedad de la Información.

Como es bien conocido, el proceso que hemos revisado en las líneas anteriores no ha estado exento de una justificada suspicacia por parte de los traductores. En un reciente artículo sobre la convergencia entre los factores humano y tecnológico en el ámbito de la traducción profesional, Rico (2003) resume de forma sistemática algunos de los lugares comunes a los que han recurrido los profesionales más beligerantes en sus escritos sobre esta cuestión. Aun a riesgo de aportar una visión excesivamente simplista de su exposición, podríamos decir que su aproximación a la divergencia entre el factor humano y el tecnológico gira en torno a tres ejes básicos:

- En su actividad profesional, el traductor activa procesos cognitivos e intelectuales de gran complejidad. Frente a ello, las herramientas tecnológicas se limitan a formalizar ciertos procesos de transferencia que solo permiten la manipulación de determinadas secuencias especialmente recurrentes.
- Frente a la capacidad del traductor para procesar, interpretar y transferir información lingüística, técnica y cultural, las herramientas tecnológicas son incapaces de hacer frente a múltiples manifestaciones del uso lingüístico, como la ambigüedad.
- Mientras que el traductor es capaz de transformar sus conocimientos abstractos en decisiones específicas adecuadas al contexto o función del texto que tiene entre manos, las herramientas informáticas requieren de la intervención posterior del traductor durante las etapas de revisión y control de calidad para garantizar que se produce dicha adaptación.

A pesar de todas las deficiencias enumeradas anteriormente, las múltiples ventajas que ha reportado el uso de las TIC han servido para facilitar su aceptación por parte de amplios sectores de la profesión. En los últimos años hemos asistido a la consolidación de líneas de investigación específicas con innovadoras denominaciones (tal es el caso, por ejemplo, de *tradumática*) y a la proliferación de publicaciones especializadas sobre la contribución de las TIC a la traducción de textos referentes a distintos ámbitos profesionales. En la era de la tradumática, tanto las revistas publicadas por y para las industrias de la lengua como las monografías y publicaciones periódicas elaboradas por miembros del colectivo académico de la traducción analizan y ejemplifican las aportaciones de las TIC a la traducción de textos multimedia, científico-técnicos, médicos o financieros. Además de las especialidades más creativas de la traducción –como puedan ser la de textos literarios o publicitarios– solo una de las grandes líneas curriculares de los programas de formación universitaria en traducción o campo de especialización profesional parece mantenerse ajena al debate sobre las bondades de la tecnología: la traducción jurídica. En la siguiente sección, pretendemos precisamente analizar cuáles son los motivos para que los traductores jurídicos se hayan mostrado hasta el momento relativamente más renuentes a explorar las nuevas posibilidades que brindan las TIC aplicadas a la traducción.

2. LA IDIOSINCRASIA DE LA TRADUCCIÓN JURÍDICA: ¿MITO O REALIDAD?

Si hay un rasgo común a los estudiosos de la traducción desde que comenzaran a formular los primeros modelos teóricos específicos que intentan dar cuenta de (i) los procesos de transferencia lingüística, (ii) los productos o (iii) las unidades de análisis propios de la traductología, éste es su tendencia a edificar andamios conceptuales propios y completamente *nuevos*. Por consiguiente, el mismo conjunto de fenómenos ha sido estudiado desde enfoques metodológicos diferentes que han ido sucediéndose entre sí, sin contribuir en todos los casos al avance de la traducción en tanto que área de conocimiento. A medida que cada enfoque se ha ido viendo relegado o sustituido por otro nuevo, «whole terminologies designed as the descriptive apparatus for completely different areas have been taken over by the discipline», hasta el punto de que «there is still considerable lack of agreement on the irreducible minimum of concepts which should form the foundation on which to build» (Shuttleworth, 1996: *vi*).

La traducción jurídica ha participado plenamente de esta heterogeneidad metodológica. Así, los numerosos especialistas interesados en la traducción jurídica desde la óptica del paradigma lingüístico han definido esta área de especialidad por analogía con el modo en que este enfoque ha concebido todo tipo de traducción. Así, desde el punto de vista del paradigma lingüístico (Schwarz, 1977: 47):

> the translator's main task in translating legal documents is to translate a text as precisely as possible. He has to find linguistic equivalents which in their legal relevance correspond to both the original text of the source language and the translated text of the target language.

En efecto, los defensores de este modelo han prestado especial interés a los rasgos distintivos del lenguaje jurídico que, hasta cierto punto, son comunes para todas las lenguas de la cultura occidental. Éste es el caso, por citar algunos ejemplos, de la opacidad, el uso frecuente de arcaísmos o latinismos y la abundancia de convenciones fraseológicas en el lenguaje jurídico.

Desde el otro gran paradigma de investigación en el ámbito de la traductología, el cultural, no se han escatimado esfuerzos para poner al descubierto las limitaciones del enfoque lingüístico. Tomando como punto de partida las diferencias existentes entre el modo en que cada comunidad regula la convivencia entre sus miembros y la consiguiente asimetría entre los procedimientos e instrumentos creados para la aplicación de estas normas, los partidarios del paradigma cultural han destacado el hecho de que, en esta especialidad, «la traduction comporte non seulement le passage d'une langue à une autre, mais encore la transposition du message d'un système de droit à une autre» (Kerby, 1982: 5). La noción de *transposition* es, de hecho, clave en el estudio de la traducción jurídica como proceso de mediación intercultural. Para la escuela de Ginebra, «la transposition juridique n'est qu'une étape nécessaire du processus de traduction juridique, laquelle n'est ni un transcodage terminologique ni un processus linguistique, mais un acte de communication interculturelle» (Bocquet, 1996: 72). Sin embargo, dentro de este mismo enfoque intercultural, la escuela canadiense establece una diferenciación adicional entre la traducción jurídica, entendida como «l'opération de transfert d'un message juridique, dans un seul système juridique, d'une langue vers une autre langue» (y que solo sería, pues, posible en países bilingües como el propio Canadá) y la transposición jurídica u «opération de transfert d'un message juridique émis dans une langue et dans un système juridique, vers une autre langue et un autre système juridique» (Didier, 1991: 28). En este sentido, han sido muchos los expertos que han defendido el carácter distintivo de la traducción jurídica respecto a otras especialidades argumentando que, al contrario de lo que sucede en otros campos técnicos, la correspondencia entre los términos y los conceptos, constructos o referentes a los que aquéllos designan varía en cada lengua. En el caso de determinadas combinaciones lingüísticas, como el inglés/español, los estudios publicados sobre las técnicas y conocimientos requeridos para ejercer la traducción jurídica han rozado el umbral del esoterismo y surtido un efecto decididamente disuasorio entre los no familiarizados con todas las variables en juego.

Sin embargo, a medida que la traducción jurídica ha ido alcanzando mayores cotas de visibilidad dentro del panorama de la educación universitaria, hemos asistido a la aparición de enfoques de carácter más pragmático e integrador, de modo que ya no sorprende en absoluto encontrarnos con planteamientos que definen la traducción jurídica como la producción de «a functional text in a linguaculture target text that is needed for specific communicative purposes by processing the information given in a previous text in a different linguaculture source text» (Wagner, 2003: 177). La necesidad de desarrollar estrategias pedagógicas que permitan a un estudiante con escasos conocimientos jurídicos enfrentarse a la traducción de este tipo de textos con una mínima solvencia tras un breve periodo de formación ha contribuido a la proliferación de protocolos de actuación cuyas prioridades se presentan ahora como variables.

Como pone de manifiesto Mayoral (2002) en su revisión de los distintos modelos propuestos en los últimos años para traducir textos jurídicos, el gran número de parámetros que definen cada encargo de traducción (como, por ejemplo, el fin del texto traducido, el contenido o género del texto, las circunstancias que afectan al traductor o al cliente) «no encuentran correspondencia biunívoca en un concepto de traducción jurídica» (2002: 10). En otras palabras, la coexistencia de distintos modelos que pretenden explicar la singularidad de la traducción jurídica a partir de nociones como la «equivalencia funcional», la «función del texto» o el «género textual» lleva a Mayoral a cuestionar la idoneidad del concepto de traducción jurídica y argumentar que «parece más razonable buscar la forma de traducir en la discusión de los problemas de traducción, aunque el ámbito de estos problemas no sea un tipo de texto» (2002: 13). Así, aunque cada uno de los modelos anteriores sirva para hacer frente a determinadas dificultades de traducción jurídica en circunstancias concretas, la praxis de la traducción jurídica no puede asociarse con una serie de estrategias y técnicas de traducción específicas solo de esta especialidad.

A falta de un conocimiento más sistemático de la interacción entre opciones de traducción disponibles y decisiones de traducción adoptadas en cada caso, la traducción jurídica, al igual que otras especialidades, se reduce a la aplicación de determinadas técnicas de traducción para la resolución de dificultades de interpretación y codificación interlingüística en el marco definido por la convergencia de una serie de parámetros específicos. Al cuestionarse la existencia de una correlación estricta entre el concepto de traducción jurídica y la puesta en práctica de estrategias distintivas de esta especialidad, la relevancia de las nuevas tecnologías para el ejercicio de la traducción jurídica resulta tan fácil o difícilmente rebatible *a priori* como para el resto de especialidades. Y si esa correlación unívoca se pone en tela de juicio en el caso de los textos más *evidentemente* jurídicos –a saber, aquéllos relacionados con la disciplina del derecho (Borja, 2000)–, todavía resulta más difícil de mantener en el caso de otros textos más *tangencialmente* jurídicos, a saber: (i) textos con referencias a campos temáticos que se infiltran en textos legales y (ii) textos sin contenido legal que deben surtir efectos jurídicos y en los que no siempre es el aspecto jurídico el que plantea más problemas para el traductor, sino más bien determinadas descripciones técnicas. Éste es el caso, por ejemplo, de un exhorto: un juez británico pide la extradición de un delincuente preso en España. El documento comenzará con una corta introducción de corte jurídico penal y finalizará con una conclusión perteneciente al mismo lenguaje de especialidad. Sin embargo, la parte central del documento expondrá las motivaciones por las que se requiere al prisionero y, en muchos casos, éstas pueden ser de cualquier tipo, desde el uso de documentos falsificados –lo que podría requerir una explicación de la técnica de falsificación empleada– hasta el empleo de un determinado tipo de arma –cuyas características técnicas también pueden ser objeto de explicación en el documento.

A tenor de lo anteriormente expuesto, las TIC pueden, al menos en principio, resultar de tanta utilidad para la traducción de textos jurídicos como de documentos pertenecientes a otras especialidades. Sin embargo, en este punto cabe plantearse dos nuevos interrogantes: ¿En qué etapa del proceso de traducción resulta más productiva su utilización? ¿Qué tipo de herramienta específica es más idónea para llevar a cabo cada tarea?

3. LA APORTACIÓN DE LAS TIC A LA REALIZACIÓN DE TRADUCCIONES JURÍDICAS

En la sección anterior hemos aludido a la diversidad de documentos susceptibles de ser considerados como textos jurídicos. A los parámetros de heterogeneidad que impone la propia naturaleza del texto traducido, hay que añadir otros elementos generadores de diversidad que conviene mencionar en este momento. Nos referimos a factores relacionados con el procedimiento de elaboración de la traducción en sí misma, que dependen del ámbito profesional en el que los traductores desarrollan su actividad y, por extensión, del tipo y variedad de herramientas informáticas que intervienen en el desempeño de su labor.

Uno de los colectivos profesionales más singulares a estos efectos es el de los traductores de grandes instituciones internacionales (Bonet, 2003). Por razones obvias, la pertenencia del traductor a un engranaje tan complejo como el de estas organizaciones multilaterales obliga al profesional a integrar en su trabajo diario una serie de aplicaciones informáticas de gran sofisticación que (i) garantizan la consistencia terminológica con trabajos realizados anteriormente y afines al que tiene entre manos en ese momento; (ii) contribuyen a una gestión más eficiente de esa traducción respecto a la que pueda estar realizándose de ese mismo documento de partida al resto de lenguas oficiales; (iii) permiten al traductor gestionar su proyecto de traducción a través de una interfaz que brinda información logística y acceso directo a distintas fuentes de información y referencia.

Si bien a menor escala, los condicionantes enumerados anteriormente también resultan relevantes en el caso de los traductores de plantilla que desarrollan su actividad en empresas de servicios lingüísticos. La externalización de traducciones por parte de las mismas instituciones a las que aludíamos anteriormente y la creciente globalización de las actividades económicas –con la consiguiente proliferación de documentación corporativa de volumen considerable relacionada con las actividades profesionales más diversas– han obligado a las empresas de servicios lingüísticos a incorporar las herramientas informáticas más diversas como principios rectores de su organización interna. Las TIC reportan ventajas evidentes para (i) la gestión de grandes proyectos colectivos, tanto en la fase de distribución de las tareas entre los traductores participantes como en la de control de la calidad y consistencia terminológica y estilística del proyecto final y para (ii) la comunicación entre los propios miembros de la plantilla, así como entre éstos y los traductores autónomos que prestan sus servicios para la empresa en calidad de colaboradores. Sin embargo, la aportación fundamental de las TIC a este tipo de ámbito profesional es la posibilidad que brinda de optimizar los recursos y referencias disponibles, reutilizar en mayor o menor medida el trabajo realizado en el pasado y subordinar la gestión de cada nuevo proyecto de traducción a la consecución de la máxima productividad. La explotación del valor añadido que supone el uso de las TIC en una estrategia comercial dirigida a potenciar la competitividad profesional mediante, por ejemplo, la reducción de las tarifas, es una de las principales consecuencias de la llegada de las herramientas informáticas al sector (Rico, 2002).

El tercer y último gran colectivo profesional es el de los traductores autónomos. Evidentemente, el grado de penetración de las distintas herramientas informáticas en las estaciones de trabajo de los traductores se sigue viendo obstaculizado, además de por el escepticismo de los traductores jurídicos sobre la utilidad de las TIC para su trabajo, por la inversión económica que requiere su adquisición y la formación necesaria para poder explotar eficazmente la herramienta en cuestión. En gran medida, la permeabilidad de cada profesional al uso de las herramientas informáticas depende del tipo de encargos más frecuentes a los que debe enfrentarse en su actividad laboral diaria y de la ponderación de clientes directos respecto a empresas intermediarias dentro de su cartera de clientes. Así, un profesional autónomo que traduzca con asiduidad ciertos tipos de documentos a través de una empresa de servicios lingüísticos puede verse obligado a invertir en la compra, por ejemplo, de la memoria de traducción impuesta por la empresa, bien porque la memoria utilizada para la gestión del proyecto permita a esta última seguir alimentando sus bancos electrónicos de textos traducidos (aumentando con ello su rendimiento empresarial futuro), bien porque la memoria en cuestión sea la principal herramienta de trabajo en el organismo al que, en último término, va dirigida la traducción.

Evidentemente, la mayor o menor inversión que un traductor autónomo decida o no realizar en la adquisición de herramientas informáticas específicas deberá venir precedida de un detallado análisis de las propias necesidades, el cual no puede llevarse a cabo sin conocer, siquiera de forma somera, qué aportan las TIC al trabajo del traductor. Para contribuir a aumentar la información al respecto, los próximos apartados de esta sección presentarán las aplicaciones informáticas más relevantes para el traductor jurídico en cada una de las etapas del proceso de elaboración de una traducción jurídica, tal y como éste aparece descrito y formalizado en Borja y Hurtado (1999: 158): el *antes*, el *durante* y el *después* de la traducción. La tabla 1 que incluimos a continuación resume de forma adaptada las claves principales de cada una de estas etapas aunque, por razones de espacio, nuestra exposición se limitará a las dos primeras etapas del proceso.

TABLA 1
El proceso de realización de la traducción jurídica según Borja y Hurtado (1999)

ETAPA	*DESCRIPCIÓN*	*OBJETIVO*	*TAREAS*
ANTES	Lectura previa: Determinar necesidades de documentación	Resolver dificultades: - Sobre campo temático - Sobre terminología	- Recopilación de textos paralelos en archivos personales o en otras fuentes de documentación - Recopilación de textos similares en archivos personales o en otras fuentes de documentación

DURANTE	Buscar desde el principio el respeto de las convenciones del género	Conseguir la mayor adaptación del texto traducido a la comunidad receptora	- Análisis de la macroestructura del género al que pertenece el texto - Análisis de la fraseología y fórmulas acuñadas del género al que pertenece el texto
DESPUÉS	Aplicación de los protocolos de control de calidad internos o externos	Garantizar la máxima calidad del producto final y aprender del trabajo realizado	- Revisión de estilo y coherencia - Revisión interna (cifras, nombres propios, fechas, formato, etc.) - Incorporación de la traducción al sistema de archivos para su posterior recuperación - Inclusión en glosarios propios de términos y fraseología nueva

3.1. Las TIC en la etapa previa a la traducción

Durante la etapa previa al inicio de la traducción, el traductor debe evaluar de forma rigurosa las dificultades a las que se enfrenta, en relación con parámetros tales como la función, el destinatario o el propósito de la traducción. Dependiendo de su grado de familiaridad con el género al que pertenece el documento que tiene entre manos y la finalidad jurídica del mismo, puede resultarle necesario proceder a una investigación más o menos profunda sobre el campo temático en cuestión, incluyendo la terminología característica del mismo.

Aunque su distribución comercial ha resultado un tanto accidentada en los últimos años, *Wordcruncher* (para mayor información, véase la URL http://www.indiana.edu/~letrs/help-services/QuickGuides/about-wordcruncher.html) es una herramienta ya clásica dentro de las TIC aplicadas a la traducción. De fácil utilización, *Wordcruncher* es capaz de procesar textos en soporte electrónico y generar automáticamente listas de términos en orden alfanumérico. Los datos procesados por este programa pueden ser analizados de diferentes formas, ya sea a través de concordancias (véase el apartado 3.2) o de índices de frecuencia de aparición de cada término en el texto, lo que permite filtrar el repertorio de terminología específica del texto de partida. *Wordcruncher* no solo resulta útil para que el traductor pueda conocer de forma precisa y rigurosa cuáles serán sus principales obstáculos terminológicos, sino también la importancia o incidencia de los mismos en cada parte del texto.

La pérdida de vigencia de programas como *Wordcruncher* ha corrido paralela al avance y perfeccionamiento constante de otras aplicaciones informáticas destinadas a facilitar la resolución de las dificultades terminológicas inherentes a todo proceso de traducción: los sistemas de gestión terminológica. Aunque las primeras versiones de estos programas datan de la década de los sesenta, el uso de estos sistemas –cuyo objetivo es el de (i) facilitar un acceso rápido a las correspondencias terminológicas que el profesional haya podido ir creando y documentando durante años de trabajo, (ii) incorporar información útil sobre el uso de las mismas y (iii) actualizar los datos almacenados cuando resulte oportuno– se ha popularizado como resultado de su integración en las principales memorias de traducción existentes en el mercado (la información sobre los sistemas de gestión terminológica está disponible a través de los mismos sitios web que mencionaremos más adelante al hablar de las memorias de traducción). En un principio, los sistemas de gestión terminológica solo permitían registrar correspondencias terminológicas bilingües, acompañadas de un conjunto limitado de datos complementarios. Sin embargo, las versiones más recientes de estos sistemas brindan al traductor opciones de almacenamiento de información mucho más flexibles y personalizables de acuerdo con sus necesidades específicas. De este modo, la ficha terminológica puede dar cabida a (i) distintas acepciones de un término con sus respectivos contextos, (ii) distintas correspondencias terminológicas en varias otras lenguas o (iii) distintos equivalentes en una misma lengua, entre los que el autor/usuario de la ficha terminológica podrá elegir en función del género al que pertenezca el documento o del cliente que haya solicitado la traducción. La flexibilidad organizativa de la ficha terminológica parecería bastar, por sí misma, para satisfacer las necesidades de los traductores jurídicos más exigentes, que pueden registrar en sus sistemas de gestión terminológica las correspondencias entre unidades terminológicas más o menos complejas junto con la información complementaria sobre los parámetros extralingüísticos que justifican dicha correspondencia. Pero a estas ventajas se suman otras igualmente importantes de índole práctica: los sistemas de gestión terminológica permiten recuperar la información registrada utilizando procedimientos de búsqueda borrosa; reconocen determinadas secuencias terminológicas del texto original y proponen las correspondencias más adecuadas en la lengua de llegada; y, finalmente, pueden ser alojadas en servidores para ser compartidas entre equipos compuestos por varios traductores (Bowker, 2002: 77-91).

Cuando el análisis previo a la traducción revela que el texto al que nos enfrentamos pertenece a un campo temático en el que contamos con cierta experiencia y, lo que es todavía más importante, que dicho campo temático se caracteriza por el uso de un lenguaje sujeto a convenciones relativamente estables (L'Homme, 1999), una de las herramientas informáticas más útiles para el traductor jurídico serán las memorias de traducción, de las que Esselink

(2000) nos aporta una visión general (www.atril.com; www.trados.com; www.star-transit.com; www-4.ibm.com/software; www.sdlint.com/products/sdlx/nav/main.htm).

Una memoria de traducción es una base de datos en la que se almacenan fragmentos textuales en una determinada lengua junto con sus correspondientes traducciones en otra. Por consiguiente, para utilizar una memoria de traducción es necesario dividir el texto en segmentos cuyos límites pueden coincidir con los de una oración o, por el contrario, de cualquier otra secuencia de palabras que el traductor decida procesar como unidad de traducción junto con su correspondencia en la otra lengua por razones de conveniencia o productividad posterior en la explotación de la memoria. Aunque la interfaz de usuario es diferente en cada memoria de traducción, éstas suelen presentarse en el monitor como dos grandes columnas de filas en las que cada segmento aparece dispuesto junto a su traducción mediante un proceso de alineación textual, como puede apreciarse en la figura 1.

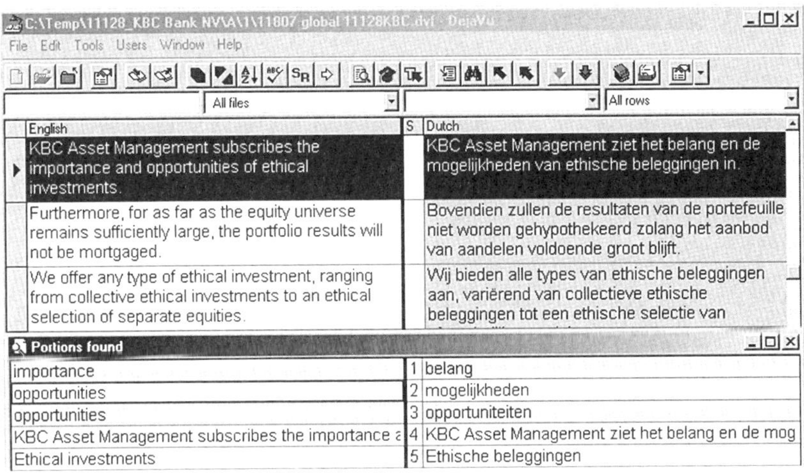

FIGURA 1: *Interfaz de usuario de Déjà Vu*

Utilizando una memoria de traducción, el profesional puede comparar el texto al que está a punto de enfrentarse con aquéllos traducidos anteriormente, identificando con gran rapidez qué fragmentos del texto nuevo cuentan con una correspondencia ya traducida en la memoria. El rasgo más destacado de las memorias de traducción es que la búsqueda de correspondencias puede realizarse estableciendo distintos requisitos en cuanto al grado de coincidencia requerido: de este modo, la herramienta puede aportar sugerencias de gran relevancia aunque el fragmento actual y el almacenado en la memoria no sean totalmente idénticos y el grado de similitud sea solo relativo. Al igual que sucedía con los sistemas de gestión terminológica, que en casi todas las memorias pueden utilizarse de forma conjunta e integrada en la interfaz de usuario para potenciar la productividad del traductor (Andrés y Bennet, 2000), las memorias brindan al usuario asistencia interactiva, sugiriéndole a lo largo del proceso las secuencias recuperadas de acuerdo con los criterios de búsqueda previamente establecidos y que el traductor podrá descartar o incorporar a su traducción de forma directa o después de llevar a cabo las modificaciones necesarias.

3.2. Las TIC durante la traducción

En su intento de elaborar un texto en lengua meta que responda a las convenciones terminológicas o fraseológicas y a la macroestructura del documento en la cultura de destino, el traductor cuenta con una herramienta fundamental: los corpus de textos. Un corpus es una colección de textos en soporte electrónico, que pueden o no haber sido objeto de un proceso de etiquetado lingüístico. El conjunto de textos integrantes del corpus –cuyo número, longitud y contenido responden a criterios de selección definidos de acuerdo con el fin para el que se haya recopilado– puede consultarse en busca de distintos parámetros de información lingüística: la frecuencia de uso de determinados términos o secuencias, o la composición de sus patrones de combinación léxica figuran entre las cuestiones que suscitan un mayor interés entre sus usuarios. En la mayor parte de casos, los resultados se analizan mediante concordancias, es decir, listados de todos los fragmentos textuales –cada uno de los cuales ocupa, en principio, una sola línea dentro del listado o concordancia– que contienen el término o secuencia de búsqueda dentro del corpus. Las concordancias suelen generarse en formato KWIC (*key word in context*), que muestra el término o secuencia de búsqueda en el centro de cada línea y rodeado de su correspondiente cotexto.

Hasta hace relativamente pocos años, solo existían los grandes corpus creados por consorcios entre universidades y editoriales. Al margen de las dificultades para acceder a los mismos, su contenido no siempre resultaba relevante para el traductor interesado en un determinado tecnolecto que pudiera tener escasa representación en el corpus. Incluso durante esta etapa, los corpus demostraron ser herramientas flexibles y permitieron realizar búsquedas personalizadas de distinta naturaleza. A título de ejemplo, la figura 2 muestra una concordancia editada del término *article(s)* procedente de *The Bank of English*, en la que es posible identificar hasta cuatro acepciones diferentes del término, tal y como se refleja en la columna de la izquierda (siendo la 2 y la 4 de especial relevancia para el traductor jurídico).

1	ew stock hallmarked and 800,000	articles	are now waiting to be examine
1	no better. He writes books and	articles	few people want to read. And
1	ne," added the report, but his	articles	have probably never been so c
1	er Lebanon: In the first of two	articles	on the origins and architects
1	e reason why so many books and	articles	on the 1931 crisis end with t
1	the communist youth league. Its	articles	were sometimes incomprehensi
1	to head. Consider the following	articles,	which by chance appeared sid
2	eedom to provide services under	Articles	59 and 66 of the Treaty and A
2	d not involve any change to its	articles	of association _ which would
2	approve a change to the banks	articles	of association so that it can
3	I, said. The money was paid for	articles	concerning her life with her
3	ame is true of one who delivers	articles	to another in order that the
4	re being sought immediately for	articles	or pupillage, at starting Sal

FIGURA 2: *Concordancia abreviada de «article(s)» en The Bank of English (Pérez González, 1999: 16)*

En la actualidad, las limitaciones de los primeros corpus se han superado en gran medida, con lo que han aumentado considerablemente su aplicabilidad para el ejercicio de la traducción profesional. Por un lado, los avances informáticos han hecho posible la aparición de herramientas informáticas muy asequibles que permiten a sus usuarios compilar corpus *ad hoc* –también denominados «DIY corpora» o «disposable corpora» (Maia, 2003)– compuestos solo por textos pertenecientes a la materia y/o género que resulte de su interés es en cada momento (tal es el caso, por ejemplo, de *Monoconc*, URL www.athel.com/mono.html).

De este modo, un traductor jurídico interesado, por ejemplo, en conocer las variantes fraseológicas admisibles en torno a un cierto término nuclear estable puede utilizar un gestor de concordancias como *Monoconc* para construir un corpus de escasas dimensiones pero compuesto exclusivamente por textos pertenecientes al mismo campo y género que el texto traducido, bien cargando textos almacenados en el disco duro de su ordenador o utilizando textos disponibles en la red (Bowker y Pearson, 2002: capítulo 4). Con ello, el traductor aumenta exponencialmcnte las posibilidades de obtener resultados relevantes para cada consulta realizada.

Cuando las búsquedas trascienden los límites de la fraseología o, por el contrario, tienen como objetivo conocer en mayor profundidad la relación entre las convenciones fraseológicas y la macroestructura de un determinado género, el traductor puede optar por construir corpus paralelos recurriendo a las aplicaciones informáticas desarrolladas para tal fin (*Paraconc*, URL www.athel.com/paraconc.html). En esencial, los corpus paralelos bilingües responden a los mismos principios metodológicos que los monolingües examinados anteriormente, si bien la tarea de compilación es doble: textos originales, por un lado, y sus correspondientes traducciones, por otro. Estos gestores de concordancias bilingües suelen presentar los segmentos textuales definidos por el usuario alineados con sus correspondientes traducciones y pueden resolver el mismo tipo de consultas en cualquiera de las direcciones que requiera el usuario (L'Homme, 1999; Lindquist, 1999).

Aunque los avances tecnológicos hacen posible que un traductor pueda procesar de forma instantánea un volumen muy considerable de palabras y textos para resolver las dudas que encuentra en el ejercicio de su trabajo –conviene destacar, en este sentido, la existencia de iniciativas como Webcorp (URL www.webcorp.org.uk) que permiten utilizar todos los contenidos de la red como textos integrantes de un corpus personalizado y procesar los resultados mediante concordancias generadas automáticamente– siguen existiendo importantes problemas relacionados con la disponibilidad de textos traducidos, incluso de los géneros más representativos (véase Monzó, en este volumen), y la indefinición jurídica respecto a la relación entre estos corpus personalizados y los derechos de los autores de los textos que lo componen (Bowker, 2002: 71). Mientras se resuelven estas dificultades, resultan especialmente destacables iniciativas de carácter enciclopédico como la emprendida por el Grupo de Investigación en Traducción Jurídica de la Universitat Jaume I, consistente en la elaboración de corpus paralelos accesibles en línea e integrados por textos pertenecientes a los géneros jurídicos más variados que permiten realizar consultas avanzadas de acuerdo con múltiples parámetros de selección (Monzó, 2003, Borja, 2005).

4. LA APORTACIÓN DE LAS TIC A LA INVESTIGACIÓN EN EL ÁMBITO DE LA TRADUCCIÓN JURÍDICA

En la sección anterior hemos catalogado brevemente las herramientas informáticas más útiles para el ejercicio de la traducción jurídica, poniendo de relieve la contribución de cada aplicación específica para la resolución de determinados tipos de dificultades. En esta sección, intentaremos esbozar cuáles son las principales aportaciones de estas mismas herramientas para el avance de la investigación en el ámbito de la traducción jurídica.

Como el lector habrá apreciado durante la lectura de la sección anterior, tres son las ventajas principales que las TIC aplicadas a la traducción aportan al estudio de la traducción jurídica. En primer lugar, la posibilidad de comprobar la validez de las hipótesis formuladas por el investigador recurriendo a volúmenes de datos relativamente importantes y fácilmente compilables. En segundo lugar, la disponibilidad de técnicas de filtrado muy depuradas y sofisticadas, que permiten ampliar o reducir la dimensión del fenómeno lingüístico analizado de acuerdo con los intereses del investigador. En tercer y último lugar, la transparencia del aparato cuantitativo y estadístico que acompaña y subyace a los análisis cualitativos que estas herramientas hacen posibles. Teniendo en cuenta estos factores, las principales aportaciones de las herramientas informáticas a la investigación en traducción jurídica podrían resumirse como sigue:

- Las TIC constituyen un recurso indispensable para describir de forma empírica, sistemática y, si es necesario, contrastiva, el comportamiento de uno o varios traductores ante determinadas dificultades de traducción.
- De acuerdo con lo expuesto en el punto anterior, las TIC harían posible establecer generalizaciones a partir de las estrategias y técnicas de traducción utilizadas por profesionales concretos en determinados contextos o géneros y explotar pedagógicamente estas conclusiones en la formación de nuevos profesionales.
- Asimismo, el avance de las TIC no solo debería permitir que se llegue a cuantificar la incidencia y efectos derivados de la elección de una técnica de traducción, sino también que se elabore una clasificación sistemática de la nómina de estrategias alternativas disponibles en cada momento.
- Finalmente, las TIC proporcionan los recursos necesarios para elaborar descripciones precisas del lenguaje jurídico, arrojan luz sobre la estabilidad de los patrones fraseológicos propios de este tecnolecto y permiten profundizar en la investigación de las relaciones que, a la luz de la evidencia obtenida mediante el análisis de corpus, existen entre las unidades léxicas, gramaticales y discursivas que componen un texto (Pérez González y Sánchez Macarro, 2000).

Pero además de abrir nuevos cauces para la investigación sobre cuestiones y aspectos que podríamos calificar como tradicionales, la implantación de las TIC ha dado lugar a la aparición de nuevas prácticas y condicionantes que merecen, en tanto que tales, ser estudiados por los investigadores de este ámbito. Aunque los círculos académicos de la traducción jurídica siguen mostrando un escaso grado relativo de actividad en lo que al estudio de los efectos del uso de las TIC se refiere, son ya numerosas las líneas de investigación específicas en torno a esta cuestión que se están haciendo un hueco dentro del ámbito de la traductología aplicada. A título de ejemplo, son cada vez más los especialistas que han comenzado a estudiar:

- Cómo la utilización de los sistemas de gestión terminológica por parte de los traductores ha modificado las prácticas tradicionales de registro de datos léxicos, tanto en lo referente a la delimitación del término como en la selección de información asociada al uso del mismo (Kenny, 1999).
- La incidencia que la mediación de la interfaz de usuario de las distintas herramientas informáticas tiene sobre el proceso y el producto final de la traducción. Así ocurre, por ejemplo, con la interfaz de las memorias de traducción, que induce al traductor a utilizar en el texto traducido el mismo número de segmentos (en la mayor parte de los casos, frases) que componían el texto original (Bédard, 2001); al traducir bajo el pautado que conlleva la división del texto en segmentos de traducción por parte de las memorias, los traductores podrían terminar viendo erosionada su capacidad de establecer vínculos de coherencia y cohesión entre las distintas partes del texto, eliminando de forma más o menos consciente los mecanismos de referencia anafórica o catafórica que estos mismos traductores no perdían tan fácilmente de vista al trabajar con el procesador de textos tradicional (Heyn, 1998).
- La credibilidad de alguno de los principales reclamos de ciertas herramientas informáticas. Éste es el caso de la supuesta reversibilidad de las memorias de traducción que, según sus principales distribuidores comerciales, pueden explotarse en sentido directo o inverso, independientemente de cuál haya sido la direccionalidad utilizada en la fase de creación de la memoria (Bowker, 2003). Es éste un factor importante para los traductores jurídicos que, por la naturaleza de los textos con que trabajan y el contexto en el que desarrollan su actividad, realizan traducciones inversas más frecuentemente que los profesionales de otras especialidades.
- Finalmente, desde un punto de vista más práctico, los efectos que las nuevas tareas asociadas a la utilización de las TIC (alineación de textos, conversión y manipulación de formatos, etc.) tienen sobre la realización de cada proyecto, desde la fase de planificación previa del proyecto hasta las prácticas de facturación posteriores a la traducción (Bowker, 2002: 121-122).

5. CONCLUSIÓN

En las secciones anteriores hemos analizado las razones que, tradicionalmente, han provocado una cierta reticencia entre los traductores jurídicos a integrar en su rutina de trabajo habitual las herramientas informáticas aplicadas a la traducción. Entre estas razones, hemos prestado especial atención a la supuesta singularidad de este tipo de traducción, en el que se combinan algunas de las prácticas habituales del resto de especialidades de la traducción técnica con procesos de mediación intercultural poco comunes en éstas. Aunque gran parte de esta contribución ha pretendido poner de manifiesto la utilidad de las TIC incluso en la traducción de textos tan exigentes como los jurídicos, no podemos pasar por alto que el lenguaje jurídico sigue siendo uno de los tecnolectos que más se resiste a evolucionar por razones que Cutts (2001) explica en los siguientes términos:

> Su propia formación y el prolongado contacto con la jerga jurídica han dejado en muchos profesionales del Derecho una especie de adicción a fórmulas y florituras obsoletas. Se impone, pues, una cura de desintoxicación por el bien de los ciudadanos y de la profesión (los sondeos indican que el uso de esta jerga socava gravemente el prestigio de los juristas). Los profesionales del Derecho deben ser conscientes de que cualquiera puede hacer que un tema complejo parezca complejo y que lo verdaderamente difícil es exponerlo en términos claros.

La creciente globalización de las actividades económicas y, más específicamente, la novedad que representan ciertos procesos políticos como el de la consolidación de la Unión Europea –ente político en el que coexisten e interactúan diferentes culturas jurídicas– podrían servir como catalizadores para el cambio, acelerando los procesos de atenuación de diferencias culturales y simplificación del lenguaje jurídico, con las consiguientes repercusiones sobre el trabajo de los traductores especializados en este ámbito. Por poner un ejemplo concreto, la constitución el Espacio Europeo de Educación Superior único, con el consiguiente proceso de convergencia en los programas de formación universitaria, podría poner fin en breve a la demanda de traducción de documentos académicos. No en vano han sido los traductores de las instituciones europeas los primeros en situarse a la cabeza de iniciativas conducentes al acercamiento del lenguaje jurídico –concretamente, del lenguaje utilizado en la redacción de la legislación comunitaria– a pautas de expresión más comprensibles, argumentando que no hay motivo para que la mayor claridad vaya en detrimento del rigor jurídico (véanse, por ejemplo, los principios clave del movimiento conocido como *Fight the Fog Campaign* en URL http://europa.eu.int/comm/translation/en/ftfog). Iniciativas como ésta, apoyadas en argumentos tan poderosos como el ahorro de costes en traducción que supondría la utilización de un lenguaje jurídico más claro, pueden suponer el primer paso de un camino que conduzca a la evolución del tecnolecto y el acercamiento entre los distintos ordenamientos jurídicos actuales. Cuando esto suceda, la traducción jurídica se habrá unido a la «GILT industry (globalization, internationalization, localization, translation)» (Enríquez y Austermühl, 2003: 225) y acogido definitivamente las herramientas informáticas aplicadas a la traducción.

BIBLIOGRAFÍA

ANDRÉS LANGE, C. y S. BENNETT (2000): «Combining Machine Translation with Translation Memory at Baan» en R. C. SPRUNG (ed.): *Translating into Success: Cutting-Edge Strategies for Going Multilingual in a Global Age*, Amsterdam, Filadelfia, John Benjamins, pp. 201-218.

AUSTERMÜHL, F. (2001): *Electronic Tools for Translators.* Manchester: St. Jerome.

BAKER, M. (1996): «Linguistics and Cultural Studies: Complementary or competing paradigms in translation studies?» en A. LAUER *et al.* (ed.): *Übersetzungswissenschaft im Umbruch: Festschrift für Wolfram Wills zum 70. Geburtstag*, Tubingen, Gunter Narr, pp. 9-19.

BÉDARD, C. (2001): «Une nouvelle profession: traducteur de phrases», *Circuit*, 70, pp. 29.

BOCQUET, C. (1996): «Traduction spécialisée: Choix théorique et choix pragmatique. L'exemple de la traduction juridique dans l'aire francophone», *Parallèles*, 18, pp. 67-76.

BONET, J. (2003): «Las herramientas informáticas en la Comisión Europea» en P. HERNÚÑEZ y L. GONZÁLEZ (eds.): *Actas del I Congreso Internacional: El español como lengua de traducción*, pp. 53-81.

BORJA, A. (2000): *El texto jurídico inglés y su traducción al español*, Barcelona, Ariel.

— (2005): «Organización del conocimiento para la traducción jurídica a través de sistemas expertos basados en el concepto de género textual» en I. GARCÍA IZQUIERDO (ed.) (2005): *El género textual y su traducción*, Berna, Peter Lang.

BORJA, A. y A. HURTADO (1999): «La traducción jurídica» en A. HURTADO (coord.): *Enseñar a traducir*, Madrid, Edelsa, pp. 154-166.

BOWKER, L. (2002): *Computer-Aided Translation Technology,* Ottawa, University of Ottawa Press.
— (2003): «Investigating 'Reversible' Translation Resources: Are they equally useful in both translation directions?», en PÉREZ GONZÁLEZ (ed.) (2003: 201-224).
BOWKER, L. y J. PEARSON (2002): *Working with Specialized Language. A Practical Guide to Using Corpora*, Londres y Nueva York, Routledge.
CUTTS, M. (2001): «Hacia una formulación más clara de la legislación comunitaria», *Unión Europea* [recurso en línea <http://europa.eu.int/comm/translation/en/ftfog/eurolaw/eurolaw_es.htm>] (última consulta de 8 de junio de 2005).
DIDIER, E. (1991): «La *Common Law* en français. Étude juridique et linguistique de la *Common Law* en français au Canada», *Revue internationale de droit comparé,* 43 (1), pp. 7-56.
ENRÍQUEZ RAÍDO, V. y F. AUSTERMÜHL (2003): «Translation and Localization Tools: Current developments» en PÉREZ GONZÁLEZ (ed.) (2003: 225-250).
ESSELINK, B. (2000): *A Practical Guide to Localization,* número especial de la revista *Language International World Directory*, Amsterdam y Filadelfia, John Benjamins.
HEYN, M. (1998): «Translation Memories: Insights and practices» en L. BOWKER *et al.* (eds.) (1998): *Unity in Diversity? Current Trends in Translation Studies*, Manchester, St. Jerome, pp. 123-136.
KENNY, D. (1999): «CAT Tools in an Academic Environment: What are they good for?», *Target*, 11 (1), pp. 65-82.
KERBY, J. (1982): «La traduction juridique, un cas d'espèce» en J. C. GÉMAR (ed.): *Langue du Droit et Traduction*, Québec, Linguatech, Conseil de la Langue Française, pp. 3-10.
L'HOMME, M. (1999): *Initiation à la traductique*, Brossard, Quebec, Linguatech.
LINDQUIST, H. (1999): «Electronic Corpora as Tools for Translation» en G. ANDERMAN y M. ROGERS (eds.) (1999): *Words, Text, Translation: Liber Amicorum for Peter Newmark*, Clevedon, Multilingual Matters, pp. 179-189.
MAIA, B. (2003): «Terminology: Where to find it and how to keep it» en L. PÉREZ GONZÁLEZ *et al.* (eds.) (2003): *La traducción y la interpretación en un ámbito global*, Madrid, Universidad Europea de Madrid Ediciones.
MAYORAL, R. (2002): «¿Cómo se hace la traducción jurídica?», *Puentes*, 2, pp. 9-14.

MONZÓ NEBOT, E. (2003): «Corpus-Based Teaching: The use of original and translated texts in the training of legal translators», *Translation Journal*, 4 (4) [revista en formato electrónico <www.accurapid.com/journal/26edu.htm>] (última consulta de 8 de junio de 2005).
— (2005): «Investigar con los profesionales: colaboraciones de investigación-acción» en E. MONZÓ y A. BORJA (ed.) (2005): *La traducción y la interpretación en las relaciones jurídicas internacionales*, Castelló de la Plana, Universitat Jaume I.
PÉREZ GONZÁLEZ, L. (1999): «Getting to Grips with Legal English: an emergent field of ESP instruction in higher education», *Newsletter of the International Association of Teachers of English as a Foreign Language: ESP Special Interest Group*, 14, pp. 9-17.
— (ed.) (2003): *Speaking in Tongues. Language Across Contexts and Users*, Valencia, Publicacions de la Universitat de València.
PÉREZ GONZÁLEZ, L. y A. SÁNCHEZ MACARRO (2000): «A Computer-Aided Re-appraisal of Co-selection: Implications for interlingual and intercultural communication», *Revista Canaria de Estudios Ingleses*, 40, pp. 95-113.
RICO PÉREZ, C. (2002): «Translation and Project Management», *Translation Journal*, 6 (4) [revista en formato electrónico <www.accurapid.com/journal/22project.htm>] (última consulta de 8 de junio de 2005).
— (2003): «Overcoming the Language Barrier: Paths that converge in technology and translation» en PÉREZ GONZÁLEZ (ed.) (2003: 185-200).
SCHWARZ, H. (1977): «Legal Administrative Language», *Babel*, 23 (1).
SHUTTLEWORTH, B. (1997): *Dictionary of Translation Studies*. Manchester, St. Jerome.
WAGNER, A. (2003): «Translation of the Language of the Common Law into Legal French: Myth or reality?», *International Journal for the Semiotics of Law*, 16, pp. 177-193.

INVESTIGAR CON LOS PROFESIONALES: COLABORACIONES DE INVESTIGACIÓN-ACCIÓN

ESTHER MONZÓ NEBOT[1]
Universitat Jaume I

1. INTRODUCCIÓN

ESTE ARTÍCULO presenta una investigación realizada por la autora en los últimos años, cuyos primeros resultados vieron la luz en forma de tesis doctoral en el 2002 y que continúa en marcha en estos momentos en el seno del proyecto de investigación ACTIVE (URL www.active.uji.es). En este espacio explicaré brevemente en qué consistió la primera investigación, cuáles fueron sus conclusiones y, sobre todo, qué es lo que me hizo pensar que, como comunidad, los traductores, también los jurados, necesitábamos un nuevo enfoque de investigación que hiciese partícipes de ella (de los problemas que aborda, de los resultados que consigue pero sobre todo de las consecuencias que se derivan) a los verdaderos protagonistas: los profesionales en ejercicio. El enfoque con el que se pretende reivindicar esta figura profesional, la investigación-acción, no es en sí mismo ninguna novedad, pero sí lo es su introducción en nuestro campo tal y como lo planteó Kurt Lewin, su iniciador, en la psicología y en el estudio de las relaciones intergrupales.

La primera investigación sobre la figura del traductor jurado que menciono (Monzó Nebot, 2002) se proponía describir el estado de la profesión en España a través de sus dimensiones conceptual (qué entiende la comunidad científica que es la traducción jurada), jurídica (qué ha establecido la sociedad que es) y social (qué se entiende en la práctica diaria por traducción jurada). Para ello planteé en primer lugar un marco teórico a partir de estudios desarrollados en la sociología que me permitiera desgranar cuáles eran los factores que podrían caracterizar como profesión la actividad que desarrollan los traductores e intér-

1. Esta investigación se enmarca en el grupo de investigación GITRAD, cuya acción ACTIVE se desarrolla actualmente con el proyecto «Estudio descriptivo de la práctica social de traductores e intérpretes jurídicos: análisis de relaciones sociales y textuales a través de transgéneros» (P1 1A2004-20), de la Fundación Bancaja.

pretes jurados en nuestro contexto socioeconómico y qué datos sería relevante recabar en este sentido para constatar la ausencia o presencia en el sector de esos factores. A partir de la información recogida, construí un modelo de análisis social, caractericé el marco conceptual y jurídico de la actividad y diseñé un pequeño experimento destinado a obtener datos para la caracterización social de la profesión tanto en cuanto a su estructura (por ejemplo, cómo se sitúan los agentes en relación con otros del mismo campo profesional o de otros ámbitos) como en lo que se refiere a aspectos individuales y a sus relaciones con la sociedad.

Como fundamento teórico acudí también a los estudios sobre géneros textuales, y aunque en este momento pretendo centrarme en los aspectos sociológicos y no en los discursivos, me limitaré a decir que empleé un contrato de compraventa inmobiliaria para el que describí los contextos de cultura y situación que rigen su producción en las culturas originaria y meta, y, dentro de esta última, me centré especialmente en la situación de traducción con el fin de determinar los factores que contextualizan el trabajo del traductor y que enmarcan su conducta textual. Tras esto formulé un encargo típico para los colaboradores, traductores jurados que además de realizar una traducción de entre 300 y 500 palabras, o alternativamente, contestaron un cuestionario sobre aspectos de la traducción realizada y de su ejercicio cotidiano. Por otro lado, analicé textual y lingüísticamente los textos traducidos por los colaboradores, así como documentos originales en inglés británico, español peninsular y catalán, con el fin de abstraer regularidades de todos ellos por separado y compararlas posteriormente en sus marcos de situación y cultura respectivos para poder establecer interdependencias.

El cuestionario que se adjuntaba al texto original y a la información sobre el encargo pretendía completar los datos que ya había podido recabar en la bibliografía manejada, la regulación jurídica de la figura y entrevistas con informantes sobre el contexto socioeconómico, las relaciones intergrupales del sector, el funcionamiento intragrupal y la ejecución individual de la profesión. Con el análisis de estos detalles conseguí una descripción bastante amplia del sector que comentaré en el siguiente punto.

2. LAS PRIMERAS CONCLUSIONES

La conclusión principal que pude obtener con los datos recogidos fue una importante precariedad del sector laboral de la traducción jurada estructurada en torno a la situación socioeconómica de la actividad, las relaciones de los traductores jurados en el seno de su comunidad profesional, y la conducta profesional individual (tanto en lo que se refiere a cuestiones textuales como en lo que respecta a otros aspectos de índole interpersonal). A este respecto, quisiera aportar aquí algunas de las conclusiones (Monzó Nebot, 2002). Los resultados se agrupan en tres niveles íntimamente relacionados, tanto que muchas conclusiones sólo pueden explicarse por referencia a los tres. Sin embargo, esta distribución puede ayudarnos a exponerlos con mayor claridad.

2.1. Situación socioeconómica del sector

Respecto al contexto socioeconómico actual, aunque éste no presenta un comportamiento homogéneo, existen rasgos homogéneos que podrían generalizarse en las siguientes tendencias:

a) No existe un *conocimiento social* de la figura del traductor jurado. Realicé una primera exploración sobre lo que conocemos los ciudadanos de esta figura social a través de encuestas a un grupo aleatorio que mostraron que la mayoría de la población no sabe qué es o qué hace un traductor jurado. Este desconocimiento es un indicador de la poca relevancia que la sociedad otorga al agente, pero también de las carencias en lo relativo a acciones de la propia comunidad profesional para darse a conocer y proyectar su imagen profesional. La falta de conocimiento respecto a la función social implica que el ciudadano no sabe a quién acudir en caso de necesitar una traducción, y no reconoce esta actividad como una tarea independiente de otras (como puede ser la enseñanza de idiomas).

b) Existe una predisposición consiguiente al *intrusismo*, puesto que la sociedad no percibe la existencia de un grupo, diferenciado de otros, que se dedique específicamente a la oferta de servicios de traducción. El poco conocimiento de la figura y de la actividad deriva en una consideración escasa de las destrezas necesarias para ejercer su función, que se confunden con las que sustentan otros tipos de actividad (aplicar el derecho o enseñar idiomas). En consecuencia, la sociedad no le asigna ninguna jurisdicción de práctica y los clientes en potencia no se plantean acudir a un profesional cuya existencia no conocen (aun cuando se encuentran con una demanda explícita de *traducción jurada*, no piensan en *traductores*, tampoco *jurados*). De esta forma, se recurre a un perfil que el cliente relaciona con sus necesidades, generalmente una persona con perfil profesional vinculado a los idiomas o al derecho.

c) El servicio se ofrece igualmente, aunque sin garantías de profesionalidad. La necesidad de traducir está vigente y crece, de forma que la precariedad de la profesión no puede justificarse por la saturación del mercado, sino por una distribución escasa de información respecto a las diferencias entre una traducción *profesional* y una traducción *intrusa*, que constituye un producto textual falsificado.

d) El mercado y el Estado ejercen *fuerzas* desiguales y en ocasiones contradictorias sobre los profesionales. En el ejercicio cotidiano el traductor debe luchar con volúmenes de trabajo y plazos que ofrecen poco tiempo para la revisión y, por consiguiente, reducen las posibilidades de control de calidad. En cambio, el Estado asigna una función de seguridad preventiva al profesional (avalada con la responsabilidad civil en el ejercicio de sus competencias) que no compensa con privilegios que sí se atribuyen a otros profesionales con idéntica función, como son los notarios. Estos gozan del apoyo que ofrece un colegio, de la protección jurídica de su jurisdicción, o de una legislación que fija, por ejemplo, aranceles de obligado cumplimiento (Real Decreto 1426/1989). Con estas medidas la sociedad persigue obtener garantías en el servicio, y el profesional intenta conseguir autonomía y la posibilidad consiguiente de neutralizar la presión del mercado y concentrarse en la calidad y no en la competitividad.

2.2. Situación de la comunidad de traductores jurados

También en lo que se refiere a su dimensión comunitaria, esto es, a las relaciones de los traductores entre sí y a sus relaciones como comunidad con otros campos sociales, los resultados de este estudio preliminar mostraron deficiencias que afectan a la *presunta* profesión en distintos sentidos.

a) No existe un ente con autoridad suficiente para representar colectivamente a los traductores. Cuando se ha intentado luchar por conseguir beneficios que permitieran al sector establecerse como profesión consolidada en nuestra sociedad, la comunidad ha experimentado fracasos relacionados, por ejemplo, con barreras políticas para la colegiación, con una *desintegración* comunitaria (pocos traductores jurados están afiliados a las asociaciones existentes) y con una socialización que no potencia la solidaridad dentro del sector. Los distintos perfiles que se agrupan en la comunidad de traductores jurados (a la que se accede desde cualquier formación a través de un examen, o a través de una Licenciatura en Traducción e Interpretación) no consiguen poner de acuerdo sus intereses y ello sumado a los muy variados grados de dedicación a la actividad (que suele combinarse con otras fuentes de ingresos) impone, por ejemplo, importantes trabas para iniciar el proceso de colegiación, lo cual deviene tanto de un grado desigual de satisfacción con la situación actual (sin colegio profesional) como de la inseguridad ante lo que puede suceder con el cambio (que los licenciados excluyan a los no licenciados, por ejemplo). Con el incremento de listas de distribución en el sector de la traducción y, particularmente, con la creación de listas específicas, como *Intérpretes Jurados* (URL http://es.groups.yahoo.com/group/interpretesjurados/), en la que se debatió recientemente la colegiazión, esta situación podría cambiar en un futuro próximo, dados los beneficios socializadores que algunos estudios les atribuyen (véase Wakabayashi, 2002), pese a que ello no excluye la necesidad de fortalecer también otras vías.

b) El acceso *profesional* a la actividad es reciente y su implantación no es todavía plena. Los traductores jurados se han visto obligados, hasta la puesta en marcha de las titulaciones universitarias, a incorporarse al mundo laboral de forma artesana, como un gremio, a través de la relación directa con expertos (*maestros*, en cierto sentido) y con el mercado, en lugar del aprendizaje típico de las profesiones en las que es un centro especializado el que facilita la formación y permite el acceso al mercado. La habilitación para la traducción y la interpretación juradas, como permiso de naturaleza administrativa, sigue siendo el único requisito para el ejercicio, y las pruebas de acceso conviven desde hace aproximadamente una década con la entrada a través de un título formativo de grado superior, no sin problemas.

c) Los medios de control del acceso y de la continuidad en la profesión ratifican la poca autonomía de ésta respecto al mercado y al Estado. Tanto el control de una gran parte del acceso al grupo como la fiscalización última de la calidad de las traducciones corresponde a un cuerpo estatal (la Oficina de Interpretación de Lenguas), de forma que los juicios sobre la profesionalidad de los agentes no proceden de personas que viven y trabajan en un mismo contexto laboral. A su vez, la falta de regulación respecto a la calidad del servicio, por un lado, deja a los clientes indefensos, puesto que están expuestos a variaciones abismales entre los productos que ofrecen los traductores; y, por otro, somete la competencia entre profesionales a criterios de mercado ajenos a la calidad, que son los que deciden la supervivencia de un profesional en el mercado. En estas condiciones, la calidad tiende a sacrificarse en pro del beneficio, puesto que el traductor intenta y necesita, en muchas ocasiones, asumir el mayor número de encargos posible, con lo que el tiempo dedicado a ellos debe reducirse o su dedicación a la actividad combinarse con tareas más lucrativas, con lo que disminuye su especialización.

d) Existe una solidaridad comunitaria débil. Son pocos los traductores que cooperan en las diferentes tareas profesionales con otros colegas, son pocos también los afiliados y aún menos los que colaboran en las tareas comunitarias de las asociaciones, de las que en último término puede beneficiarse una gran parte del colectivo (excluimos aquí a los perfiles que se consideran *intrusos*, contra los que estas actúan). Por otra parte, no todos los profesionales aplican o aprueban los criterios que se publican y distribuyen de distintos modos con la intención de aportar coherencia a las distintas traducciones como producto de una actividad mercantil (desde la formación universitaria hasta la publicación de volúmenes dedicados a la traducción jurada, pasando por boletines de información del grupo) pese a algunos intentos de homogeneizar en cierta medida las prácticas generales (tarifas, procesos, formatos y presentación, códigos deontológicos para guiar la relación con el cliente, etc.).

e) En fin, la influencia de la comunidad profesional en la formación, el acceso y la continuidad es muy reducida y, por tanto, el control del trabajo por parte de los propios profesionales se compromete en un sentido muy amplio. En cuanto a la formación, la confección de los distintos planes de estudio universitarios de nuestro Estado se desarrolla en general con una presencia destacada de profesionales-docentes, pero estas iniciativas suelen partir del ámbito académico, desde el que se realizan, por ejemplo, encuestas respecto a la ocupación de sus egresados para adaptar la formación que ofrecen a la realidad profesional (Lara Navas, 2004). Sin embargo, los entes de representación comunitaria no organizan (con alguna excepción, como TRIAC, Traductores e Intérpretes Asociados pro-Colegio) cursos de reciclaje o de formación dirigidos a los profesionales. Estos programas formativos permiten conseguir la expansión de conocimientos, destrezas, actitudes y valores homogéneos entre los miembros en activo. Por último, destacamos, en cuanto a la influencia deficitaria en la continuidad del profesional en el ejercicio, la ausencia de una institución formada por miembros de la propia comunidad con capacidad sancionadora o amonestadora que pueda poner freno a prácticas concretas que perjudiquen al resto de la sociedad y también a la imagen del colectivo. Ello repercute, por supuesto, en el intrusismo (en este sentido resulta revelador Peñarroja Fa, 2004), pero también en la calidad del trabajo de miembros de la comunidad.[2]

2. En este sentido cabe destacar los resultados de algunos estudios realizados por los miembros de la acción ACTIVE del grupo GITRAD en cuanto a la calidad de traducciones juradas realizadas por profesionales. En ellos se muestran decisiones traductoras totalmente inadecuadas al texto y al encargo, así como la propuesta de soluciones de traducción injustificadas que podrían calificarse de erróneas.

2.3. Conducta del profesional

Pese a la supuesta homogeneidad de competencias suficientes que pretende asegurar la prueba de acceso (Gurruchaga Zamacona, 2004) o la Licenciatura en Traducción e Interpretación, tampoco la conducta profesional obedece a una situación que podamos calificar de *profesional* en todos los casos.

a) La actualización en el ejercicio práctico de las diferentes competencias traductoras es desigual entre los diversos agentes. A través de los cuestionarios administrados en el marco de la investigación que presento, pude acceder a las costumbres profesionales y advertí que entre los distintos traductores se dan diferencias importantes en relación con la competencia traductora (definida de modo complementario por PACTE, 2000, o Kelly, 2002). Esto se justificaría por la formación desigual que han recibido los profesionales, y por la escasez de políticas de formación conjunta que se plasmen en cursos de formación y reciclaje, encuentros, jornadas, etc. Como ya he comentado, hay que advertir pocas excepciones como son ATIJC (Asociación de Traductores e Intérpretes Jurados de Cataluña) y TRIAC o los medios virtuales de comunicación (como listas de correo o foros), que se ocupan cada vez más de proporcionar interacción (véase en este sentido la propuesta de la Web del Traductor Jurídico en Monzó Nebot, 2005).

b) La dedicación a la actividad presenta un índice muy bajo de exclusividad. De acuerdo con los resultados de las encuestas, el ejercicio de la traducción suele compartirse con otros trabajos, de forma que el nivel de profesionalidad se reduce y se cuestiona profundamente, si atendemos a los estudios sociológicos en los que esto supone un primer paso necesario para el nacimiento de la profesión (Wilensky, 1964). Tampoco se da una especialización clara en tipos de textos (jurídicos, económicos, técnicos, científicos), pese a que ésta parece aumentar respecto a la modalidad de traducción (traducción escrita o interpretación).

c) No hay unos valores compartidos por toda la comunidad. Los resultados en cuanto a la valoración del rigor, el valor que se concede al reciclaje, la seguridad que los traductores sienten hacia el producto que ofrecen y hacia el cliente y también el valor que asignan a la comunicación con éste son desiguales. Esto nos da indicios de una socialización secundaria o profesional de efectos muy ligeros en toda la comunidad (Monzó Nebot, 2003), ya que los miembros no presentan, de nuevo, una homogeneidad que nos lleve a caracterizarlos como una comunidad *compacta*.

2.4. Evaluación

Estas conclusiones culminaban un arduo trabajo pero no constituían precisamente un motivo de satisfacción a la luz de que la actividad estudiada presentaba serias deficiencias desde los tres puntos de vista adoptados, y que por ello su evolución como sector económico era difícilmente subsanable. La primera sensación ante los resultados fue de clara impotencia, pero también de esperanza al recordar que los fundamentos sociológicos de mi investigación se habían construido en gran parte sobre estudios que habían apostado por cambios sociales y que, en un grado u otro, los habían conseguido (véase en este sentido Larson, 1977). Especialmente motivador resultaba el trabajo de Kurt Lewin (1946), gracias a cuyos estudios comprendí que la cooperación intergrupal es un arma muy poderosa para conseguir el cambio social. Sus trabajos me hicieron considerar que lo que había realizado hasta este punto no era una descripción sino una diagnosis que posibilitaría el inicio de un verdadero trabajo de investigación-acción, un proyecto que tuviese como objetivo global mejorar la situación y la vida profesional de los traductores, también los jurados.

A continuación explicaré qué es la investigación-acción, cómo la utilizó su iniciador y cómo se ha aplicado a otros ámbitos, especialmente la educación. Expondré también cómo se ha introducido y entendido hasta este momento en traductología y cómo podría reorientarse para aplicar la metodología a estudios ya realizados y a otros que puedan desarrollarse y plantearse en el futuro con el fin de conseguir un corpus organizado y sistemático de investigaciones que nos permitan actuar conjuntamente ante los problemas socioprofesionales de los traductores jurados.

3. UNA NUEVA METODOLOGÍA: LA INVESTIGACIÓN-ACCIÓN

La reorientación que sugiero es principalmente metodológica pero con ello podemos adoptar nuevas perspectivas, definir de otro modo el objeto de estudio y, sobre todo, los propósitos de nuestra investigación. La metodología de investigación-acción pretende conocer en profundidad el contexto social y cambiarlo.

3.1. La investigación-acción de Kurt Lewin

La investigación-acción tiene sus raíces en el trabajo de Kurt Lewin, quien publicó en 1946 un artículo en el que planteaba los resultados de diversos estudios realizados con comunidades de los Estados Unidos sobre las que se había intentado influir con el fin de mejorar la integración de grupos minoritarios y para favorecer, al fin, la convivencia intergrupal. Lewin defendía como académico que los seres humanos estamos profundamente influidos por nuestro entorno social y creía firmemente que modificar, manipular al cabo, este entorno podía producir cambios significativos en las conductas individuales. Su *teoría de campo*, que se formuló en principio dentro de la psicología, siguiendo a John Dewey, pronto fue ampliamente aceptada en la sociología, especialmente en estudios sobre relaciones intergrupales, emulando la aplicación que le había dado el propio Lewin.

Lewin seguía un proceso por el que detectaba los problemas sociales, aislaba sus posibles causas, modificaba las circunstancias relacionadas y comprobaba el cambio acaecido con una nueva exploración del entorno y una nueva detección de problemas. Así, por ejemplo, en un caso se halló que el origen principal de los conflictos intergrupales era la baja autoestima y afirmación de la identidad grupal de los sujetos pertenecientes a grupos minoritarios y la sobrevaloración de los llamados individuos «cienporcentuales», es decir, de aquéllos cuya religión, raza, procedencia, etc. eran las mayoritarias en la comunidad. La solución que implantó Lewin se dirigió a equilibrar la autoestima de todos los grupos de modo que ninguno de ellos pudiese sentirse superior o inferior a los demás, para lo que puso en marcha talleres de formación en valores. Se trataba por tanto de una intervención directa que llevaría a cabo el psicólogo en el grupo que estudiaba y que planteaba la inutilidad, en este caso, de la supuesta objetividad del observador llegada la fase de acción.

3.2. Una aplicación: el profesor como investigador

Esta metodología de trabajo intergrupal se ha usado con éxito en el campo de la educación, por ejemplo, con el fin de promover la convivencia de alumnos procedentes de grupos socialmente dispares. Pero los estudios de mayor éxito y repercusión en pedagogía son los que se han derivado de Corey (1953), quien redefinió la metodología desde su aplicación pedagógica como el proceso por el que los profesionales estudian sus prácticas para resolver los problemas que ellos mismos se encuentran en el ejercicio personal.

Esta rama de la investigación-acción es lo que normalmente se conoce como la corriente del *profesor como investigador* (Hustler, Cassidy y Cuff, 1986) y en los estudios que se enmarcan en ella son los propios docentes quienes diseñan y llevan a cabo investigaciones para la mejora de sus propias clases, a título individual o dentro de un programa institucional. Generalmente las actuaciones se realizan en equipo y los profesores se dan apoyo mutuo a la vez que comparten experiencias, dudas, inquietudes y resultados.

Los beneficios derivados de esta metodología se recogen en diversas obras (Goswami y Stillman, 1987, Lieberman, 1988, Oja y Pine, 1989) y apuntan hacia la toma de conciencia del profesional respecto de los problemas prácticos que se le presentan y la interpretación de estos con posturas más críticas y reflexivas. Este aprendizaje propio que se produce en la intersección entre el ejercicio práctico y la reflexión teórica se ve reflejado no sólo en sus clases sino también en las instituciones en las que se inscriben y en los organismos dedicados a la administración de la enseñanza (Rudduck, 1988).

3.3. Primeros pasos en traductología

En el campo de la traductología, la introducción de la investigación-acción es reciente y las referencias más destacadas que encontramos son Hatim (2001) y Kiraly (2001). En todos los casos, la introducción se realiza desde la corriente de estudios *el profesor como investigador* que veíamos en el punto anterior, de modo que la aplicación a la traductología está mediada por la interpretación que se le ha dado en pedagogía. Así, Hatim, por ejemplo, plantea la investigación-acción como aquella investigación que les gustaría desarrollar a los profesionales (2001: 190) y lo ejemplifica con diversas propuestas materializables en sendos proyectos de investigación. Estos supuestos para la investigación se configuran con estudios de textología comparada que permiten identificar, con ayuda de los contextos de situación y cultura, por ejemplo, qué soluciones da un traductor a determinadas referencias ideológicas de acuerdo con los parámetros de su encargo de traducción.

Estas propuestas pueden dar frutos muy positivos en el campo de la didáctica de la traducción y pueden servir como punto de apoyo para el intercambio de propuestas y experiencias que liberen al profesor del aislamiento al que su actividad le puede someter. De hecho, en nuestro contexto podemos identificar ya numerosas investigaciones realizadas desde este punto de vista que se han dado a conocer con el fin de proponer cambios en la actuación dentro de las aulas (Borja Albi y Monzó Nebot, 2001; Way, 2002) y con la incipiente armonización de planes de estudio europeos participaremos previsiblemente de un incremento en el uso de esta metodología. El grado de conocimiento de las posibilidades de cambio que podemos alcanzar con este enfoque será, sin duda, una gran baza para la futura docencia de la traducción. Con todo, limitar la investigación-acción en traductología a la práctica docente, aunque orientada a la práctica profesional, excluye aun sin pretenderlo a este profesional que no obtiene beneficios directos por proporcionarnos valiosos materiales de estudio, como son sus ejemplos de traducción (normalmente, en las investigaciones que se han desarrollado hasta el momento, los trabajos objeto de estudio son los que publican las editoriales).

Por otro lado, la publicación de las investigaciones resultantes de estos proyectos es también de gran interés, pero su alcance se limita a la parte de *investigación* de esta metodología, soslayando la *acción*. Si bien es evidente que la solución a problemas de traducción, las recetas de cómo y por qué actuar en determinadas circunstancias y encargos constituye una investigación necesaria que los profesionales pueden considerar de utilidad práctica inmediata, no es menos patente que en estos proyectos se deja en manos de éstos la aplicación en la comunidad afectada de las soluciones propuestas. Por todo ello, regresar a los orígenes planteados por Lewin nos proporcionará una perspectiva necesaria para conocer si estamos sacando el máximo provecho posible de esta metodología.

4. UNA APUESTA POR LA COLABORACIÓN

En traducción jurídica existen varios estudios muy interesantes que se han centrado en la práctica de la traducción. Cómo traducir documentos de marcas, documentos inmobiliarios, títulos académicos, partidas de nacimiento, testamentos, construir glosarios jurídicos, recoger textos jurídicos y analizarlos (Alcaraz Varó, 1994, Mayoral Asensio, 1995, Monzó Nebot y Borja Albi, 2000, Acuyo Verdejo, 2003, Way, 2003, entre muchos otros), etc. Todos estos estudios son efectivamente signos de buena voluntad, de una disposición clara a enfrentarse sin vacilaciones a los problemas de la cotidianeidad traductora y de hacer algo al respecto.

Con la metodología planteada por Lewin, sin embargo, estos estudios adoptarían un nuevo valor, podríamos ir más allá, puesto que nos permitiría escapar a un estudio descriptivo o prescriptivo de lo que hace o debe hacer el traductor cuando traduce. La acción que podría complementar los proyectos planteados, por ejemplo, por Hatim podría plasmarse en acciones dirigidas a hacer que los traductores valorasen positivamente el permitir que otros traductores o investigadores accediesen a su trabajo para poder estudiarlo o, después de describir las prácticas que consiguen mayor eficiencia, intervenir en el grupo para conseguir que los profesionales adopten extensivamente tales prácticas de calidad, si se cree que pueden mejorar la calidad del servicio que el traductor ofrece a la sociedad. Por supuesto, la colaboración en este sentido con el grupo profesional de psicólogos, por ejemplo, sería ineludible.

Si la buena voluntad convencida que transmiten los estudios mencionados en este punto pudiese verse transformada en acciones organizadas, y eficientes, las relaciones de nuestros colectivos entre sí y con el resto de la sociedad podrían mejorarse en gran medida. Para ello debemos plantearnos (Lewin, 1946: 201):

1. ¿Cuál es la situación actual?
2. ¿Cuáles son los problemas, los peligros que afectan nuestra supervivencia o bienestar como grupo?
3. Y, por supuesto, ¿qué debemos hacer frente a ellos?

A partir de los cuestionarios ya comentados en la primera parte de este artículo que gentilmente contestaron algunos traductores jurados, complementados con otras fuentes, mi investigación pudo contestar, aunque con una muestra pequeña, las dos primeras preguntas en relación con la situación socioeconómica del sector, la estabilidad de la comunidad como tal y la conducta personal de los profesionales. Con todo, identificados los problemas, no podemos quedarnos de brazos cruzados viendo la injusticia del trato que reciben nuestros profesionales (me remito de nuevo a Peñarroja Fa, 2004). Y ¿cómo podemos contribuir a mejorar esta situación? Una opción sería plantear un proyecto que partiese de problemas prácticos, que situase al profesional en primer plano, que combinase teoría y práctica y que mejorase al fin la acción de los profesionales.

Cabría llevar a cabo una investigación crítica de una realidad social impregnada de valores; optar por métodos y puntos de vista amplios y flexibles que se ajusten a los cambios de la realidad que podamos causar desde el programa de investigación-acción y que puedan venir causados por otras circunstancias, como cambios políticos o económicos; insistir en una investigación interdisciplinaria y acudir a las fuentes que puedan ayudarnos a comprender los distintos factores implicados; centrar nuestro interés en los valores del grupo, ya que la colaboración de los actores y su voluntad de cambio son los factores que harán posible que llevemos a cabo la investigación y la mejora.

Lo que planteo sería una opción cientificopolítica, fundamentada y declarada, que defiende la subjetividad en una actuación social que fusiona el objeto de estudio y el sujeto investigador, que pretende descubrir la realidad situando en primer término el criterio de la práctica, combinando la investigación empírica con la acción. A su vez, se pretende corregir el sesgo intelectualista de la labor investigadora (Bourdieu y Wacquant, 1992: 34) por el que el mundo se concibe como un espectáculo que el académico debe interpretar y no como un conjunto de problemas concretos que reclaman soluciones prácticas.

Soy consciente, por supuesto, de que este método tiene una fuerte implicación ideológica, pero también debemos ser conscientes de que la estructura social y los estratos laborales están impregnados de ideología –y por lo que hemos podido constatar, de *otras* ideologías. Y mientras no podamos decir que nuestro sector tiene motivos claros para relegar sus pretensiones a las de otros agentes que consiguen mejoras laborales o que ya tienen una mejor posición, la falta de acciones no tiene justificación. La función del traductor, la comunicación entre culturas, es lo que permite progresar a la sociedad (UNESCO, 1976), lo que nos ayuda a conocer y, en consecuencia, es un bien valiosísimo para el ser humano, especialmente en un contexto globalizado como el que vivimos. Por ello el servicio que los traductores ofrecemos a la sociedad es necesario y debería ser mejor valorado, por nosotros mismos y por la sociedad.

Sin embargo, no puede conseguirse cambio alguno si la investigación se realiza en una sola dirección. Y es aquí donde debemos conseguir la colaboración de los profesionales. No son sólo ricos objetos de estudio. Los profesionales son parte del problema: los que lo sufren diariamente. Participar en su solución es responsabilizarse de su ubicación como individuo dentro de la comunidad a la que pertenecen y actuar es responsabilizarse de su situación como comunidad dentro de nuestra sociedad. El objetivo último de la investigación-acción es formar al profesional para que tome conciencia de sus problemas y para que modifique sus conocimientos, habilidades, actitudes, valores y, finalmente, las normas de conducta en que se manifiesta su competencia. El cambio debe surgir de la formación, pero ésta sólo será posible con la comunicación entre investigadores y profesionales, con la colaboración y con la crítica mutua y constructiva.

Por otra parte, también los académicos son parte del problema por cuanto su responsabilidad social les exige devolver a la sociedad cuanto reciben de ella: su trabajo. Ayudar a su objeto de estudio es, por tanto, la culminación de una relación ética. No obstante, cuando hay intentos en este sentido, la relación intergrupal fracasa. Las investigaciones realizadas hasta el momento arrojan datos frustrantes de participación (que no llega en ningún caso al 30 %), y muy pocos traductores contestan a las peticiones de los investigadores. ¿Qué ocurre? ¿De dónde viene el rechazo? ¿Quizás del modo en que se plantea la investigación? ¿Quizás de la imagen que los profesionales tienen de los académicos? ¿Cómo puede resolverse la falta de tiempo de los profesionales para menesteres que reporten beneficios sólo indirectos? Habría que averiguarlo y, por supuesto, cambiarlo. Por el bien de los académicos, que necesitan datos, por el de los profesionales, que necesitan soluciones, y por el de la sociedad, que necesita una mejora del servicio.

4.1. Un paso de la investigación-acción: la normalización de traducciones

Un ejemplo de acción dentro del proyecto global de mejora de las condiciones del sector sería la normalización de las traducciones que consume la sociedad. A medida que la necesidad de los clientes se hace habitual, los encargos tienden a regularizarse. Sin embargo, con idénticas consignas distintos traductores producen y venden traducciones abismalmente distintas, como comprobé en el estudio mencionado (Monzó Nebot, 2002).

Este hecho deja a la sociedad indefensa, puesto que no tiene modos de conocer qué traducciones son profesionales y cuáles son falsificaciones. Una normalización de formatos, pero también de *proyectos* de traducción, en el sentido de planificación de los condicionantes del encargo que deben guiar las decisiones traductoras, ayudaría a la sociedad pero también ayudaría al colectivo, puesto que ¿qué sentido tiene que reinventemos la rueda con cada nueva traducción cuando el mismo género, el mismo tipo de texto con las mismas consignas (propósito del texto, función de la traducción, destinatarios, clientes...) ya ha caído en otras manos con anterioridad y ya se ha traducido? Evidentemente no abogo por uniformizar las traducciones ni por suprimir los rasgos propios de cada traductor, sino por consensuar opciones, por unirnos.

¿Qué necesitaríamos para ello? En primer lugar conocer exactamente qué se hace, para lo cual es indispensable que los profesionales dejen ver su trabajo a los investigadores. Posteriormente, estudiar la eficiencia de las opciones en sus situaciones de uso y cómo éstas se relacionan con los encargos de traducción y con lo que sabe el traductor de esas situaciones. Una vez evaluadas, sería el momento de formar al profesional, de darle a conocer la investigación y de que él aceptase las nuevas prácticas.

5. NUEVAS CONCLUSIONES

De nuevo, hay que insistir en que esta normalización de prácticas y calidades debe surgir del ámbito académico y profesional, conjuntamente. Se trata de contar con los recursos, especialmente humanos, de quienes pueden dedicar más esfuerzo directamente a esta actividad y de aprovechar a su vez la información de las fuentes directas que deben enfrentarse al mercado diariamente. Dejar esta y otras acciones posibles en manos de las asociaciones, de los profesionales únicamente, sería colaborar en las condiciones de explotación y desaprovechar las posibilidades de acción de un colectivo dedicado a ofrecer servicios intelectuales. Asumiendo el peso de la investigación-acción, los académicos pueden paliar algunas de las consecuencias del alejamiento tradicional de este ámbito respecto a los profesionales de la traducción. Es una ocasión para construir una teoría emancipatoria que se enfrente al arbitrio social que fija las estructuras que conforman actualmente nuestra sociedad. Con ella, con el aprendizaje y la toma de conciencia de la ideología social, permitiremos que el traductor reflexione sobre sí mismo y sobre la alteridad para reconstruir sus posibilidades y deseos de liberación desde una perspectiva crítica. Es, en todos los sentidos, una oportunidad para mejorar.

Con todo, diseñar y acometer acciones de mejora en investigaciones futuras es sólo un paso. Debemos juzgar constantemente la eficacia de estas medidas describiendo periódicamente los aspectos de la profesión sobre los que actuemos, comparando los resultados de las sucesivas descripciones por referencia al modelo propuesto, a descripciones anteriores y a la de otros agentes socialmente más enraizados, influyentes y autónomos, como pueden ser los abogados. Para hacernos oír debemos colaborar en una acción conjunta que contribuya a regularizar la situación actual del traductor jurado y que ayude a visibilizar la necesidad de reconocer que la traducción jurada es (o puede llegar a ser) una *profesión*.

BIBLIOGRAFÍA

(1989): *Real Decreto 1426/1989, de 17 de noviembre, por el que se aprueba el arancel de los Notarios* (BOE n.º 0285, de 28 de noviembre de 1989).

ABBOT, A. (1988): *The System of Professions: An Essay on the Division of Expert Labor*, Chicago, University of Chicago Press.

ACUYO VERDEJO, M. C. (2003): *La traducción de documentos del derecho de marcas: Aspectos jurídicos, profesionales y textuales* [tesis doctoral], Granada, Departamento de Traducción e Interpretación, Universidad de Granada.

ALCARAZ VARÓ, E. (1994): *El inglés jurídico. Textos y documentos*, Barcelona, Ariel.

BORJA ALBI, A. y E. MONZÓ NEBOT (2001): «Aplicación de los métodos de aprendizaje cooperativo a la enseñanza de la traducción jurídica: cuaderno de bitácora» en F. MARTÍNEZ SÁNCHEZ (ed.) (2001): *EDUTEC '01. Congreso Internacional de Tecnología, Educación y Desarrollo Sostenible*, Murcia, Edutec, CAM.

BOURDIEU, P. y L. J. D. WACQUANT (1992): *Réponses. Pour une anthropologie réflexive*, París, Editions du Seuil.
COREY, S. (1953): *Action Research to Improve School Practice*, Nueva York, Teachers College, Universidad de Columbia.
GOSWAMI, D. y P. R. STILLMAN (ed.) (1987): *Reclaiming the Classroom: Teacher Research as an Agency for Change*, Upper Montclair, Nueva Jersey, Boynton Cook.
GURRUCHAGA ZAMACONA, M. L. (2004): «El nombramiento de intérprete jurado del Ministerio de Asuntos Exteriores y de Cooperación», conferencia pronunciada en la *I Jornada de Traducció i Interpretació Jurades en Català*, Barcelona, 14/XII/2004.
HATIM, B. (2001): *Teaching and Researching Translation*, Harlow, Pearson Education.
HUSTLER, D.; A. CASSIDY y T. CUFF (ed.) (1986): *Action Research in Classrooms and Schools*, Londres, Allen & Unwin.
KELLY, D. (2002): «Un modelo de competencia traductora: bases para el diseño curricular», *Puentes. Hacia nuevas investigaciones en la mediación intercultural*, 1, pp. 9-20.
KIRALY, D. (2001): «Towards a Constructivist Approach to Translator Education», *Quaderns. Revista de traducció*, 6, pp. 50-53.
LARA NAVAS, S. (2004): «Licenciados y desorientados. La incorporación al mercado laboral de los alumnos de traducción. Estudio aproximativo sobre las expectativas laborales de un grupo de futuros licenciados de la carrera de Traducción e Interpretación de la Universidad Pompeu Fabra», *Butlletí de l'Associació de Traductors i Intèrprets Jurats de Catalunya*, diciembre, s.p.
LARSON, M. S. (1977): *The Rise of Professionalism: A Sociological Analysis*, Berkeley y Londres, University of California Press.
LEWIN, K. (1946): «Action-Research and Minority Problems» en K. LEWIN y G. WEISS LEWIN (ed.) (1973): *Resolving Social Conflicts. Selected Papers on Group Dynamics [1935-1946]*, Londres, Souvenir Press, pp. 201-216.
LIEBERMAN, A. (1988): *Building a Professional Culture in Schools*, Nueva York, Teachers College, Universidad de Columbia.
MAYORAL ASENSIO, R. (1995): «La traducción jurada del inglés al español de documentos paquistaníes: un caso de traducción intercultural», *Sendebar*, 6, pp. 115-146.
MONZÓ NEBOT, E. (2002): *La professió del traductor jurídic i jurat. Descripció sociològica de la professió i anàlisi discursiva del transgènere* [tesis doctoral], Castellón de la Plana, Departament de Traducció i Comunicació, Universitat Jaume I.

— (2003): «Las socializaciones del traductor especializado: El papel de los géneros», *Revista de la Facultad de Lenguas Modernas*, 6, pp. 15-29.

— (2005): «La Web del Traductor Jurídico: compartir recursos para crear una comunidad», *TRANS*, 9, pp. 161-178.

MONZÓ NEBOT, E. y A. BORJA ALBI (2000): «Organització de corpus. L'estructura d'una base de dades documental aplicada a la traducció jurídica», *Revista de Llengua i Dret*, 34, pp. 9-21.

OJA, S. N. y G. J. PINE (1989): «Collaborative Action Research: Teachers' Stages of Development and School Contexts», *Peabody Journal of Education*, 64 (2), pp. 96-115.

PACTE (2000): «Acquiring Translation Competence: Hypotheses and Methodological Problems in a Research Project» en A. BEEBY y otros (ed.): *Investigating Translation*, Amsterdam, Filadelfia, John Benjamins, pp. 99-106.

PEÑARROJA FA, J. (2004): «Nota sobre demanda contra la Agencia Maremagnum», *Butlletí de l'Associació de Traductors i Intèrpres Jurats de Catalunya*, diciembre, s.p.

RUDDUCK, J. (1988): «Changing the World of the Classroom by Understanding It: A Review of Some Aspects of the Work of Lawrence Stenhouse», *Journal of Curriculum and Supervision*, 4 (1), pp. 30-42.

UNESCO (1976): *Recomendación sobre la protección jurídica de los traductores y de las traducciones y sobre los medios prácticos de mejorar la situación de los traductores* [página web], Culture & UNESCO, <http://unescodoc.unesco.org/images/0011/001140/114038s.pdf> [consulta del 8 de junio de 2005], p. 157 y sig.

WAKABAYASHI, J. (2002): «Induction into the Translation Profession Through Internet Mailing lists for Translators» en E. HUNG (ed.): *Teaching Translation and Interpreting 4: Building Bridges*, Amsterdam, Filadelfia, John Benjamins, vol. 42, pp. 47-58.

WAY, C. (2002): «Traducción y Derecho: iniciativas para desarrollar la colaboración interdisciplinar», *Puentes: hacia nuevas investigaciones en mediación intercultural*, 2, pp. 15-26.

— (2003): *La traducción como acción social: el caso de los documentos académicos* [tesis doctoral], Granada, Departamento de Traducción e Interpretación, Universidad de Granada.

WILENSKY, H. L. (1964): «The Professionalization of Everyone?», *The American Journal of Sociology*, 70, pp. 137-158.

REFLEXIONES DESDE LA PROFESIÓN

LA TRADUCCIÓN JURÍDICA Y LA TRADUCCIÓN JURADA EN UNA EMPRESA PRIVADA DE SERVICIOS LINGÜÍSTICOS

José Luís Díaz de Liaño Argüelles
Celer Soluciones

1. INTRODUCCIÓN

El objetivo de este volumen, tal como me lo planteó el grupo GITRAD al ofrecerme la oportunidad de participar en el mismo, es «proporcionar un espacio para el diálogo y la participación que resulte enriquecedor y estimule el debate y la expresión de distintos puntos de vista en torno a la práctica y la investigación». Quisiera agradecer en primer lugar esta invitación, así como felicitar a las editoras por la iniciativa de recoger en un volumen aportaciones tan interesantes como las que aquí se presentan. El tema que abordo en esta contribución se centra en el primero de estos aspectos, el ejercicio profesional, y pretende ofrecer una visión sobre la actualidad profesional del traductor jurídico.

Me ocuparé, de forma práctica, de lo que significa la profesión del traductor jurídico hoy desde la perspectiva de una empresa privada de servicios lingüísticos, y dejaré para otros las reflexiones sobre otras situaciones socioprofesionales (véanse, por ejemplo, las contribuciones de Hickey o Hervás, en este mismo volumen). No pienso que, en el fondo, se trate de situaciones muy distintas: unos y otros funcionamos con arreglo a un presupuesto, necesitaríamos más medios y más tiempo para hacer las cosas como nos gustaría, compartimos los mismos problemas de formación, etc. Pero sí hay algunos aspectos que nos distinguen. El más importante es el relativo al número y la idiosincrasia de nuestros clientes respectivos:

a) Para el Centro de Traducción de la Comisión Europea, su cliente es la dirección general o la agencia de la que proceda el original y a la cual deba entregar finalmente la traducción; suele tratarse de un cliente localizado, conocido y razonablemente consciente de la importancia y las exigencias de una traducción.

b) Para un traductor particular, el número de clientes se amplía, aunque dentro de un círculo reducido.
c) Para una empresa privada, el número de clientes potenciales es más amplio; éstos son además muy variados en cuanto a sus características y, desde luego, no siempre son conscientes de lo que supone la actividad de traducir.

2. UNAS PINCELADAS SOBRE NUESTRA EMPRESA

El caso de Celer Soluciones sería el tercero, pero para situarnos adecuadamente trataré de dar unas pinceladas que detallen con mayor profundidad el perfil de nuestra empresa. A través de esta particularización podremos ver cómo encajan en ella las traducciones jurídicas y cómo las tratamos. Tras describir sucintamente nuestra área y volumen de trabajo, comentaré algunos rasgos de los encargos que recibimos y, en especial, me centraré en nuestro proceso de gestión de traducciones y en el lugar que ocupa la calidad en esta metodología y en nuestra filosofía empresarial.

El *volumen de trabajo* del que nos encargamos nos sitúa en una escala que no llega a ser la de una macroempresa, sino la de una empresa mediana/grande. Traducimos 18 millones de palabras anuales y mantenemos ocupados de forma permanente con encargos procedentes de nuestra empresa a unos 50 colaboradores, del total de 150 traductores integrados en nuestra base de datos.

Los *clientes* de los que procede este volumen de trabajo pertenecen principalmente a tres ámbitos: *a*) organismos públicos nacionales (por ejemplo, ministerios, organismos autónomos, organismos regionales, etc.); *b*) organismos internacionales; y *c*) empresas privadas, sobre todo medianas o grandes, tanto de ámbito nacional como multinacionales.

El *ámbito* en el que podríamos encuadrar las traducciones que realizamos para estos clientes abarca principalmente tres sectores de trabajo:

a) Institucional y corporativo: incluimos aquí las traducciones de ciencias humanas, ciencias sociales, derecho, economía y gestión, administración e instituciones públicas.
b) Tecnológico: en este grupo se encuadran las traducciones de mecánica, electrónica, química, etc.
c) Ciencias de la vida: se incluyen aquí las traducciones de medicina, registro farmacéutico, educación sanitaria, etc.

¿Cómo nos llegan los trabajos? Ésta es una cuestión interesante por su diversidad: de todas las formas imaginables. El archivo electrónico resulta, desde luego, un medio frecuente, pero también lo son el soporte papel, el fax, la cinta de audio o vídeo, el correo electrónico, etc.; en todos estos casos, el primer paso de nuestra metodología nos lleva a obtener el texto original en algún soporte digital que nos permita atenernos a unos métodos que buscan conseguir la máxima calidad y, así, nos vemos obligados a hacer la conversión oportuna en archivo electrónico. En cuanto al acabado de los originales (el *editing* inglés), los trabajos que nos llegan presentan distintos niveles dentro de la más amplia gama concebible: desde un original en borrador que ni siquiera puede considerarse un documento de trabajo, hasta un texto depurado y listo para imprenta, revisado incluso lingüísticamente.

¿En qué lengua están los originales? Las lenguas en las que recibimos los textos abarcan todas las actuales de la Unión Europea, pero también recibimos parte de los encargos en las lenguas de los países candidatos a la adhesión. Con todo, existe un predominio abrumador de originales en inglés, sobre todo, y asimismo en francés, alemán, portugués e italiano.

¿Cómo encauzamos esta variedad de trabajos? Ajustándonos a los requisitos de nuestro *sistema de calidad*. Desde el año 2002 disponemos de la certificación de calidad, expedida por el British Standard Institute, que garantiza la existencia de un sistema de aseguramiento de la calidad que cumple los requisitos de la norma UNE-EN ISO 9001:2000 para las actividades de «gestión, traducción y publicación de documentación multilingüe».

En relación con nuestro sistema de calidad, cabe mencionar que pertenecemos a la ACT (Agrupación de Centros Especializados en Traducción), una asociación constituida por 44 empresas de traducción de ámbito nacional. En el seno de la ACT, y en el marco de un comité presidido por AENOR, estamos trabajando en la elaboración de una norma de calidad, que primero será UNE, y por tanto de carácter nacional, y después posiblemente ISO, sobre el sistema de calidad aplicable tanto a empresas de traducción como a traductores particulares. Esto supondría un despliegue específico para nuestro sector de la normativa actual.

Dentro del sistema de calidad, nuestro Departamento de Operaciones está organizado en *gestores de proyecto*. Lo más destacable a este respecto es que asignamos cada cliente a un mismo gestor de proyecto sea cual sea el encargo, aunque cabe decir que los clientes presentan unas demandas homogéneas en sus distintas solicitudes de servicio. Con esta forma de operar, conseguimos dos objetivos:

a) Personalizar las relaciones: el cliente, que no es un ente anónimo, sino una persona con nombre y apellidos, sabe quién es su interlocutor en nuestra empresa, y sabe que esta persona es además quien conoce el trabajo que se le está pidiendo y quien se va a encargar de gestionarlo.
b) Estructurar los trabajos de forma semiautomática: como comentábamos, la experiencia nos dice que los trabajos que encarga un determinado cliente tienen una cierta homogeneidad, que corresponde a sus tareas o competencias institucionales o profesionales. Por ejemplo, los textos que nos encarga un despacho de abogados suelen ser de carácter jurídico. Si asignamos un gestor de proyecto a ese cliente, habremos conseguido ya encauzar estos trabajos a través de una persona que conoce sus características desde una perspectiva temática y empresarial.

Aparte de este sistema de gestores de proyecto, disponemos de un *programa informático de gestión*, desarrollado a medida para nuestra empresa. Funciona como una gran base de datos relacional en la que se mantienen los trabajos de los últimos años, con la posibilidad de consultar dos tipos de datos:

a) Los datos propiamente de gestión, esto es, la información relativa al cliente, a los colaboradores intervinientes, a los aspectos financieros, estadísticos, etc.
b) El contenido de los trabajos en sí, incluido tanto el original correspondiente como la versión final de su traducción, una vez revisada, junto con la documentación de apoyo utilizada.

Para ilustrar lo que hemos comentado hasta aquí de nuestra metodología de trabajo, veremos ahora un proceso imaginario. En un principio, el gestor de proyecto recibe de su cliente un pedido y ha de ponerlo en marcha. Para ello dispone de una amplia base de datos, que ya he mencionado, en la que figuran los trabajos anteriores vinculados a este cliente, incluidos los documentos de apoyo (glosarios, memorias de traducción si se han utilizado, etc.) y la información pura de gestión.

Nuestro sistema de calidad le impone además el seguimiento de unos pasos determinados que coloquialmente conocemos como «decálogo del gestor de proyecto» y que no expondré aquí para no extenderme demasiado. Por supuesto, estos pasos concretos dependen del tipo de trabajo (el proceso no es el mismo cuando hay que traducir un discurso que cuando hay que abordar un proyecto de localización de *software*). Interviene en cierta medida el juicio personal de cada gestor de proyecto, pero en todo caso hay dos pasos fundamentales: *a*) la planificación, es decir, la determinación de qué personas van a intervenir, y *b*) la programación, es decir, en qué contexto y con qué apoyos personales o documentales.

En este momento empieza el trabajo propiamente dicho de traducción. Ahora se impone un cambio de plano: el protagonismo no le corresponde ya al gestor de proyecto, sino al profesional lingüístico. Por ello comentaré algunas cuestiones específicas de nuestros traductores.

3. RÉGIMEN DE NUESTROS TRADUCTORES Y EXPECTATIVAS DE TRABAJO

Me centraré ahora en la figura del traductor en el marco de nuestra empresa. En relación con el profesional, desarrollamos una función de *selección* y otra de *formación*. En la primera de ellas, la *fase de selección*, tratamos de determinar si los candidatos reúnen tres tipos de competencias:

a) Competencias lingüísticas: es decir, dominio suficiente de la lengua de origen y la lengua de destino, y su capacidad para distinguir varios niveles según el registro de los textos correspondientes.
b) Competencias traslativas: éste es justamente el tipo de competencias que permiten hacer la traslación de una lengua a otra, y en el proceso de selección aplicamos las ideas desarrolladas en el marco de la teoría de la traducción.
c) Competencias de gestión de la documentación: competencias de análisis de la documentación, de asociación de ideas (para relacionar unos conceptos con otros y construir un esquema coherente a partir del cual se pueda filtrar y depurar la información), etc.

En este punto, podríamos dar un paso más y tratar de saber si los profesionales de la traducción tenemos algún rasgo en común. Trasladamos conceptos de una lengua a otra y posiblemente esto significa que compartimos determinados rasgos o características que, a su vez, nos distinguen de otros profesionales. Cuando se constituyó nuestra empresa, hace ya unos cuantos años, intentamos establecer un perfil de la figura del traductor para orientar debidamente los procesos de selección de personal. Sin duda nos faltaban los conocimientos y los medios para llevar a cabo la tarea, pero con una cierta osadía, y con la inestimable ayuda de una colaboradora nuestra, psicóloga y traductora, iniciamos la experiencia. Establecimos un grupo experimental (o grupo de traductores) y un grupo de control y sometimos a sus componentes a una serie de pruebas para valorar distintos aspectos. El resultado fue un fracaso, como no podía ser menos, ya que no pudimos llegar a ninguna conclusión de validez general, pero al menos hubo un aspecto en el que hallamos una diferencia significativa: el grupo de traductores se distinguía por su extroversión, frente al grupo de control, en el que este rasgo no estaba tan acusado.

Es decir, el buen traductor se caracteriza por su extroversión, esto es, por dirigir su interés, atención y actividad anímica predominantemente al mundo exterior. Desde entonces, al menos tenemos claro que los traductores nos distinguimos por la apertura al mundo exterior. Nos sentimos inclinados a mantener contacto con una amplia base de fuentes y quizás algo más: capacidad para asociar unos elementos de información con otros de forma que adquieran coherencia, al menos formal.

Estas competencias de gestión de la documentación son las que gobiernan el uso de la información a nuestro alcance. Supongamos que hay que traducir un informe sobre medio ambiente y que el traductor dispone, como recursos de apoyo, de una memoria de traducción, de un glosario (elaborado al margen de esa memoria) y de una versión ya traducida de un documento distinto pero relacionado con el original, además, lógicamente, de los recursos de internet. Es una situación frecuente, con la que muchas veces nos encontramos en nuestro trabajo cotidiano. La primera tarea será la de proceder a la *certificación interna*, es decir, la determinación del grado de fiabilidad de estos distintos documentos.

Las reglas para ello no son fijas, aunque pueden resumirse del modo en que a continuación las expongo. El primer nivel de fiabilidad corresponde a los documentos normativos, precisamente por su carácter de tales: puede tratarse de disposiciones legales, de normas técnicas, de recomendaciones de organismos o asociaciones internacionales, etc. Estos textos, evidentemente, tienen prioridad. El segundo nivel de fiabilidad puede corresponder a los documentos elaborados por organismos internacionales o asociaciones también internacionales: suelen ser documentos de consenso, elaborados después de un largo proceso de consultas, y por ello han sido debidamente matizados. A partir de aquí entran en juego la capacidad asociativa del traductor y, sin duda, su intuición: si en un glosario observa que algunos de los términos habitualmente conflictivos están expresados de forma correcta según su experiencia anterior, podrá considerar que el documento tiene un grado de fiabilidad razonable; si no es así, podrá dudar de su fiabilidad global.

Por otro lado, es en relación con estos temas donde se manifiestan abiertamente las cuestiones de *formación*. Nuestra tarea, como empresa de traducción, es impartir a nuestros colaboradores la formación necesaria para, por un lado, realizar adecuadamente esa «certificación interna» ya mencionada (es decir, determinar el grado de fiabilidad de la documentación aportada) y, por otro, aplicar de forma correcta las herramientas informáticas necesarias.

La formación en el uso de las herramientas merece una atención especial. Me refiero especialmente al uso de memorias de traducción, de aplicaciones de terminología avanzadas, etc. En ausencia de una autoridad certificadora oficial que acredite el dominio de estas herramientas, la formación ha de impartirse de manera interna. En tales circunstancias, se imparte con dos objetivos: un objetivo inmediato, que es lógicamente ayudar al traductor a un manejo eficiente, y un objetivo mediato, que es favorecer su fidelización, es decir, su mayor vinculación con las pautas de actuación de la empresa y la continuidad de su colaboración en el futuro. Esta fidelización es un elemento esencial en nuestra empresa.

4. NUESTRA EXPERIENCIA EN LA SELECCIÓN

Quisiera terminar esta descripción de nuestra tarea de traducción con unos apuntes extraídos de nuestra experiencia en la selección de profesionales. De acuerdo con esto, podemos establecer un perfil aproximativo del que sería el traductor idóneo:

a) Edad no inferior a 24 años.
b) Titulación superior: si tiene la Licenciatura en Traducción, necesitará además tener competencias temáticas (en la materia que vaya a traducir); si tiene un título específico en esta materia, necesitará además competencias lingüísticas y traslativas.
c) En todo caso, ganas de aprender.

Con lo que he dicho en este punto, pretendo asimismo dejar clara nuestra posición acerca de la dualidad *traductor jurista* o *jurista traductor*. En la traducción de textos jurídicos, como en la de cualquier otra materia científica o técnica, se requieren competencias de tres tipos: lingüísticas, traslativas y temáticas. Es decir, siempre se necesita una formación (por ejemplo, una licenciatura en Traducción e Interpretación) a la que habrá que añadir un esfuerzo añadido (por ejemplo, una formación autónoma en materia jurídica).

INTERPRETACIÓN JURÍDICA EN EL SECTOR PÚBLICO DE GRAN BRETAÑA

LEO HICKEY
European Studies Research Institute
University of Salford

HASTA 1994, toda persona tenía el derecho de presentarse ante el gran público británico como intérprete o traductor. No se requería titulación, certificado o autorización alguna; la profesión carecía totalmente de control oficial o extraoficial. En dicho año se creó el Registro Nacional de Intérpretes del Sector Público (National Register of Public Service Interpreters), bajo la tutela del Institute of Linguists, que es un organismo interesado por las lenguas y sus usuarios. En el Registro puede inscribirse cualquier persona siempre y cuando tenga algún tipo de título que lo cualifique para ejercer en el campo de la interpretación pública –que no es necesariamente una titulación universitaria, sino que puede ser, por ejemplo, un diploma (Diploma in Public Service Interpreting)–, además de 400 horas de experiencia. No hay –ni había– ningún registro análogo de traductores, por lo que cualquier turista que haya pasado quince días de vacaciones en Benidorm (para los efectos, da lo mismo que sea una semana), puede volver a casa, anunciarse en las páginas amarillas en el apartado de «Traductores» y cobrar por sus servicios. Por otro lado, cabe mencionar que la existencia del Registro Nacional no afecta al sector privado, sino sólo al público (policía, juzgados, *probation service*, aduana, seguridad social, inmigración, etc.). Éste es el sector en el que trabajo y en este escrito hago constar mis impresiones de cómo funciona el sistema basándome únicamente en mis experiencias, y no en normativas o directrices oficiales.

El 1 de enero de 2002, entró en vigor un acuerdo nacional por el que sólo tienen el derecho de ejercer en el sector público los intérpretes que estén inscritos en el Registro Nacional. Naturalmente, yo figuro en dicho Registro, pues de lo contrario no me atrevería a compartir estas impresiones (y más no habiendo pisado nunca terreno benidormense). Es de sobras conocido que en interpretación existen varias modalidades: simultánea, consecutiva, susurrada, de enlace, etc. (para una descripción de cada una de ellas, véase Phelan, 2001: 6-17), pero en la práctica la modalidad de enlace, también denominada bilateral o *ad hoc*, es la que más se usa en el sector público, incluyendo el campo jurídico, que es el área específica en la que yo trabajo.

Comenzaré explicando cómo se inicia en la práctica cualquier servicio de interpretación. Empieza en el 99 por ciento de los casos con una llamada telefónica, normalmente alrededor de las dos de la madrugada, que es la hora predilecta de los hispanohablantes para conseguir que les detenga la policía británica. Si todos ellos decidieran acostarse tranquilamente a medianoche, yo iría más o menos directamente a la cola del paro. Sólo trabajo con hispanohablantes, por supuesto. Aunque la llamada puede proceder de cualquier funcionario (de aduanas, de inmigración u otro), lo más frecuente es que proceda de una comisaría de policía –una comisaría cualquiera, dentro o fuera de un radio de unos 100 kilómetros de donde vivo, más o menos. Este detalle kilométrico se debe a que el sargento de guardia (*Custody Sergeant*) empieza llamando a los intérpretes que viven más cerca de su comisaría pero, al no recibir contestación alguna, o al encontrarse con respuestas del tipo «Déjeme en paz, ¿no se da cuenta de que son las dos de la madrugada?», vuelve a consultar la lista alfabética y sigue bajando por ella hasta que llega a la «H» de «Hickey».

En la comisaría, a la persona detenida o personas detenidas, se le o les invita a salir de la celda o celdas donde estaba encerrado o encerrada, o estaban encerrados o encerradas (haciendo caso omiso de la corrección política, y para evitar ralentizar el texto, a partir de ahora usaré el masculino singular o plural en estos casos). Al detenido se le pregunta su nombre, domicilio y fecha de nacimiento, y entonces se le *leen sus derechos*; en esencia se trata del derecho de consultar gratuitamente a un abogado en persona o por teléfono, el de informar a alguien de su paradero y el de consultar los códigos de conducta de la policía.

Aquí conviene aclarar que muy poca gente, sean policías, juristas u otros, sabe realmente lo que es un intérprete o cómo trabaja. Muy pocos han trabajado con alguno en su vida, por muy larga que haya sido, e incluso éstos habrán hecho grandes esfuerzos de amnesia para olvidarse de la experiencia. Así que el sargento de guardia normalmente se dirige a mí, y no al detenido, y me dice, con la consabida cortesía inglesa: «¿Le podría preguntar cuál es su nombre?» A mí, por supuesto, me entran ganas de responderle: «Pregúnteselo usted mismo: será español pero no es necesariamente retrasado mental». Pese a ello, naturalmente, soy siempre muy educado y me limito a gruñir: «Tu nombre.», en el tono de voz en el que imagino que lo haría un sargento de la Guardia Civil, sin haber tenido personalmente esa feliz experiencia en mi vida. Así pues, transmito en la otra lengua todo lo que se dice, hable quien hable, usando siempre la primera persona verbal, y sin emplear jamás el estilo indirecto, del tipo «dice que le entiende». Los interlocutores se acostumbran al sistema de primera persona en cuestión de segundos, se dan cuenta de que estoy repitiendo *verbatim* lo que el otro ha dicho y rápidamente se vuelven a ese otro y se dirigen a él con más o menos naturalidad. Lo consideré un bonito piropo hace poco el que una persona detenida, al ser interrogada por la policía y al darse cuenta de que, mientras ella hablaba, uno de los funcionarios que la interrogaban parecía no estar escuchándola, le gritó «¡Escúchame!», demostrando así que no era consciente de mi presencia ni de que el funcionario sólo me entendería a mí y no a ella.

Lo más frecuente en la práctica es que los detenidos pidan asesoramiento jurídico, momento en el que me siento en un asiento diseñado y fabricado adrede para ser lo más incómodo posible, y fijado a la pared para que los clientes del establecimiento no intenten robarlo o utilizarlo como arma; declino toda invitación a tomar una taza de té venenoso, que es el único que se sirve en las comisarías, y me sumo en profundos pensamientos (principalmente, que me pagan desde el momento que entro hasta el momento que salgo, independientemente de que esté haciendo algo o no). Así paso el tiempo hasta que se digna hacer acto de presencia el letrado. Alguna vez he oído decir que hay un código de conducta para intérpretes que nos prohíbe hablar tanto con los detenidos como con los funcionarios excepto cuando hablan los unos con los otros. Sin embargo, en la práctica, cuando el detenido vuelve a la celda a esperar al letrado, si los policías no están muy ocupados –que normalmente lo están–, suelo charlar con ellos acerca de España, los españoles, la policía española, el vino español, el fútbol español, sus vacaciones en España y otro temas de peso relacionados con España –aunque de la gran mayoría de estos temas no tenga ni idea, pero como *eo ipso* se supone que soy experto en todo lo relacionado con España, mi opinión va a misa. Por supuesto, eso sí, nunca hablamos ni del español detenido ni del caso que nos ocupa.

Luego aparece el letrado. En el 95 por ciento de los casos se trata de un abogado de oficio, que viene de uno de los bufetes que está de guardia durante las 24 horas del día en cuestión. Permítanme aclarar aquí que, por mi experiencia, los abogados de oficio ponen el mismo esfuerzo, interés y entusiasmo en defender a todos sus clientes, independientemente de que los honorarios vengan del bolsillo de un particular o de los fondos públicos. Lo primero que se hace, al aparecer el abogado, es entregarle o exponerle inmediatamente (mediante un procedimiento de puesta al descubierto denominado *disclosure*) las pruebas de las que dispone la policía en ese momento contra el detenido (declaraciones de testigos oculares o del agente que efectuó la detención y otros hechos pertinentes), después de lo cual el letrado entrevista a su cliente, con mi ayuda, en una sala privada.

A partir de este momento, un elemento importante de mi trabajo es hacer todo lo posible para que el pobre cliente no entienda más que en torno al 10 por ciento de lo que le dice el letrado –por la sencilla razón de que gran parte de lo que dicen los abogados es incomprensible para el común de los mortales, y el hecho de que yo sea abogado (*barrister*) no es óbice para que actúe exclusivamente de intérprete y no de asesor jurídico en estas situaciones. Mi trabajo consiste en expresar en una lengua lo que se ha dicho en otra, y no me incumbe explicar o aclarar nada a nadie. Al contrario, ni debo ni se me permite, bajo ningún concepto, explicar nada a nadie, por muy incomprensible que les sea a los interlocutores. Así, por ejemplo –y que conste que todos los ejemplos que cito son auténticos–, si el abogado (que acaba de salir de la cama y aún se está frotando los ojos) comienza con: «You were caught on CCTV, what are your instructions?», no explico que lo que quiere decir es: «La policía sabe que usted estaba hoy en el supermercado Tesco, el circuito cerrado de televisión de seguridad le captó robando algo o haciendo algo sospechoso, yo no sé lo que hizo usted, la policía tampoco lo sabe aún porque todavía no han visionado la cinta, pero usted sí que sabe lo que hizo y lo que la cámara ha captado. De modo que puede que usted quiera contarme lo que pasó o puede que no: allá usted. Pero lo que no puede hacer es contarme a mí una historia y contarles a los agentes otra, porque en ese caso las normas de mi profesión me obligan a retirarme de su defensa.» (*To instruct* o *to give instructions* a un abogado significa, ni más ni menos, contratarle para que asesore, represente y defienda al cliente, y darle toda la información que el cliente crea oportuna.)

Aquí quiero comentar dos puntos prácticos que pueden ser de interés. El primero se refiere a que, puesto que los abogados normalmente no saben nada de cómo funcionan los idiomas, y menos de cómo trabajan los intérpretes, piensan muchas veces que te hacen un favor partiendo las frases en pequeños fragmentos y muchas veces en fragmentos que no tienen ni pies ni cabeza. Por ejemplo, «I want to ask you [pausa]» –lo que, obviamente, no puede traducirse porque no se sabe si va a seguir «for your own account of what happened» ('pedir'), «a few questions» ('hacer') o «to listen to me» ('rogar'). De hecho, me escucho con bastante frecuencia pronunciar atrocidades como «Quiero hacerle unas preguntas… unas preguntas», debido a que a los interlocutores no les gusta, y no comprenden, que alguna perla lingüística soltada por ellos sea seguida de un silencio absoluto por parte del intérprete.

El segundo punto tiene más importancia y se refiere a que sólo puedo basarme en las palabras pronunciadas por otros, ya que yo no sé nada de las realidades que se esconden detrás de ellas. Una vez un abogado explicaba a su cliente: «It is alleged that you crashed into a line of bollards», siendo el «bollard» un tipo o clase de objetos con diferentes nombres en español. Como yo no podía saber *a*) qué era exactamente contra lo que el cliente había chocado, o *b*) qué nombre le daría él a ese objeto mentalmente, tuve que evitar el uso de palabra alguna hasta conseguir que el cliente fuera el primero en utilizar el vocablo que él creyera más apto. El *Oxford Spanish Dictionary* traduce «bollard» por 'noray', 'bolardo', 'proís' y 'baliza' –aunque, por supuesto, yo no llevaba ningún diccionario encima en ese momento, gracias a Dios. Por lo cual dije algo así como: «Se alega que chocó usted contra algo», a lo que el cliente contestó: «Sí, unos pivotes». Y a partir de ahí usé *pivote* durante el resto del caso, que, por cierto, duró más de seis meses con más de nueve vistas –naturalmente, los cargos incluían algo más que el derribo de unos pivotes.

Para dar otro ejemplo de esta dicotomía entre las palabras que oyes y las realidades que ni oyes ni ves –un caso, por cierto, que se da con bastante frecuencia, sobre todo en aeropuertos–, a un acusado se le puede comunicar que la policía o los funcionarios de aduanas han encontrado algo en su «bag», siendo *bag* un vocablo genérico en inglés que equivale a 'bolsa', 'bolso', 'saco', 'maleta', 'mochila', 'equipaje', etc. Como yo no he visto el objeto en cuestión, si opto por cualquiera de estas u otras posibilidades, corro el riesgo de elegir mal el equivalente en español y causar un estropicio. Por ejemplo, si digo «La policía alega que usted llevaba drogas en la maleta», el detenido puede responder, con toda la legalidad y legitimidad del mundo: «No tengo maleta.» Y según mi modo personal de trabajar, nunca me permitiría preguntar a nadie de qué tipo de *bag* se trataba, puesto que no entenderían cómo puedo ser tan ignorante como para no saber lo que es un *bag* o, peor aún, para no saber decir *bag* en español.

Como he indicado arriba, en Gran Bretaña un mismo asesor jurídico representa, asesora y defiende al cliente. Los juristas ingleses no dan crédito cuando se enteran de que en España el pobre cliente (en todos los sentidos de la palabra) se ve obligado a pagar a una persona –a quien, para empeorar las cosas, tiene que dar un poder para representarle– para que firme papeles en su nombre, y a otra distinta para que le defienda y asesore. Volviendo a la entrevista del abogado con su cliente, aquél explica a éste que no tiene ninguna obligación de contestar a las preguntas que le haga la policía pero que, si decide quedarse callado, el juez podrá *inferir* o sacar conclusiones (negativas en la mayoría de los casos) acerca de la motivación que le indujo a no contestarlas. Tras escuchar la versión de los hechos que le expone su cliente, el abogado le aconseja sobre si contestar o no a las preguntas que prevé que le harán durante la entrevista policial.

Después de la entrevista entre abogado y cliente, se procede a la entrevista entre policía y detenido, la cual se graba. La policía británica no *interroga* a nadie, sino que *entrevista*, que es una voz mucho más elegante para un procedimiento que –supongo– viene a ser el mismo en ambos países. El funcionario que lleva la investigación empieza presentando en voz alta a todos los presentes en la sala, sigue con ciertas formalidades acerca del precintado de la cinta y le da al entrevistado la *caution* (o 'aviso') siguiente: «You have the right to remain silent. However, it may harm your defence if you fail to mention, when questioned, something which you later rely on in Court. Anything you do say may be given in evidence. Do you understand?» Imagínese la reacción de un español de inteligencia media, con un nivel de alcohol en la sangre por encima de la media y un conocimiento del derecho inglés por debajo del medio, que oye: «No tiene usted ninguna obligación de declarar. Sin embargo, puede perjudicar su defensa el no mencionar, al ser preguntado, algo que más adelante tuviera a bien aducir ante el juez. ¿Entiende usted?»

Paso del tuteo, que puede utilizarse perfectamente entre abogado y cliente, al *usted* en la entrevista formal y grabada –excepto con niños– por si el abogado de la defensa, al escuchar la cinta más adelante, adujera que su cliente había sido tratado sin el debido respeto. De hecho el lenguaje y el estilo utilizados en esta entrevista se hacen más formales, más precisos y más serios. Naturalmente, para el intérprete cuanto más formal sea la situación más fácil será su tarea, puesto que el formato se simplifica enormemente: pregunta-respuesta, pregunta-respuesta, sin apenas solapamientos ni interrupciones.

Después de la entrevista formal, el *Custody Sergeant* (que es el encargado de los detenidos en cada comisaría) –después de haber consultado por teléfono con el Ministerio Fiscal (*Crown Prosecution Service*) o personalmente con el inspector de guardia si el asunto es grave o complejo– tiene una serie de opciones, entre ellas poner en libertad al detenido sin cargo alguno, ponerle en libertad provisional, acusarle de algún delito o falta, darle una *caution*, etc. Por supuesto, esta *caution* no tiene nada que ver con la otra *caution* o aviso que decía «You have the right to remain silent, etc.». Esta *caution*, o 'amonestación', es una especie de reprimenda que ha de ser tramitada por un funcionario de la policía con un grado no inferior al de inspector (con algunas excepciones), y el sargento puede optar por imponerla siempre que se den tres condiciones: que el detenido se confiese culpable de haber cometido la falta, que no tenga antecedentes penales y que se trate de una falta de poca gravedad. Por mi experiencia, alrededor del 50 por ciento de la delincuencia cometida por españoles en Gran Bretaña acaba con una amonestación. A menos que se deje al detenido en libertad sin cargo alguno, se le toman las huellas dactilares, una fotografía y una muestra de ADN, procedimiento que inevitablemente da lugar a reacciones bastante negativas (es un eufemismo) en nuestros clientes de habla española.

Afortunadamente para los españoles detenidos en Gran Bretaña, la suerte tendría que haberles abandonado para que incurrieran en la circunstancia de *tener antecedentes*, ya que la policía británica sufre grandes dificultades para comprender y archivar apellidos españoles. A «Juan García Pérez» lo más probable es que le archiven por Pérez, y así desaparece para siempre del sistema. Para colmo de los males –o los bienes, según para quién–, los ordenadores más modernos de la policía admiten un solo apellido, por lo que el sargento juega entre Pérez, García-Pérez o (si el intérprete no tiene nada mejor que hacer que explicarle el sistema) García.

Tanto si la persona es acusada y su detención continúa (*held in custody*) para que comparezca ante el juez a la mañana siguiente (que es lo más frecuente), como si es puesta en libertad provisional (*released on bail*) –nótese la diferencia terminológica entre el sistema inglés y el español– con la única condición de comparecer ante el juez en un día determinado, yo aparezco otra vez para interpretar en el juzgado. En teoría, un mismo intérprete no debe mediar *a*) entre el abogado y el cliente, *b*) en la entrevista policial, y *c*) en el juzgado, porque puede que haya oído cosas que coarten su imparcialidad, pero como muy pocas personas conocen esta teoría, en la práctica no siempre es así. El tribunal de primera instancia es el *Magistrates' Court*, donde los jueces son normalmente tres profanos, sin formación jurídica alguna, que prestan ese servicio voluntariamente y sin sueldo –más o menos como el juez de paz español. A veces hay un solo juez de carrera, que se dedica a conocer de causas de cierta complejidad. Este juzgado puede imponer una pena de hasta seis meses de cárcel. Si los cargos son graves, el Magistrates' Court remite la causa al *Crown Court*.

Ahora quiero hablar de cómo actúa el intérprete en el juzgado o ante el tribunal. Lo más importante es que hable en voz alta, clara y segura, sin titubear nunca ni emitir «ejem», incluso si el hablante habla con titubeos, porque éstos se atribuirán automáticamente a la incompetencia del intérprete. (Para una opinión contraria, véase Berk-Seligson, 1990: 140-142). Lo que dice el intérprete importa menos que cómo lo dice (sea consciente el lector, como yo mismo, que acabo de incurrir en una, si no en varias, herejías), puesto que nadie entiende los dos idiomas y el *control de calidad* en esta y otras fases del procedimiento es prácticamente nulo.

Se dan tres grandes problemas para el intérprete jurídico que trabaja en español. Primero, tiene que reaccionar como pueda ante fragmentos de *inglés* emitidos por españoles que puede que no sepan ni una palabra de inglés. Después de «¿Cómo se llama usted?», al imputado se le pregunta «¿Su domicilio?», a lo que el aludido puede contestar con algo incomprensible como «/sisié ani cou wiwu/». Teniendo en cuenta que puedo encontrarme a cien kilómetros de casa, me será imposible adivinar que está intentando decir «68 Alpney Court, Weetwood», porque nunca he oído hablar de ese lugar ni he aprendido la variedad de inglés inventada por este hispanoparlante. En caso extremo puedo *intervenir* diciendo: «Sir, the defendant is speaking in English.» Cada vez que un imputado comparece ante un juez, sea en el Magistrates' Court o en el Crown Court, se le pregunta por su nombre, domicilio y fecha de nacimiento, que son el equivalente inglés del DNI (desgracia con la que los británicos están siendo amenazados –como también lo estamos los demás– por el gobierno actual, a pesar de la opinión de que va en contra de los derechos humanos de uno el obligarle a poseer tal objeto y *a fortiori* a llevarlo encima).

A veces se da el caso de que el intérprete ni siquiera se da cuenta de que el acusado está mezclando idiomas. Un ejemplo reciente es el de un chico que trabajaba en una fábrica de pizzas y, al ser detenido bajo sospecha de haber cometido un acoso sexual, el policía que le entrevista le pide que exponga su versión de los hechos. Entre otras cosas dice: «Yo trabajaba en la línea cinco y se me acercó una chica nueva, preguntándome lo que debía hacer. La mandé por una caja de levo y cuando me trajo la caja de levo cambié de línea para seguir trabajando.» Naturalmente, no tenía idea de qué entendía él por «una caja de levo». La cosa se complicó aún más pocos minutos después cuando explicó que, al cambiar de línea, ya no volvió a hablar con la chica (la denunciante) puesto que él se había puesto «a hacer galibré». No salí muy bien de esa pesadilla pero, para no extenderme demasiado, explicaré que la «caja de levo» era una *box of labels* y el «galibré» era *garlic bread*.

El siguiente problema más difícil lo constituyen aquellas dos palabras españolas que son imposibles de traducir que son «sí» y «no». «Sí» puede ser *a*) *Yes*, *b*) *I do* (*you, he, she, we, you, they, do, did, will, have*, etc.), o *c*) *Yes I do* (*you, he, she, we, you, they do, did, will, have,* etc.). Todo hablante de inglés, incluso el *usher* (que siempre traduzco como 'ujier' para confundir más a los interesados de habla española), conoce –es decir, cree conocer– las palabras españolas «sí» y «no», por lo que cuando oyen estas palabras esperan escuchar *yes* o *no* de boca del intérprete. Piensan –es un decir– que tiene que haber en español otra manera de decir *I do* o *Yes I do*. Da la casualidad de que en inglés el nivel estilístico o formal de *yes* o *no* a secas no es alto, y menos en situaciones formales. A una colega mía un juez le mandó una vez que tradujera «sí» como «yes» y «no» como «no». Naturalmente, no puedo hacer comentarios sobre la inteligencia (?) de aquel juez, no por su ignorancia del español, por supuesto –un juez inglés no tiene ninguna obligación de saber español–, sino porque *a*) dio por sentado que sabía (¿por ciencia infusa?) algo de lo que no sabía nada, *b*) se creyó facultado para conocer de una causa basándose en una presunción tan *sine fundamentum in re*, *c*) al proceder así ordenaba a la intérprete que presentara al acusado ante el jurado con, o mejor dicho sin, cierto nivel de educación, tema del que el juez no sabía nada, y *d*) probablemente daba a la defensa una causa más para recurrir su decisión o fallo si resultara desfavorable. (Para profundizar en el impacto de la educación o *politeness* de la actuación de testigos ante las *cortes* norteamericanas, véase Berk-Seligson, 1988).

La tercera dificultad más insuperable son las cifras o números. Hablando personalmente, yo tengo –no sé si otros– una memoria a corto plazo de aproximadamente 0,025 de un segundo, por lo que soy capaz de recordar dos o, si la memoria está en forma, hasta tres dígitos, pero nunca llego a cuatro. Por lo tanto me resulta imposible repetir el número del carné profesional de un policía (4 ó 5 cifras) o una fecha de nacimiento, cuando aparecen en un contexto más amplio. La misma colega que acabo de mencionar, al trabajar una vez en un juicio en el que se citaban números largos referentes a cuentas bancarias, pidió la venia de su señoría para servirse de un bloc de notas. Su señoría la despidió en el acto –no sé si se trataba del mismo juez que creía que el Espíritu Santo le había infundido por vía directa un conocimiento no aprendido del español. ¿Por qué la despidió? No por tomar notas, claro, procedimiento de los más normales y legítimos, sino –como he dicho, los jueces, al igual que los demás seres humanos, saben muy poco de cómo trabajan los intérpretes– por haber pedido permiso para hacer algo, lo que le indujo a pensar (?) que quería hacer algo incorrecto o que suponía cierta incompetencia. La víctima debió de haber abierto el bloc sin más y seguir con su trabajo.

Aquí debo explicar lo que se entiende, en el mundo de la interpretación, por «intervenir», término que ya he utilizado. Intervenir es hablar por voz propia del intérprete y no por la de otra persona. Al intervenir, el intérprete tiene que aclarar que lo está haciendo: de lo contrario, se supondrá que sigue hablando por voz de algún interlocutor. Así, por ejemplo, si no oigo lo que está diciendo el fiscal o el abogado de la defensa, me aparto un poco del imputado y declamo en voz alta y clara: «Sir» o «Ma'am» (dirigiéndome al *District Judge* o al presidente de los *magistrates*), «Your Worships» (dirigiéndome a los tres *magistrates*) o «Your Honour» (para dirigirme a un juez del Crown Court), «the interpreter intervenes to request that you direct the Prosecutor to speak up». Lo normal en estos casos es que el juez pida disculpas porque sabe que no debía de haber permitido que esto ocurriera. El movimiento físico que me aparta de la persona a la que estoy interpretando en un momento dado es opcional y, en todo caso, puramente simbólico.

A veces me han preguntado si encuentro estresante el trabajo del intérprete, y la verdad es que sí, que me deja en muchas ocasiones tremendamente estresado y a veces incluso me produce un pánico incontrolable, estrés y pánico que no desaparecen hasta que doy con el lugar al que me han convocado. Así es: encontrar una comisaría nunca antes vista por mí y oculta en algún pueblecito del condado de West Yorkshire a las dos de la madrugada cuando no hay un alma viva en las carreteras a quien pedir indicaciones puede ser una pesadilla. Una vez encontrado el lugar, lo demás es fácil e incluso relajante, aunque Mason (1999: 148) parece considerarlo «stressful and sensitive», y Kroughlov (1999: 285) habla de «the rather extreme circumstances of a police interview».

Permítanme que dé algunos ejemplos de cómo trabaja el intérprete. Hace algún tiempo me llamaron desde cierto aeropuerto donde los ojos de lince de la policía del aeropuerto habían captado a un individuo, sin equipaje, que dormía como un lirón en una sala vacía. Tenía un pasaporte que parecía ser español, pero sospechaban que no era español. Llamaron a los funcionarios de inmigración (que en Gran Bretaña no son policías) y le llevaron a comisaría. Telefonearon al consulado de España, donde les dijeron que no sabían nada de españoles ni de pasaportes ni de temas semejantes. Luego telefonearon al Ministerio de Asuntos Exteriores en Madrid, donde les dijeron que nada se podía hacer ya que el encargado de esos temas había salido a desayunar. Cuando yo me presenté al interesado hablándole en castellano, me saludó con un cordial «Buenos días, doctor» pronunciado con acento de cierto país que no era España. Es decir, me costó tres palabras, o tres segundos, enterarme de que no era español. Diez horas más tarde, la policía y los funcionarios de inmigración seguían haciéndole perspicaces preguntas como «¿Cómo se llama el presidente de España?», a lo que contestó, con igual perspicacia, que como había cambiado el gobierno hacía poco no se acordaba del nombre del nuevo presidente. Un segundo más tarde el abogado inquiría si España tenía presidente, aduciendo que él creía haber oído decir que España era una monarquía y no una república.

Lo interesante de esta situación es que dos, y sólo dos, personas sabían que el detenido no era español, es decir, él y yo, y los dos éramos unas tumbas, pero al surgir cuestiones altamente técnicas como si España tenía presidente o no, sólo uno de nosotros sabía contestarlas, a saber, yo, y a mí no me incumbe involucrarme en asuntos tan complejos: sólo se me está permitido interpretar. Aunque, como he dicho, los policías y otros funcionarios saben poco de cómo funciona un intérprete, saben al menos que le está prohibidísimo tomar parte, o comprometer su imparcialidad, en discusiones de ningún tipo. Otro aspecto interesante de la situación era que yo no podía dejar sospechar al interesado que sabía que no era español. De lo contrario, habría perdido su confianza en mí y tenía incluso el derecho de despedirme. Como él suponía que todo hablante del castellano hablaba exactamente como él, no se le ocurrió que la variedad lingüística que manejaba me identificara su lugar de origen. Después de diez horas de pesquisas, aplazaron el interrogatorio, encerraron al detenido en una celda, los funcionarios se fueron a casa y aquí se acabó la historia en lo que a mí me concierne, ya que tenía que comparecer ante un juez a cien millas de distancia a la mañana siguiente. Una de las principales cualidades de un buen intérprete es la total falta de curiosidad: si eres curioso, te arriesgas a hacer preguntas –y eso sí que sería peligroso. Por ejemplo, pude haber preguntado a aquel hombre de qué parte de Ecuador venía, por qué se hacía pasar por español y para qué había venido a Inglaterra, pero por supuesto no le hice ninguna pregunta. Pude haber averiguado qué había sido de él al día siguiente, pero no me importaba lo más mínimo.

Otro día, sobre la 1.30 de la madrugada, un joven caballero español había amenazado de muerte con un cuchillo a tres personas que vivían con él en la misma casa. El sargento decidió (por varios y buenos motivos) que no iba a imputarle cargo alguno, pero tampoco quería permitir que volviera a casa a rematar lo comenzado. Así que le dijo, con mi ayuda: «Roberto, te doy a elegir. O te llevamos mañana al juzgado y puede que vayas a la cárcel o te buscas otro sitio donde dormir el resto de la noche de hoy. ¿Qué prefieres?» A lo que contestó el interesado: «Pues, mire usted, señor sargento, no sé. ¿Qué me aconseja usted?» Prosiguió aquella conversación altamente intelectual hasta que el sargento la cortó preguntando: «¿Conoces a alguien que estuviera dispuesto a alojarte para esta noche?» «Sí, señor.» «Muy bien. ¿Quién es?» «Elena.» «Bien, ¿cuál es su apellido?» «No sé.» «¿Dónde vive?» «No sé.» «¿Tiene teléfono?» «No sé.» «¿Has estado alguna vez en su casa?» «Claro que sí, muchas veces.» «¿En qué calle vive?» «No sé.» «¿Me podrías dibujar un plano?» «Por supuesto que sí». Entonces fueron puestos a su disposición hojas de papel, lápices y otros materiales artísticos y el caballero dibujó un mapa divino, con calles que se cruzaban, calles anchas y calles estrechas, equinas, semáforos, etc. El único detalle que se echaba en falta en esta obra maestra cartográfica era el nombre de siquiera una calle o barrio. «¿Me puedes decir el nombre de alguna de estas calles?» «No, señor.» Luego el sargento se ofreció, a su vez, a hacer otro plano para facilitar el asunto, y dibujó un triángulo: arriba, la comisaría; abajo a la izquierda, el juzgado con una flecha apuntando a la cárcel; abajo a la derecha, la supuesta casa de Elena y un gran interrogante. «A ver, Roberto, partiendo de aquí, ¿adónde quieres ir?» «Pues, mire usted, no sé. ¿Qué me aconseja usted?» Y así siguió la *disputatio ontologica* hasta que yo me di por vencido y me fui a casa.

Otra noche, un joven había estado haciendo autostop y una conductora, que le había llevado en su coche, le robó la mochila con todos sus efectos personales dentro. Prestaba declaración a la policía y llegó el momento en el que el funcionario le preguntó –bastante acertadamente, en mi imparcial opinión– qué llevaba en la mochila. Respuesta: «Bueno, pues, en la mochila llevaba unos amigos y...» Ahora bien, este chico no estaba detenido, no se grababa la entrevista, por lo que me permití hacerle unas preguntas en tono amistoso: «Así que, ¿unos *amigos*?» «Sí, amigos.» «Y perdona que sea tan burro, pero qué amigos eran?» «Hombre, amigos, amigos, *friends*, en inglés es *friends*, ¿no lo sabías?» «Ah, ¿*friends*?» «Sí, *friends*.» Durante todo este intercambio de impresiones, el funcionario estaba esperando, bolígrafo en mano, para tomar nota del contenido de la mochila; no podía ser más simple. Supongo que esperaba oír algo así como dos pares de calcetines sucios, tres calzoncillos, etc. Pero no: a este intérprete le suponía, al parecer, mucha dificultad comprender cosas como calcetines sucios y calzoncillos. El final de la historia es algo aburrido: resultó que «amigo» es la marca de algún tipo de equipamiento de escalada o de montañismo, un tipo de crampón o algo así.

El trabajo del intérprete es siempre cuanto menos interesante y a veces muy divertido. Por ejemplo, un día, momentos antes de entrar en la sala del tribunal (y téngase en cuenta que gran parte del trabajo de abogacía se realiza momentos antes de que el acusado y su letrado pisen la alfombra de la sala), el imputado, marido de la denunciante, español por supuesto, estaba reunido con su *solicitor* y su *barrister* –por lo que se ve que el asunto era grave: los *barristers*, que son juristas muy serios, aparecen sólo cuando la causa está ya ante un tribunal superior o va por ese camino. La *barrister* (digamos 'letrada', puesto que el sistema jurídico español no tiene esta distinción) le dijo a su cliente: «Mr. Escarabajall, you have breached the injunction, you are here on committal proceedings and you may have to enter into a recognisance not to... not to... [dirigiéndose a mí y no al cliente] I'm not sure how to say this in a way that you'll be able to translate it into Spanish.» «Well, try me.» «Right, I want you to tell him that he must not harass his wife; can you say that in Spanish?» «Oh, I think I can.» «How will you say it?» «I'll say 'acosar'.» «What does that mean?» «It means 'You may have to enter into a recognisance not to harras your wife'.» «Exactly, that's exactly what I want to say. Tell him that.»

Éste es un ejemplo típico de cómo una persona inteligente –es axiomático que todos los *barristers* son inteligentes, y como pertenezco al gremio no me interesa poner en duda el axioma– puede no tener ni idea de cómo funcionan los idiomas. Parece que esta señora tenía una clasificación mental de palabras en *fáciles* y *difíciles*, y daba por sentado que yo podía traducir frases *fáciles* como «breaching injunctions», «committal proceedings» y «entering into recognisances», mientras que las frases *difíciles* como «harassing your wife» eran otro asunto. Lo curioso es que cuando *yo le dije* que utilizaría la voz «acosar», y cuando *yo le dije* lo que significaba, se quedó totalmente satisfecha. Podría haber dicho *escarabajillear* siempre y cuando *le dijera* que significaba «You may have to enter into a recognisance not to harass your wife.».

Un ejemplo más simple de cómo los juristas perciben el trabajo del intérprete se refiere a una abogada que, al entrar en la sala de entrevistas de una comisaría donde su cliente iba a ser interrogada por la policía, me indicó: «Sit there beside María so that you can interpret for her.» Muy a gusto le habría preguntado: «¿Y quién va a inerpretar para usted y la policía?», pero, como siempre, mi educación es exquisita y le contesté: «Prefiero, si no le importa, sentarme entre todos ustedes para demostrar que soy imparcial.» Sospecho que si hubiera dicho «Me sentaré en el suelo» hubiera reaccionado con la misma incomprensiva ecuanimidad.

No estoy al tanto de cómo se enseña la interpretación hoy en día en las universidades y quiero que conste que no está en mi ánimo contradecirlo en absoluto. Yo personalmente jamás he sentido la necesidad de admitir o confesar que no sabía o no entendía algo, y mucho menos me he visto en la necesidad de admitir o confesar que me había equivocado en lo más mínimo. Si digo algo que no tiene sentido, el oyente responderá: «No entiendo» o «¿Qué quiere decir?», y siempre atribuyo la dificultad de comprensión o bien al oyente o a la manera de haberse expresado el hablante. Esta situación se produce también en una entrevista o en una conversación monolingüe, y no causa ninguna dificultad ya que el hablante simplemente repite la pregunta utilizando otras palabras. Esta práctica, así como su variante que consiste en expresar algo más general o vago, es particularmente útil al tratarse del castellano latinoamericano. Cuando un cubano declaró que alguien «vino a fajarse con nosotros», yo dije «This person came up to us», y la entrevista continuó con: «Y qué dijo?».

Ahora quiero comentar unos ejemplos de situaciones que pueden reflejar temas más generales ya tratados.

1) Un abogado, al llegar a comisaría y esperando a que salga su cliente de la celda, me pregunta cómo tiene la moral. La respuesta es: «Se lo preguntaremos ahora cuando salga.» Aunque no corresponda a un intérprete hacer de mensajero, y mucho menos de psicólogo, especialmente cuando el cliente puede querer darle al abogado otra impresión u otra versión de los hechos, tampoco quiero insinuar a nadie –en este caso al abogado– que han hecho algo *incorrecto* o *indebido*, por la sencilla razón de que no hay razón para esperar que los demás, incluidos los abogados, sepan nada de mis funciones o de cómo trabajo.

2) Durante una pausa en la interrogación, el detenido me pregunta: «¿Qué va a pasar ahora?» La respuesta es: «Depende de lo que decidan.» Yo no puedo darle al detenido ninguna información ni asesorarle acerca de su situación, y más teniendo en cuenta que el sargento de guardia podría desmentir cualquier información que diera haciendo lo contrario de lo esperado, dando lugar así a que el detenido se quejara de que *el intérprete* le había engañado.
3) El policía le está tomando declaración a un testigo –por medio del intérprete, por supuesto–, y es el intérprete quien va escribiendo lo que dicta el testigo, y de repente el policía anuncia: «Siga usted tomando la declaración, vuelvo en seguida», y se va. Éste es un caso bastante frecuente y, hasta que me enteré de que sucede con otros intérpretes, buenos y malos, siempre había supuesto que se debía a la competencia y profesionalidad que yo demostraba en el trabajo. En un caso, el policía se fue a Liverpool, que está a 60 kilómetros de dónde estábamos, siguiendo una investigación que no tenía nada que ver con la declaración que tomaba, y volvió tres horas más tarde. Creo haber oído que algún código de conducta para intérpretes nos exige que en estos casos nos plantemos y nos neguemos a seguir con el trabajo, o incluso que nos retiremos del cometido, en el momento en el que se ausenta el funcionario. Yo, por mí, sigo tomando la declaración y cuando vuelve el investigador le leo en inglés lo que se ha escrito en su ausencia y le pregunto si se le ocurre algo más. Repito que, en mi opinión, el intérprete no debe enfrentarse con nadie, teniendo en cuenta que no tienen por qué saber lo que puede o no puede hacer un intérprete. Por cierto, a diferencia del *acto de declaración* o *acto de manifestación* español («Preguntado para que diga que qué hizo al entrar en la tienda, el manifestante declaró que...»), la declaración inglesa se dicta y se escribe en palabras del testigo y en primera persona, y no existe *acto* alguno; sólo existe la versión de los hechos dada por el testigo y firmada por él. Normalmente, el policía hace preguntas para *animar* o ayudar al manifestante a no omitir nada pertinente, pero sólo constan en la declaración las palabras del propio manifestante.
4) En una entrevista que está siendo grabada, o en una vista ante el juez, el intérprete y el entrevistado o el acusado sonríen juntos, como por ejemplo si se le pregunta: «Do you live in the Ebro?» y nadie sabe qué es lo que pasa entre ellos. Ésta es una situación típica en la que el intérprete *intervendría* para explicar, por su propia voz, que el Ebro es un río y no el domicilio del interesado.
5) La lengua de llegada –en mi caso y al trabajar en Inglaterra, el castellano– carece de equivalente de un sinfín de términos, conceptos, realidades o

figuras, como, por ejemplo, *pre-trial review, bail hostel, committal proceedings, kerb-crawling*. Aquí viene a cuenta repetir mi opinión de que importa menos la precisión de la traducción (frecuentemente imposible de conseguir) que el hablar en voz alta, clara y segura. Poco importa que se diga 'revisión prejudicial', 'centro preventivo', 'instrucción', 'uso de un vehículo para buscar prostitutas' u otra cosa. Lo que sí importa es no usar términos o conceptos que, por su similitud con otros en la lengua de llegada, pudieran engañar al oyente, sea jurista o profano, induciéndole a creer que se trata de alguna figura exactamente igual a algo que existe en su propio ordenamiento o sistema jurídico.

6) El intérprete angloparlante –es decir, yo– no entiende algo dicho en su propia lengua. Por ejemplo, hablando de drogas, surge el término «cut bag». Repito que en mi opinión la precisión importa poco, ya que alguien explicará de lo que se trata dentro de unos segundos. En el caso en cuestión, por milagro y aunque no tenía ni idea de lo que era una «cut bag», por decir algo dije «bolsita», que parece ser el término exacto para un pequeño paquete de plástico fino utilizado para vender estupefacientes en cantidades mínimas y a precios máximos.
7) El entrevistado se vuelve al intérprete y le pregunta directamente a él y no al policía: «¿Qué quiere decir?» como si fuera el intérprete el interlocutor. Como he dicho antes, mi opinión es que el intérprete no debe contestar a ninguna pregunta, pero tampoco debe insinuar que ha ocurrido algo inapropiado o indebido. De modo que paso la pregunta al entrevistador –«What do you mean?»– como si hubiera sido dirigida a él y no a mí. Nunca contesto ninguna pregunta, aunque haya sido dirigida a mí.
8) El entrevistado no da ninguna respuesta, ni buena ni mala, a una pregunta sencilla y directa como «¿Estuvo usted en Tesco hoy?» El intérprete sólo traduce lenguaje hablado, no interpreta silencios, toses, gruñidos, gestos (como asentimientos o movimientos de la cabeza). No repite la pregunta, a menos que la repita el hablante, sino que se limita a permanecer callado hasta que alguien (en la mayoría de los casos, el entrevistador) repite la pregunta o rompe el silencio como más le guste.
9) Si se dice algo muy específico y que requiere una terminología clara y concreta en la lengua meta, puede que el intérprete tenga que señalar expresamente lo que se está diciendo. Por ejemplo, si el solicitor afirma «I will instruct a barrister», sería imposible traducirlo por «contrataré a un abogado» puesto que, al fin y al cabo, el pobre cliente cree que está hablando precisamente con su «abogado». Debemos entonces decir algo como «contrataré a un letrado» o «contrataré a un jurista especializado en este campo», utilizando el artículo indefinido y un término nuevo, insóli-

to y no usado antes entre los interlocutores, permitiendo así al cliente pedir una aclaración del significado de lo que se ha dicho. Aquí también la distinción entre una situación formal u oficial (entrevista grabada, tribunal, etc.) e informal (entrevista entre abogado y cliente) es esencial, puesto que resulta más fácil que el cliente pida explicaciones en la situación informal.

Finalmente, se da por sentado que los intérpretes no tenemos sentimientos, opiniones, posturas ni conocimientos sobre nada que tenga que ver con nuestro trabajo. Ni se nos ocurre preguntarnos –y mucho menos preguntar a otra persona–: «¿Cometió o no el delito del que está acusado?», ni pensar «El pobre parece simpático». De proceder así, podríamos tergiversar o entorpecer inconscientemente la comunicación entre los interlocutores llegando quizá hasta influir en el resultado del caso. La habilidad ideal del intérprete, aunque cuestionada por algunas autoridades en la materia, es la de imitar y pasar por un teléfono mecánico, bilingüe y dócil.

BIBLIOGRAFÍA

BERK-SELIGSON, S. (1988): «The Impact of Politeness in Witness Testimony: the Influence of the Court Interpreter», *Multilingua*, 7 (4), pp. 411-439.

— (1990): *The Bilingual Courtroom: Court Interpreters in the Judicial Process*, Chicago, University of Chicago Press.

KROUGLOV, A. (1999): «Police Interpreting: Politeness and Sociocultural Context», *The Translator*, 5 (2), pp. 285-302.

MASON, I. (1999): «Introduction», *The Translator* (edición especial dedicada a la interpretación de enlace coordinada por Ian Mason), 5 (2), pp. 147-160.

PHELAN, M. (2001): *The Interpreter's Resource*, Clevedon, Multilingual Matters.

LA TRADUCCIÓN Y LA REVISIÓN JURÍDICAS EN LA UNIÓN EUROPEA: UNA APORTACIÓN DESDE LA PERSPECTIVA DEL PARLAMENTO EUROPEO

FERNANDO HERVÁS DEMPSTER
Servicio Jurídico del Parlamento Europeo

1. LA TRADUCCIÓN EN LA UNIÓN EUROPEA

LOS MEDIOS DE COMUNICACIÓN de todo el mundo informan diaria y pormenorizadamente de los programas comunitarios de la Comisión Europea («Bruselas aprueba...», como dicen los periódicos); de libros blancos o verdes presentados por su presidente o por alguno de sus miembros; de las votaciones de dictámenes legislativos del Parlamento Europeo e incluso de sus comisiones; de algunas sentencias de relumbrón del Tribunal de Justicia. Todos los días laborables se publica el *Diario Oficial de la Unión Europea* repleto de reglamentos, directivas, decisiones, recomendaciones, dictámenes, sentencias y demás. Y todos estos documentos, programas y textos se publican simultáneamente, como por arte de magia, en las 20 lenguas oficiales de la Unión.

Pues bien, la magia nada tiene que ver en todo esto. Las instituciones, agencias y órganos de la Unión Europea cuentan con la que seguramente es la mayor concentración de efectivos humanos dedicados a la traducción de textos que jamás haya conocido la historia humana. Cientos de traductores procedentes de 25 Estados miembros se afanan diariamente en traducir documentos políticos, legislativos, presupuestarios, administrativos, técnicos, etc., redactados en una o varias de las 20 lenguas oficiales de la Unión a las 19 restantes.

Se trata de una actividad, la de los traductores, silenciosa, tenaz, que procura ser meticulosa y organizada, que se realiza en la sombra, pero que no por ello es menos importante en su finalidad y en sus consecuencias: hacer que los ciudadanos, los dirigentes, los jueces, los funcionarios, los agentes sociales y económicos de Europa se comprendan entre sí y comprendan las reglas del juego en esta nueva Babel, sin que tengan que renunciar a su propia voz.

De entre las instituciones europeas, tres constituyen el eje del sistema constitucional en su vertiente política y legislativa: la Comisión, que tiene la potestad de la iniciativa legislativa; el Consejo, que actúa en el proceso legislativo como cámara de representación de los estados miembros; y el Parlamento Europeo (en lo sucesivo, el PE), cámara legislativa y de control político elegida directamente por los ciudadanos europeos. Todas estas instituciones, interconectadas por el hilo conductor común del proceso legislativo, cuentan con nutridos servicios de traducción y de revisión de textos.

2. TRADUCCIÓN EN EL PARLAMENTO EUROPEO

Vamos a centrar nuestra atención en los trabajos de los servicios de traducción y de revisión del Parlamento Europeo, y particularmente en las cuestiones relativas a la traducción jurídica en el seno del mismo. Pero para ello es preciso dar respuesta, siquiera someramente, a unas cuantas preguntas básicas a fin de conocer el contexto en el que se desarrolla esta labor de traducción: para quién se traduce en el PE, quién traduce en el PE, qué, cuánto y sobre qué materias se traduce en el PE.

2.1. ¿Para quién se traduce en el PE?

- El PE cuenta en la actualidad con 626 diputados integrados en 8 grupos parlamentarios. Los principales grupos que suelen estar presentes en las diversas legislaturas son el del Partido Popular Europeo; el del Partido de los Socialistas Europeos; el de los Liberales, Demócratas y Reformistas; el de la Izquierda Unitaria Europea y el de los Verdes. Estos 626 diputados se reúnen en sesiones plenarias.
- El presidente, elegido por el Pleno al comienzo de cada legislatura, dirige todas las actividades del PE y las de sus órganos, y ostenta su representación.
- La Conferencia de Presidentes, integrada por el presidente y por los presidentes de los grupos parlamentarios, es el órgano colegiado competente en asuntos de orden político y legislativo.
- La Mesa, integrada por el presidente y los 14 vicepresidentes elegidos por el Pleno, es el órgano competente para asuntos económicos, administrativos y de organización interna del PE.

Sin embargo, la mayor parte del trabajo, y por tanto de los documentos parlamentarios, lo generan las 17 comisiones parlamentarias permanentes. Son las siguientes:

- Asuntos Exteriores, Derechos Humanos, Seguridad Común y Política de Defensa;
- Presupuestos;
- Control Presupuestario;
- Libertades y Derechos de los Ciudadanos, Justicia y Asuntos Interiores;
- Asuntos Económicos y Monetarios;
- Asuntos Jurídicos y Mercado Interior;
- Industria, Comercio Exterior, Investigación y Energía;
- Empleo y Asuntos Sociales;
- Medio Ambiente, Salud Pública y Política del Consumidor;
- Agricultura y Desarrollo Rural;
- Pesca;
- Política Regional, Transportes y Turismo;
- Cultura, Juventud, Educación, Medios de Comunicación y Deporte;
- Desarrollo y Cooperación;
- Asuntos Constitucionales;
- Derechos de la Mujer e Igualdad de Oportunidades;
- Peticiones.

No hay que olvidar, sin embargo, que en materia legislativa, el pensamiento de los traductores y revisores de las instituciones que participan en el proceso legislativo está puesto, como horizonte último, en los destinatarios de las normas, es decir, en el caso de los reglamentos directamente aplicables, en los ciudadanos, sociedades o instituciones, agentes sociales o económicos a los que va dirigida la normativa, así como en los funcionarios y jueces encargados de su interpretación y aplicación y, en el caso de las directivas, también en los responsables de las administraciones públicas encargados de transponer dichas normas en el derecho interno de los estados miembros.

La organización administrativa al servicio del PE en cuanto institución política es la Secretaría General, con el secretario general al frente, compuesta por 8 direcciones generales (de la presidencia, de políticas internas, de políticas externas, de información, de personal, de infraestructuras e interpretación, de traducción y edición, y de finanzas) y un Servicio Jurídico.

2.2. ¿Quién traduce y revisa en el PE?

La Dirección de la Traducción, dependiente de la Dirección General de Traducción y Edición, está integrada por 11 divisiones de traducción de todas las lenguas oficiales de la UE: español, danés, alemán, griego, inglés, finés, francés, italiano, neerlandés, portugués y sueco. Desde el 1 de mayo de 2004 cuenta también con divisiones de traducción de los nuevos estados miembros: estonio, letón, lituano, polaco, checo, eslovaco, húngaro, esloveno y, teóricamente, maltés.

Cada división de traducción está formada por entre 35 y 45 traductores y revisores apoyados por un grupo de secretaría y mecanografía de unas 15 a 20 personas. El PE cuenta pues con un total aproximado de 450 traductores y revisores. Cuando se completen las divisiones de traducción de los nuevos estados miembros contará con unos 300 traductores y revisores más.

Por otra parte, un Servicio de Verificación y Revisión de textos, integrado en la Dirección General de la Presidencia, tiene entre sus variados cometidos los de velar por la calidad de los textos legislativos, por la concordancia jurídica y lingüística entre las diferentes versiones y por la correcta aplicación de las reglas de técnica legislativa. Este servicio está integrado por 5 juristas-revisores (licenciados en Derecho) o lingüistas-revisores por cada lengua con un total de unos 55 revisores en total.

2.3. ¿Qué tipo de textos se traducen en el PE? ¿En qué cantidad?

En el transcurso de la 5ª legislatura (1999-2004) se han traducido:

- Dictámenes legislativos de comisiones competentes 1.257
- Enmiendas legislativas votadas en el Pleno 23.067
- Opiniones de otras comisiones sobre propuestas legislativas . . 748
- Dictámenes no legislativos (presupuestos, iniciativa, otros) . . . 754
- Opiniones sobre textos no legislativos 890
- Enmiendas no legislativas 9.005
- Resoluciones (urgencia, etc.) y recomendaciones 525
- Peticiones 5.924
- Preguntas parlamentarias (escritas) con solicitud de respuesta escrita a la Comisión y al Consejo 18.731
- Preguntas parlamentarias (escritas) con solicitud de respuesta oral a la Comisión y al Consejo 501

Ello supone que anualmente se traducen en el PE un total aproximado de 700.000 páginas.

2.4. ¿Sobre qué materias legisla el PE?

Para comprender mejor la complejidad de la tarea de traducción es preciso también conocer la gran variedad de materias sobre las que legisla el PE. He aquí algunos ejemplos recientes:

- seguro directo de vida;
- organismos genéticamente modificados;
- régimen de *multipropiedad*;
- homologación de componentes de vehículos (frenos, retrovisores, faros, etc.);
- comercio electrónico;
- redes transeuropeas de energía (gas, electricidad) y de transporte;
- reconocimiento de diplomas;
- seguridad marítima;
- supervisión de establecimientos de crédito;
- aditivos en piensos;
- protección de asalariados en casos de insolvencia;
- sustancias cancerígenas;
- ionización alimentaria, y
- un largo etcétera.

A la vista de estos ejemplos se puede comprobar que la traducción en la Unión Europea, y por lo tanto en el PE, abarca muy distintos ámbitos, desde el puramente político al pura o preferentemente jurídico, pasando por el económico, el técnico, el científico, el bancario, el agrario, el educacional, el laboral, etc. Se puede uno preguntar: ¿qué hay de jurídico en la traducción de todos estos textos? Pues bien, hay efectivamente un elemento común que hace que la mayoría de ellos sean de carácter jurídico. Este rasgo común es su finalidad, es decir, el hecho de que se articulen en textos de carácter normativo, generadores de derechos y obligaciones, de prescripciones y prohibiciones... en suma, derecho.

3. RÉGIMEN LINGÜÍSTICO DEL PE: EL MULTILINGÜISMO

Veamos a continuación cuáles son las disposiciones reglamentarias que regulan el uso de las lenguas en el PE. De conformidad con el artículo 117, relativo a las lenguas, del Reglamento del PE:

> 1. Todos los documentos del Parlamento deberán estar redactados en las lenguas oficiales.
> 2. Todos los diputados tendrán derecho a expresarse en el Parlamento en la lengua oficial de su elección. [...]
> Cuando [...] no concuerden exactamente los textos redactados en las diferentes lenguas, el Presidente [...] determinará la versión que haya de considerarse aprobada. La versión original, empero, no podrá considerarse siempre como el texto oficial, ya que puede ocurrir que todas las versiones redactadas en las demás lenguas difieran del texto original.

Con arreglo al apartado 6 del artículo 139, relativo a la presentación y exposición de enmiendas:

> 6. Salvo decisión en contrario del Parlamento, las enmiendas sólo podrán someterse a votación una vez impresas y distribuidas en todas las lenguas oficiales. Esa decisión no podrá adoptarse si se opusieren treinta y dos diputados como mínimo.

De la lectura de estas disposiciones se puede deducir claramente la fuerte presión a que está sometido el servicio de traducción del PE, tanto en lo que se refiere a la carga de trabajo como a la imperiosa necesidad de cumplir con los plazos establecidos para la realización del trabajo, que no son generosos. Y ello no podía ser menos por cuanto en el PE rige un sistema de multilingüismo total: cuando se someten a votación todos los textos deben estar traducidos a todas las lenguas.

Unas cifras pueden ser muy ilustrativas al respecto. Basta imaginar las que se ofrecen en el punto 2.5 sobre el volumen de documentos multiplicadas por 20 lenguas: los 1.257 dictámenes legislativos de comisiones parlamentarias se convierten, por el hecho del multilingüismo, en 25.140 documentos; las 23.067 enmiendas votadas en el Pleno (el número de enmiendas votadas en comisiones parlamentarias es muy superior) se transforman, gracias a la traducción, en 461.340. Y todo ello en plazos que van, según la urgencia, de una semana a unas horas.

4. CARACTERÍSTICAS DE LA TRADUCCIÓN EN LAS INSTITUCIONES DE LA UNIÓN EUROPEA Y EN PARTICULAR EN EL PE

En este punto vamos a seguir muy de cerca lo expuesto en la *Guía del* [traductor] *principiante* (GTP) elaborada por la División de la Traducción Española del PE. En lo que sigue citaré algunos párrafos de la versión electrónica de esta guía.

4.1. Entorno multilingüe

Como ya hemos visto, la primera característica del régimen lingüístico de la Unión Europea es que se trata de un entorno multilingüe en el que cada lengua oficial tiene el mismo *estatus*. No hay ninguna lengua que tenga preeminencia sobre las demás desde el punto de vista jurídico. Ello no quiere decir que en la práctica todas se utilicen por igual. El inglés y el francés, por ejemplo, se utilizan para la redacción de más de un 60% de los textos comunitarios. La tónica general en el PE es que las enmiendas presentadas en primera lectura vengan redactadas en una gran variedad de lenguas. En segunda lectura, sin embargo, las enmiendas se suelen presentar en francés y en inglés preferentemente.

4.2. Equivalencia jurídica

El artículo 4 del Reglamento n.º 1 del Consejo –sobre el régimen lingüístico de las Comunidades Europeas– establece que los actos del llamado *derecho derivado* (reglamentos, directivas, etc.) «se redactarán» en las once lenguas oficiales. Esta formulación tiene una importancia capital. Como bien dice la GTP:

> [...] ni ésta ni ninguna otra disposición jurídica pertinente habla nunca de traducir, sino de redactar. En el marco jurídico, por paradójico que pueda resultar, la traducción no existe. Sin embargo, la exigencia de equivalencia jurídica se mantiene en todos los niveles, con una consecuencia: por norma general, el traductor estará obligado a poner en su idioma la expresión jurídicamente correcta con independencia de que el original lo haga o no. De aquí se deriva implícitamente una segunda consecuencia: enfrentado a un original mal escrito, el traductor estará obligado a reelaborar o incluso reconstruir el texto en su

propio idioma. Un documento institucional nunca será juzgado como traducción; tiene valor propio en cada lengua y, por lo tanto, debe ser correcto, desde el doble punto de vista del contenido y de la sintaxis, en cada lengua.

4.3. Una traducción basada en reglas y convenciones

En cuanto a la función reconocida al traductor, cabe reseñar unos párrafos de la GTP, que nos resultarán altamente ilustrativos:

> En su calidad de «redactor», el traductor institucional ha de velar por la corrección formal y la uniformidad de las distintas versiones lingüísticas. Esta función normalizadora se refleja claramente en la metodología de los servicios de traducción. La producción de textos equivalentes exige que todas las divisiones lingüísticas operen con métodos análogos. De ahí, por ejemplo, el recurso sistemático a documentos modelo para cada tipo de textos.
>
> Por añadidura, la coherencia entre las divisiones depende a su vez de un alto grado de coherencia dentro de ellas. La traducción institucional es, así, una actividad fuertemente reglamentada. La exigencia de coherencia interna puede extenderse a cuestiones de detalle aparentemente nimias: uso de mayúsculas y minúsculas, elección entre variantes toponímicas, transcripción de antropónimos o escritura de fechas.
>
> Simplificando, puede decirse que esta subordinación a reglas y convenciones se manifiesta sobre todo en dos planos.
>
> En primer lugar, el traductor está supeditado al marco jurídico, en la medida en que buena parte de los textos son de carácter normativo. En aras de la coherencia lingüística de los mismos, como hemos visto, se verá obligado a utilizar fórmulas que permitan reconocer de manera inequívoca expresiones jurídicas y administrativas equiparables en las distintas lenguas.

4.4. Fuentes y documentación

También se recoge en esta guía la importancia de las fuentes, que no debe desdeñar en modo alguno el buen traductor:

> De todas estas características de la traducción institucional no es difícil deducir que, hoy por hoy, lo que se espera del traductor institucional no es únicamente un texto correcto y fiel al original. Entre las obligaciones del traductor institucional figuran también el respeto de la forma (modelos, frases tipo), el uso del lenguaje específico común (denominaciones de órganos, expresiones acuñadas, terminología pertinente) o la exactitud de las citas (títulos de documentos, cargos, programas).

5. EL PAPEL DE LA REVISIÓN

Los servicios de traducción de las instituciones comunitarias, también los del PE, cuentan con traductores experimentados que ostentan el título de revisores. Parte de su labor consiste en la revisión de los textos traducidos por traductores noveles, menos experimentados o en prácticas con una triple finalidad: realizar un control de calidad del trabajo de éstos; llevar a cabo una tarea de formación de dichos traductores, y asegurarse de la correcta traducción de los textos en cuestión.

No obstante, la brevedad de los plazos a los que están sometidos los traductores no deja a veces tiempo para la revisión a fondo de los textos traducidos ni, en algunos casos, las consultas o investigaciones terminológicas que serían apropiadas. Además, en los textos legislativos sobre todo, la traducción que se realiza es fragmentaria, pues no se traducen textos completos, sino enmiendas o modificaciones a partes aisladas de los mismos que quedan descontextualizadas para los traductores. Para poner remedio a los problemas de discordancia que esto puede generar, las instituciones legislativas, aunque no sólo ellas, cuentan con unos servicios de revisión jurídico-lingüística realizada por traductores que, además, son titulados en Derecho: los juristas lingüistas o juristas revisores.

El conocimiento que los juristas lingüistas tienen del texto enmendado en su conjunto, así como del contexto en el que éste se sitúa, gracias a la revisión del mismo que han realizado previamente en colaboración con los juristas lingüistas de la institución que presenta la propuesta legislativa, permite la detección de faltas de coherencia interna (con términos utilizados en el propio texto) o externa (con textos que sirven de base a la propuesta legislativa en cuestión). Su labor también permite afinar la traducción imprecisa de términos específicamente jurídicos, así como aplicar las reglas de técnica legislativa contenidas en la *Guía práctica común* [del Parlamento Europeo, del Consejo y de la Comisión] *para la redacción de los textos legislativos comunitarios*.

6. UN INSTRUMENTO INTERINSTITUCIONAL DE REDACCIÓN LEGISLATIVA: LA GUÍA PRÁCTICA COMÚN PARA LA REDACCIÓN DE LOS TEXTOS LEGISLATIVOS COMUNITARIOS

Tras el Consejo Europeo de Edimburgo (1992), se reconoció al más alto nivel político la necesidad de legislar mejor, es decir, con textos más claros y más sencillos, que respeten los principios legislativos elementales. Esta necesidad se reafirmó en la Declaración n.° 39 relativa a la calidad de la redacción de la legislación comunitaria, aneja al Acta final del Tratado de Amsterdam. Tras esta declaración, las tres instituciones que participan en el procedimiento de adopción de los actos comunitarios, el Parlamento Europeo, el Consejo y la Comisión, aprobaron el Acuerdo interinstitucional, de 22 de diciembre de 1998, relativo a las directrices comunes sobre la calidad de la redacción de la legislación comunitaria. El 16 de marzo de 2000 estas tres instituciones se dotaron de la Guía práctica común que desarrolla e ilustra con ejemplos cada una de las 22 directrices del Acuerdo.

Reproduciremos a continuación algunos de los puntos esenciales de la Guía, sobre todo en aquello que tiene una relación más directa con la traducción y la corredacción de los textos legislativos. Asimismo aportaremos unos ejemplos que ilustran algunos de los problemas que se pretende resolver con el uso de la Guía.

Los puntos 1.1 y 1.2 dan cuenta del objetivo que deben perseguir los redactores de la legislación comunitaria y de las razones en que se basa este *desideratum*:

> 1.1. La redacción de un acto legislativo debe ser:
> - clara, de fácil comprensión, desprovista de equívocos;
> - sencilla, concisa, desprovista de elementos superfluos;
> - precisa, no dejará lugar a dudas en el lector.
>
> 1.2. Este principio de sentido común es también la expresión de principios generales del derecho, como:
> - la igualdad de los ciudadanos ante la ley, en el sentido de que la ley debe ser accesible a todos y comprensible por todos,
> - la seguridad jurídica, la ley debe ser previsible en su aplicación.

La directriz n.º 5 y su desarrollo en la Guía merecen una extensa cita:

> 5. Durante la totalidad del proceso conducente a su adopción, los proyectos de actos se redactarán en términos y con estructuras de frases que respeten el carácter multilingüe de la legislación comunitaria; los conceptos o la terminología específicos de un sistema jurídico nacional se utilizarán con precaución
>
> [...]
>
> 5.2. [...] el texto de partida debe ser especialmente sencillo, claro y directo, ya que cualquier complejidad excesiva o cualquier ambigüedad, incluso leve, puede dar lugar a imprecisiones, aproximaciones o auténticos errores de traducción en una o varias de las otras lenguas comunitarias.
>
> 5.3. [...] las expresiones y giros empleados (en particular, aunque no sólo, los términos jurídicos) no pueden estar excesivamente vinculados a la lengua

o al sistema jurídico del redactor, so pena de plantear graves problemas de traducción.

En particular, el redactor debe ser consciente de estos dos problemas:

5.3.1. Algunas expresiones de su lengua y, en particular las expresiones muy corrientes [...] no tienen equivalente en otras lenguas comunitarias. Por consiguiente, en estas lenguas esta expresión sólo puede traducirse recurriendo a circunloquios o a equivalentes aproximados, cuyo uso implica forzosamente una dispersión semántica entre las distintas versiones lingüísticas. Se trata de evitar, en la medida de lo posible, el empleo de expresiones demasiado «castizas» desde el punto de vista lingüístico.

Veamos un ejemplo de lo que se acaba de decir: el caso de un término nacional intraducible a las que en aquel momento eran 11 lenguas comunitarias. Una enmienda presentada en español a una propuesta legislativa introdujo, como autoridad de supervisión y control de determinadas actuaciones, el «Consejo General del Poder Judicial». Las demás divisiones de traducción inundaron de consultas a la traducción española para saber de qué se trataba e incluso después de saberlo carecían del término apropiado en sus lenguas para traducirlo ya que en otros estados miembros ni siquiera existe una institución similar. La solución adoptada, que afectó incluso a la versión española, fue recurrir a una formulación más neutra, basada en el concepto que se quería expresar e integrable en todos los ordenamientos jurídicos: «órgano de gobierno de los jueces».

Otro aspecto reseñable se refiere a las expresiones metafóricas. El inglés, una de las principales lenguas de redacción de la legislación comunitaria, es una fuente inagotable de ellas, lo que obliga a los traductores a intensas búsquedas e investigaciones terminológicas. Véanse a continuación algunos ejemplos:

- forum shopping;
- break-through rule;
- gender budgeting;
- sunset clause;
- gold plating;
- grandfathering - grandfather clause;
- soft law, y
- efficiency offence/defence.

El profesional interesado puede buscar la traducción propuesta para estas expresiones en la plataforma de la división española de traducción del PE.

6.1. Un ejemplo de dispersión semántica: traducciones para *level playing field*

Hemos tomado este ejemplo de los *Boletines terminológicos y normativos* (n.º 60) de la División española de traducción del PE (2003). Reproducimos a continuación, casi en su integridad, el contenido de dicho boletín que puede, además, servir para ilustrar los intensos trabajos de investigación terminológica que se realizan en una división de traducción de carácter institucional. En este fragmento se realiza un recorrido por las diversas traducciones a que ha dado lugar la expresión, a la vez que se aportan sugerencias para unificar criterios. La cita es larga pero resulta de gran utilidad:

> 1. Explicación
> Puede ocurrir que una expresión de sentido transparente acabe produciendo una multitud de traducciones por falta de una convención aceptada entre los traductores. Tal es el caso de *level playing field* y sus derivados. Esta imagen de inspiración deportiva, que es un lugar común en los textos sobre política de la competencia, encierra la idea de que el correcto funcionamiento del mercado exige la supresión de ventajas y privilegios conseguidos con medios ajenos a los propios mecanismos del mercado. En documentos comunitarios en español encontramos, entre otras, las siguientes equivalencias: campo de juego nivelado; terreno de juego equilibrado; terreno de juego nivelado; terreno de juego parejo; condiciones de juego iguales; condiciones iguales para todos; reglas de juego equitativas; igualdad de trato; principio de igualdad; escenario de equidad y no discriminación; principio de equidad y no discriminación; igualdad de condiciones.
> [...]
> Cabe aducir que todas estas expresiones reflejan, con mejor o peor acierto, el contenido básico del término inglés. Desde ese punto de vista, por lo tanto, todas cumplirían con la función primordial que se le exige a una traducción. No obstante, también cabe preguntarse si no existe el riesgo de que las intenciones del legislador se vean desvirtuadas por esta proliferación de expresiones emparentadas pero diversas. En estos casos, la misión de la traducción institucional debe ser fijar una convención que, al eliminar las ambigüedades, aleje también el peligro de interpretaciones discrepantes o contradictorias de esas intenciones.
> 2. Traducción: recomendaciones
> De todas las soluciones antes recogidas, (principio de) igualdad de condiciones es la que mejor parece cumplir con este requisito de neutralidad.
> Así pues, para evitar la proliferación de traducciones se recomienda la siguiente convención, al menos en contextos de política de la competencia:
> «(principio de) igualdad de condiciones»

Veamos ahora otro caso en el que se produce un intento de formulación común a nivel comunitario que lleva inevitablemente, a causa de la diversidad de denominaciones de las instituciones jurídicas en los ordenamientos de los estados miembros, a una nueva dispersión semántica en el momento de la transposición de la norma al derecho interno. Se trata en este caso del concepto de lo que común y erróneamente se conoce en España como *multipropiedad*.

El título de la Directiva 94/47/EC de 26 octubre de 1994 estaba redactado de la siguiente forma en determinadas lenguas comunitarias:

> EN:[1] contracts relating to *the purchase of the right to use immovable properties on a timeshare basis;*
> FR: contrats portant sur *l'acquisition d'un droit d'utilisation à temps partiel de biens immobiliers;*
> IT: contratti relativi all'*acquisizione di un diritto di godimento a tempo parziale di beni immobili;*
> DE: Verträgen über den *Erwerb von Teilzeitnutzungsrechten an Immobilien;*
> ES: contratos de *adquisición de un derecho de utilización de inmuebles en régimen de tiempo compartido;*
> PT: contratos de *aquisição de um direito de utilização a tempo parcial de bens imóveis.*

Sin entrar ahora en la no muy afortunada traducción al español del término inglés, al que sigue literalmente, y cuya crítica se puede encontrar en la exposición de motivos de Decreto legislativo que incorporó la Directiva al derecho español, la transposición a los distintos ordenamientos de la citada Directiva dio lugar a estos títulos:

> EN: The *Timeshare Regulations;*
> FR: Loi n° 98-566 concernant la protection des acquéreurs pour certains aspects des *contrats portant sur l'acquisition d'un droit d'utilisation à temps partiel de biens immobiliers;*
> DE: Gesetz über die *Veräußerung von Teilzeitnutzungsrechten an Wohngebäuden;*
> IT: Decreto legislativo concernente la tutela dell'acquirente per taluni aspetti dei *contratti relativi all'acquisizione di un diritto di godimento a tempo parziale di beni immobili;*
> ES: Ley n.° 42/98 de 15/12/1998 sobre *derechos de aprovechamiento por turno de bienes inmuebles de uso turístico;*

1. Las lenguas se mencionan por su abreviatura: DE para alemán, EN para inglés, ES para español, FR para francés, IT para italiano, y PT para portugués.

PT: Decreto-Lei n. 275/93 de 05/08/1993. Aprova o *regime jurídico da habitação periódica.*

Es preciso destacar aquí la dispersión semántica que se produce en las normas española y portuguesa respecto de la fórmula uniforme y estable de las otras lenguas. En el futuro los traductores comunitarios de otras lenguas deberán estar atentos a estas fórmulas, ya acuñadas en español y en portugués, para evitar caer en el error de una simple traducción literal.

Para terminar, reproducimos sendos párrafos de la Guía práctica común en los que se menciona específicamente la traducción y la importancia que ésta tiene en el contexto comunitario para los redactores de textos legislativos:

5.5. Por último, cabe realizar dos observaciones eminentemente prácticas en lo que respecta al nexo entre el texto de partida y sus traducciones correspondientes.

5.5.1. En primer lugar, el redactor debe velar por que el traductor pueda identificar de manera inmediata las fuentes utilizadas en el texto de partida. Si un fragmento del texto de partida ha sido retomado de un texto existente (Tratado, directiva, reglamento, etc.), deberá poder deducirse claramente del propio texto o indicarse por separado, llegado el caso, mediante los medios informáticos adecuados (véase la directriz 6). Cualquier cita oculta, sin mención de la fuente, corre el riesgo de dar lugar a una traducción libre en una o varias lenguas cuando precisamente el redactor quiso utilizar los términos auténticos de una disposición existente.

5.5.2. En segundo lugar, el redactor debe saber que pueden serle de gran utilidad las observaciones de los traductores y, de manera más general, de todos los servicios que realizan un examen lingüístico de su texto. En efecto, el examen del texto desde este punto de vista proporciona la ocasión de detectar errores y ambigüedades que pueden ser inherentes al texto de partida, aunque éste haya sido objeto de prolongadas reflexiones e incluso, o quizás sobre todo por ello, cuando la redacción haya sido objeto de dilatados debates entre varias personas. En ese momento, el redactor puede recibir información de los problemas detectados. En muchos casos, la mejor solución consistirá en retocar no la traducción sino el original.

Estas orientaciones realzan la función de la traducción como factor esencial en el proceso de formulación de los textos legislativos de la Unión Europea.

7. TRADUCCIÓN Y REVISIÓN EN UN PROCEDIMIENTO LEGISLATIVO DE CODECISIÓN TIPO

Para quienes deseen proseguir en el examen de la materia, queremos presentar sintéticamente, esta vez sí, cuáles y cuántas son las intervenciones de los traductores y de los revisores lingüísticos o jurídicos en un procedimiento típico de codecisión, es decir, en aquél en el que el PE es colegislador en pie de igualdad con el Consejo.

7.1. Fases del proceso legislativo del PE e intervenciones de traductores e intérpretes

a) Fase COM

- Las Direcciones Generales (DG) de la Comisión elaboran una propuesta legislativa normalmente en EN o FR (más raramente en DE).
  - Los funcionarios de la DG competente redactan aproximadamente un 80% de los textos en EN o FR: en muchos casos no es su lengua materna.
  - Transmiten el texto al Servicio de Traducción de la Comisión (grupos especializados) que traducen la propuesta legislativa.
- La Comisión Europea aprueba la propuesta (documento COM) y la transmite al PE y al Consejo.

b) Fase de 1ª lectura PE

- El ponente prepara un proyecto de informe y los diputados de las comisiones parlamentarias competentes (fondo y opinión) presentan enmiendas (en cualquier lengua) a la propuesta COM.
  - Las divisiones de traducción del PE traducen las enmiendas a todas las lenguas.
- La comisión parlamentaria competente para el fondo vota las enmiendas.
  - Las enmiendas aprobadas se incluyen en el informe del ponente.
  - Las divisiones de traducción del PE traducen el informe a las 20 lenguas.
  - El servicio de verificación del PE revisa las enmiendas antes del voto.
- El Pleno del PE vota el informe y las enmiendas.
  - El servicio de verificación revisa las enmiendas aprobadas y redacta un texto consolidado.
- Si el Consejo acepta todas las enmiendas, la propuesta se reputa adoptada.

c) Fase de 1ª lectura del Consejo y 2ª del PE

- Transmisión oficial del dictamen del PE al Consejo y a la Comisión.
- El Consejo examina la propuesta COM y las enmiendas del PE y, de no aceptarlas, sus servicios competentes preparan un proyecto de posición común (PPC) en EN o FR.
  - Los servicios de traducción del Consejo preparan y traducen el PPC a las 20 lenguas comunitarias.
  - Los servicios de verificación del PE y del Consejo revisan/afinan el PPC conjuntamente (reunión con expertos nacionales).
- Transmisión oficial de la Posición Común (POSCOM) al PE.
- La comisión parlamentaria competente examina y enmienda la POSCOM.
  - Los servicios de traducción del PE traducen las enmiendas.
  - Los servicios de verificación revisan las enmiendas antes de la votación en el Pleno.
- El Pleno vota las enmiendas (incluidas en el documento denominado *recomendación para la 2ª lectura*).

d) Fin en 2ª lectura del PE

- Si el Consejo acepta todas las enmiendas PE:
  - Los juristas revisores del Consejo preparan el documento PE-CONS (POS-COM + enmiendas del PE) y los juristas revisores del PE revisan/afinan dicho texto.
- El Consejo somete el texto PE-CONS a votación.
  - Los juristas revisores del Consejo y del PE respectivamente preparan y revisan texto LEX (instrumento legislativo oficial destinado a la firma por los presidentes y a su publicación en el Diario Oficial).

e) Conciliación

- Si el Consejo no acepta todas las enmiendas del PE se inicia el procedimiento de conciliación.
- El Comité de Conciliación (paritario PE y Consejo), con la mediación de la Comisión, acuerda un texto conjunto.
  - Los servicios de traducción del PE o del Consejo traducen las enmiendas convenidas por el Comité de Conciliación.
  - Los juristas revisores del PE y del Consejo preparan y revisan (alternativamente) los documentos PE-CONS (texto conjunto) y LEX.
- El Pleno del PE y el Consejo votan los PE-CONS en sesiones separadas.

- Si hay mayoría en el PE y en el Consejo: los presidentes del PE y del Consejo firman el documento LEX y publican en el Diario Oficial el instrumento legislativo (reglamento, directiva, decisión o recomendación).

BIBLIOGRAFÍA

CONSEJO EUROPEO (1958): *Reglamento nº 1, del Consejo, de 15 de abril de 1958, por el que se fija el régimen lingüístico de la Comunidad Económica Europea (DO 1958, 17, p. 385; EE 01/01, p. 8), en su versión modificada por los distintos Tratados de adhesión, y en último lugar por el Acta relativa a las condiciones de adhesión de la República de Austria, la República de Finlandia y el Reino de Suecia y a las adaptaciones de los Tratados en los que se fundamenta la Unión Europea*, DO 1994, C 241, p. 21, y DO 1995, L 1, p. 1.

DIVISIÓN DE TRADUCCIÓN ESPAÑOLA. PARLAMENTO EUROPEO (2003): *Guía del Principiante*, Parlamento Europeo, Luxemburgo [versión en formato electrónico disponible en <http://www.europarl.eu.int/transl_es/plataforma/pagina/guia/guia.htm>] (1ª edición impresa de 1997).

— (2003): «Level playing field», *Boletines terminológicos y normativos*, nº. 60, 17 de junio de 2003 [versión en formato electrónico disponible en <http://www.europarl.eu.int/transl_es/plataforma/pagina/celter/bol60.htm>].

PARLAMENTO EUROPEO (2003): *Decisión del Parlamento Europeo relativa a la revisión general del Reglamento*, DO C 261E, de 30.10.03, p. 349.

PARLAMENTO EUROPEO, CONSEJO Y COMISIÓN (1997): *Declaración nº 39 aneja al Acta Final del Tratado de Amsterdam, sobre la calidad de la redacción de la legislación comunitaria, adoptada el 2 de octubre de 1997 por la Conferencia Intergubernamental*, Boletín UE 12-1998.

— (1998): *Acuerdo interinstitucional relativo a las directrices comunes sobre la calidad de la redacción de la legislación comunitaria, de 22 de diciembre de 1998*, DO C73 de 17.3.1999, p. 1.

— (2003): *Guía práctica común para la redacción de los textos legislativos comunitarios,* Oficina de Publicaciones Oficiales de las Comunidades Europeas, Luxemburgo.

LA INTERPRETACIÓN Y LA TRADUCCIÓN EN EL TRIBUNAL PENAL INTERNACIONAL PARA LA EX YUGOSLAVIA

ELENA MARTÍN SALGADO[1]
Tribunal Penal Internacional para la ex Yugoslavia

1. INTRODUCCIÓN: EL TRIBUNAL PENAL INTERNACIONAL PARA LA EX YUGOSLAVIA

EL TRIBUNAL PENAL INTERNACIONAL para la ex Yugoslavia (en adelante, TPIY o Tribunal) fue establecido en 1993 por el Consejo de Seguridad conforme al capítulo VII de la Carta de Naciones Unidas como una medida *ad hoc* en respuesta a las violaciones sistemáticas del derecho internacional humanitario que se estaban cometiendo en el marco del conflicto armado en el territorio de la ex Yugoslavia. La Resolución 827 (1993), de 25 de mayo, aprobó el estatuto del TPIY (en adelante, Estatuto), que en sus artículos 2 a 5 establece que el TPIY es competente para enjuiciar los delitos de genocidio, los crímenes de lesa humanidad, las violaciones graves de los Convenios de Ginebra de 1949 y las violaciones de las leyes o usos de la guerra.

Como demuestran el modo de su creación y su composición, el TPIY, con sede en La Haya, es un tribunal de carácter internacional (artículos 12 y 13 del Estatuto). El ámbito de su jurisdicción territorial y temporal es limitado. El TPIY es competente para enjuiciar a los presuntos responsables de violaciones graves del derecho internacional humanitario cometidas en el territorio de la ex Yugoslavia a partir del 1 de enero de 1991 (artículos 1 y 8 del Estatuto). Su carácter de tribunal internacional y la naturaleza de su jurisdicción territorial contribuyen a que la interpretación y la traducción sean piezas esenciales del proceso ante el TPIY. Esta aportación pretende exponer el papel funda-

1. Las opiniones que se expresan en este artículo pertenecen a la autora y no reflejan necesariamente las opiniones del Tribunal Internacional Penal para la ex Yugoslavia o de Naciones Unidas. Esta aportación está basada en la intervención de la autora en la mesa redonda celebrada el 15 de noviembre del 2003 con el título «Los juristas ante los traductores» en el transcurso de las VII Jornadas Internacionales sobre la Traducción de la Universitat Jaume I. Quiero agradecer a Ana Beltrán el haberme permitido consultar y citar la traducción al castellano de las Reglas de Procedimiento y Prueba realizada por ella.

mental que desempeñan los intérpretes y los traductores en el TPIY. Pretendo señalar brevemente cuáles son, desde la perspectiva de una jurista, los retos que se plantean en este contexto y las soluciones que se han diseñado.

2. LOS IDIOMAS DE TRABAJO DEL TPIY

El Estatuto establece en su artículo 33 que los idiomas de trabajo del TPIY son el inglés y el francés y en este mismo sentido se pronuncia la regla 3 (A) de las Reglas de Procedimiento y Prueba. Al mismo tiempo, el artículo 21 del Estatuto prevé que el acusado tiene derecho a ser informado sin demora, en un idioma que comprenda y en forma detallada, de la naturaleza y causas de los cargos que se le imputan y a ser asistido gratuitamente por un intérprete, si no comprende o no habla el idioma empleado en el TPIY.

Como he señalado antes, la jurisdicción territorial del TPIY se extiende al territorio de la ex Yugoslavia, mientras que la jurisdicción temporal está delimitada en su inicio por la fecha de 1 de enero de 1991, sin tener por el momento término final. De acuerdo con la Resolución 827 (1993), una vez restaurada la paz, el Consejo de Seguridad deberá determinar una fecha final. La repercusión en la práctica es que la mayoría de los aproximadamente 60 acusados actualmente pendientes de juicio ante el Tribunal sólo comprenden y hablan serbo-croata. Una minoría de ellos sólo comprende y habla albanés.[2]

3. LA INTERPRETACIÓN ANTE EL TPIY

De conformidad con los artículos 21 y 33 del Estatuto, las sesiones de audiencia se interpretan simultáneamente en tres idiomas: inglés, francés y el idioma del acusado. Pese a ello, las actas de las sesiones de audiencia sólo se redactan en los idiomas de trabajo del TPIY por considerar que éstas constituyen simplemente un *aide-mémoire* para los partícipes en las mismas.[3]

Así pues, al inicio de cada sesión de audiencia, el juez que preside la sala se cerciora de que los acusados le escuchan en un idioma que comprenden, y de que él pueda comprenderlos a ellos. Pese a que esta aportación no pretende abordar los aspectos técnicos de la interpretación en la sala, es interesante comentar a título anecdótico que el Sr. Slobodan Milosević, ex presidente de

2. *Vid.* Res. 1160 (1998) de 31 de marzo, que prevé la investigación por parte de la fiscal del TPIY de los hechos ocurridos en Kosovo.
3. *Prosecutor v Delalić et al*, Case IT-96-21-T, Decision on Defence Application for Forwarding the Documents in the Language of the Accused, 25 de septiembre de 1996, § 14.

la República Federal Yugoslava (Serbia y Montenegro), quien declaró al comienzo del proceso contra él que no reconocía la autoridad del Tribunal, se negó en un principio a ponerse los auriculares que permiten seguir la interpretación. Tal acción llevó a que se instalasen unos altavoces en torno al Sr. Milosević para permitirle seguir la interpretación del proceso contra él.

Las Reglas de Procedimiento y Prueba promulgadas por el Tribunal prevén en cualquier caso que un acusado tendrá derecho a utilizar su propio idioma (regla 3 (B) de las Reglas de Procedimiento y Prueba). De la misma manera, esta normativa prevé que las personas, distintas al abogado defensor, que comparezcan ante el TPIY y no tengan suficiente conocimiento de cualquiera de los dos idiomas de trabajo, podrán utilizar su propio idioma. La mayoría de los testigos que comparecen ante el TPIY provienen de la ex Yugoslavia y sólo hablan serbo-croata o albanés, según el caso.

En este sentido resultan relevantes para la tarea interpretativa las referencias culturales específicas a la ex Yugoslavia. En el asunto *Vasiljević*, el acusado, que era serbo-bosnio, describió su relación con otro acusado como una relación basada en el *kum*. El *kum* es un vínculo que se crea entre dos familias que no están necesariamente unidas por parentesco, y es una institución particular de la cultura serbia que no se presta a traducción. Así lo indicaron en su momento los intérpretes y a partir de ahí se le plantearon preguntas al acusado con el fin de entender a fondo el significado de esa institución.[4]

Las Reglas de Procedimiento y Prueba no impiden que el abogado defensor emplee el idioma del acusado durante las sesiones de audiencia, lo que reconoció el TPIY en una resolución temprana en el asunto *Delalić*.[5] Es, sin embargo, un requisito para el nombramiento del abogado defensor que éste hable uno de los dos idiomas de trabajo del TPIY, si bien a petición del sospechoso o acusado y cuando el interés de la justicia así lo exija, se le podrá nombrar un abogado que no hable ninguno de los idiomas de trabajo del TPIY pero que hable la lengua del sospechoso o acusado (reglas 44 y 45 de las Reglas de Procedimiento y Prueba). La capacidad del abogado defensor de manejar uno de los idiomas de trabajo del TPIY es relevante para la presentación de mociones escritas ya que éstas deben presentarse en uno de los idiomas de trabajo y, al contrario de las decisiones de la Sala, no es necesario que se traduzcan al idioma del acusado.[6] El acusado que se representa a sí mismo, por el contra-

---

4. *Prosecutor v Vasiljević*, Case IT-98-32-T, Judgment, 29 de noviembre de 2002, § 76-77 y nota 156.
5. *Vid.* regla 3 de las Reglas de Procedimiento y Prueba. *Vid. Prosecutor v Delalić et al*, Case IT-96-21-PT, Decision on Defence Application for Forwarding the Documents in the Language of the Accused, 25 de septiembre de 1996, § 12.
6. *Prosecutor v Delalić et al*, Case 21-PT, Decision on Defence Application for Forwarding the Documents in the Language of the Accused, 25 de septiembre de 1996, § 10.

rio, puede dirigirse por escrito al Tribunal en su propio idioma, ya que, como se ha señalado, las Reglas de Procedimiento y Prueba prevén en cualquier caso que un acusado tendrá derecho a utilizar su propio idioma (regla 3 (B) de las Reglas de Procedimiento y Prueba).

La regla 76 de las Reglas de Procedimiento y Prueba establece que, antes de asumir funciones, todo intérprete o traductor declarará solemnemente que desempeñará sus funciones de manera fiel e imparcial y con pleno respeto al deber de confidencialidad. De acuerdo con esta regla la Secretaría del TPIY promulgó el código ético de los intérpretes y traductores empleados por el Tribunal.

En las tareas habituales no deja de haber, sin embargo, quien cuestiona tanto la fidelidad como la imparcialidad de la interpretación: uno de los acusados, el Sr. Vojislav Šešelj, fundador del Partido Radical Serbio, y que escogió representarse a sí mismo, presentó una instancia poco después de su comparecencia inicial en la cual se quejaba entre otras cosas de que la interpretación al «serbio» del acta de acusación le resultaba incomprensible ya que contenía términos croatas.[7] La Sala de Primera Instancia respondió que las palabras que el Sr. Šešelj pretendía no comprender eran simplemente variantes del idioma, denominado *bosnian-croat-serb* (o *B/C/S*) en la práctica del Tribunal, que el acusado comprende.[8] La resolución de la Sala de Primera Instancia contiene un original anexo lingüístico que recoge las diferencias entre las variantes serbia y croata de las palabras sobre las que el acusado presentaba objeciones.

De manera adicional cabe señalar que en el ámbito del TPIY, la importancia de la interpretación no se reduce a las sesiones de audiencia. La interpretación es una herramienta fundamental tanto para la investigación del delito por parte de la fiscal, en la que se incluye el interrogatorio del sospechoso o acusado, como en el día a día de la Unidad de Detención.[9] En el TPIY, «no existe la figura del juez instructor y es el Fiscal el que lleva a cabo toda la investigación anterior al juicio» (Beltrán, 2003: 53) tal como establece la regla 59 de las Reglas de Detención.

Las salas han demostrado en más de una ocasión que se esfuerzan por salvaguardar la independencia e imparcialidad de los intérpretes. Así, la defensa de uno de los acusados en el asunto *Delalić* solicitó que la Sala de Primera Instancia citase a un intérprete como testigo. La defensa mantenía que la fiscalía intimidó a su cliente, y que el intérprete que interpretó esa conversación

---

7. *Prosecutor v Šešelj,* Case IT-03-67-AR73, Submission number 7, 9 de abril de 2003.
8. *Prosecutor v Šešelj,* Case IT-03-67-PT, Decision on Prosecution's Motion for Order Appointing Counsel to Assist Vojislav *Šešelj* with his Defence, 9 de mayo de 2003, § 24 y anexo.
9. *Vid.* reglas 42 y 63 de las Reglas de Procedimiento y Prueba.

tenía conocimiento de la intimidación. La sala denegó la petición de la defensa. Según la sala, la administración de justicia debe proteger a los intérpretes de la aprensión constante de verse involucrados en un conflicto entre las partes respecto al desempeño de sus funciones.[10]

4. LA TRADUCCIÓN EN EL MARCO DEL TPIY: LA TRADUCCIÓN JURÍDICA

Respecto a la traducción, conviene diferenciar entre la traducción de los medios de prueba que requieren traducción (como la prueba documental) y la traducción de los fallos y resoluciones del TPIY.

En cuanto a la primera, en el contexto de la etapa preliminar del proceso, anterior al juicio oral, la regla 66(A) establece que la fiscal debe poner a disposición de la defensa, en un idioma que el acusado entienda, el material soporte del acta de acusación, cualquier declaración obtenida del acusado por la fiscal y las declaraciones de todos los testigos que ésta propone llamar a testificar. Por el contrario, no es necesario traducir al idioma del acusado el material sujeto a divulgación por las partes si éste se encuentra en alguno de los idiomas de trabajo del TPIY, por considerarse que las garantías del derecho del acusado a ser informado de la naturaleza y causa de los cargos que se le imputan y de su derecho a disponer de los medios adecuados para la preparación de su defensa se extienden únicamente a la prueba practicada durante el juicio oral.[11] En el asunto *Naletilić,* la Sala de Primera Instancia determinó que los medios de prueba propuestos por las partes para su admisión durante la fase de juicio oral debían estar disponibles en un idioma que el acusado comprendiera y en al menos uno de los idiomas de trabajo del TPIY, y que era responsabilidad de la parte que propone la prueba el asegurarse que dichas traducciones están disponibles en el momento de la proposición de la prueba para su admisión.[12]

---

10. *Prosecutor v Delalić et al*, Case IT-96-21-T, Decision on the Motion Ex Parte by the Defence of Zdravko Mucić Concerning the Issue of a Subpoena to an Interpreter, 8 de julio de 1997, § 20.
11. *Prosecutor v Delalić et al*, Case IT-96-21-T, Decision on Defence Application for Forwarding the Documents in the Language of the Accused, 25 de septiembre de 1996, § 8. El material sujeto a divulgación viene recogido en las reglas 66 (B), 67 y 68 de las Reglas de Procedimiento y Prueba.
12. *Prosecutor v Naletilić and Martinović,* Case IT-98-34-T, Decision on Defence's Motion Concerning Translation of all Documents, 18 de octubre de 2001. La resolución de la Sala de Primera Instancia en este asunto es de conformidad con la resolución en el asunto *Delalić* de 25 de septiembre *supra*.

Como he señalado con anterioridad, todas las resoluciones y los fallos dictados por el TPIY se realizan en inglés y francés (sólo uno de las dos se considera el texto auténtico), y, de conformidad con los derechos del acusado que recoge el Estatuto, se traducen al idioma del acusado.[13] La traducción de los fallos al idioma del acusado suele por lo general jugar, además, un papel de difusión de los fallos y sentencias del TPIY. Esta función informativa es muy relevante ya que uno de los fines explícitos del Consejo de Seguridad al crear el Tribunal es el mantenimiento de la paz, al que el TPIY aspira mediante su contribución a la reconciliación de los pueblos de la ex Yugoslavia. No es mi intención centrarme en este aspecto; quiero, por el contrario, señalar las dificultades que presenta que el TPIY mantenga dos idiomas de trabajo, el inglés y el francés, y la importancia que en este contexto cobra la traducción jurídica.

Como ilustración de alguna de las dificultades que se pueden presentar en el contexto de los dos idiomas de trabajo, me referiré a un fallo dictado por el Tribunal Penal Internacional de Ruanda (en adelante, TPIR) donde condenaba a un acusado, entre otros delitos, por genocidio. La dificultad que surgió en este caso fácilmente podría haber surgido en el TPIY, ya que los estatutos de los dos tribunales son idénticos en este aspecto, en el sentido de que en ellos se reproduce la definición del delito de genocidio que aparece recogida en la Convención para la Prevención y Sanción del Crimen de Genocidio (1948). La Sala de Primera Instancia del TPIR en el asunto *Akayeshu* reparó en que la versión francesa de dicha Convención difería de la versión inglesa en lo relativo a la definición de la conducta constitutiva de genocidio. La versión francesa se refiere a *meurtre* mientras que la inglesa se refiere a *killings*. La Sala consideró, en este punto, que en comparación con la versión francesa, la versión inglesa era demasiado general, ya que también engloba el homicidio imprudente. La Sala optó por la versión francesa al ser más favorable al acusado.[14]

La ambigüedad en el texto de los tratados internacionales se puede solucionar a través de las reglas de interpretación recogidas en la Convención de Viena sobre el derecho de los tratados (1969). No obstante, las complicaciones que causan los idiomas de trabajo múltiples no se limitan a los tratados. Antes al contrario.

Una de las fuentes del derecho a la que el TPIY hace referencia constante la constituyen los principios generales del derecho (artículo 38 del Estatuto de la Corte Internacional de Justicia, 1945).

---

13. *Prosecutor v Delalić et al*, Case IT- IT-96-21-PT, Decision on Defence Application for Forwarding the Documents in the Language of the Accused, 25 de septiembre de 1996, § 14.
14. *Prosecutor v Akayeshu*, Case ICTR-96-4-T, Judgement, 2 de septiembre de 1998, § 500-501.

La traducción jurídica es esencial en este contexto. Como ilustración me referiré a las formas de responsabilidad del acusado. Un error usual (un *falso amigo*, como se le conoce en la jerga de la traducción) es asumir que el *cómplice* francés equivale al *accomplice* inglés, cuando no es así: *cómplice* es más parecido al inglés *aider and abettor* mientras que el concepto de *accomplice liability* se refiere en general a la pluralidad de actores. Esta confusión ha sido recientemente solucionada por la Sala de Apelación en el asunto *Krnojelac,* al corregir los errores de traducción que aparecían en la versión no auténtica de la sentencia de la Sala de Primera Instancia.[15]

Las complicaciones se suelen apreciar sobre todo en el contexto de las diferencias entre el derecho continental y el *Common Law*. Esto da lugar a soluciones dispares entre las salas de primera instancia, según el origen de los magistrados. Las sentencias de la Sala de Apelación, sin embargo, son vinculantes para las salas de primera instancia, y sientan jurisprudencia.

5. CONCLUSIÓN

A modo de conclusión, me gustaría señalar que pese a lo importante de la aportación de la traducción jurídica en el momento de encontrar equivalentes en el lenguaje jurídico, el problema de fondo es, finalmente, que los juristas que trabajan en el Tribunal provienen de sistemas jurídicos diversos, a los que como es natural tienden a hacer referencia. Junto con ello, estos juristas deben operar en un sistema *sui generis* que no pertenece a ningún sistema en particular y que, por el contrario, se encuentra en continua formación. A medida que este sistema se desarrolle, por ejemplo a través de las sentencias de la Sala de Apelación, será más accesible para los juristas del Tribunal utilizar conceptos que, sin bien pueden parecer extraños a alguno de ellos por no tener equivalente en su propio ordenamiento jurídico, estarán dotados de un significado autónomo en la jurisprudencia del Tribunal. Se trata finalmente de crear un lenguaje común.

Es previsible que la Corte Penal Internacional se tope con complicaciones similares, al disponer de dos lenguas de trabajo (el inglés y el francés –si bien las lenguas oficiales de la Corte Penal Internacional son cinco), según el artículo 50 del Estatuto de Roma de la Corte Penal Internacional (1998). Espero que la jurisprudencia y la experiencia del TPIY sean de utilidad.

---

15. *Prosecutor v Krnojelac*, Case IT-97-25-A, Judgement, 17 de septiembre de 2003, § 71 y notas 101 y 104.

BIBLIOGRAFÍA

BELTRÁN MONTOLIU, A. (2003): *Los Tribunales Penales Ad Hoc para la ex Yugoslavia y Ruanda: organización, proceso y prueba*, Valencia, Tirant lo Blanch.

JONES, J.R.W.D y POWLES, S (2003): *International Criminal Practice: the International Tribunal for the Former Yugoslavia, the International Criminal Tribunal for Rwanda, the International Criminal Court, the Special Court for Sierra Leone, the East Timor Special Panel for Serious Crimes, war crimes prosecution in Kosovo*, Irvington-on-Hudson, Transnational Publishers.

LEGISLACIÓN INTERNACIONAL

ORGANIZACIÓN DE NACIONES UNIDAS (1945): *Estatuto de la Corte Internacional de Justicia de 24 de octubre de 1945* [versión electrónica disponible en <http://www.un.org/spanish/aboutun/icjstat.htm>].

— (1948): Convención para la Prevención y Sanción del Delito de Genocidio de 9 de diciembre de 1948 [versión electrónica disponible en <http://www.unhchr.ch/spanish/html/menu3/b/p_genoci_sp.htm>].

— (1949): Convenio de Ginebra de 12 de agosto de 1949 relativo al trato debido a los prisioneros de guerra [versión electrónica disponible en <http://www.icrc.org/Web/spa/sitespa0.nsf/html/5TDKYK>].

— (1969): Convención de Viena de 23 de mayo de 1969 sobre el derecho de los tratados [versión electrónica disponible en <http://www.derechos.org/nizkor/ley/viena.html>].

— (1998): Estatuto de Roma de 17 de julio de 1998 de la Corte Penal Internacional [versión electrónica disponible en <http://www.un.org/spanish/law/icc/statute/spanish/rome_statute(s).pdf>].

TRIBUNAL PENAL INTERNACIONAL PARA LA EX YUGOSLAVIA (1999): «Código ético de los intérpretes y traductores empleados por el tribunal» (*Code of Ethics of Interpreters and Translators Employed by the International Criminal Tribunal for the former Yugoslavia*), *IT*, 144, 5 de marzo de 1999.

— (1999): «Reglas de Detención» (*Rules Governing the Detention of Persons Awaiting Trial or Appeal before the Tribunal or Otherwise Detained on the Authority of the Tribunal*), *IT*, 38, Rev. 8, 22 de noviembre de 1999.

— (1994): «Reglas de Procedimiento y Prueba» (*Rules of Procedure and Evidence*), *IT*, 32, Rev. 34, 11 de febrero de 1994.
— (1993): «Estatuto del Tribunal Penal Internacional para la antigua Yugoslavia», Resolución 827 (1993), de 25 de mayo, *Boletín Oficial del Estado*, nº. 281, de 24 de noviembre de 1993.

TREINTA Y CINCO AÑOS DE TRADUCCIÓN EN ORGANIZACIONES INTERNACIONALES. BREVÍSIMAS REFLEXIONES PERSONALES

FERNANDO PÉREZ-BARREIRO NOLLA
Ex traductor jefe de la Organización Internacional del Café

ESTA CONTRIBUCIÓN la realizo después de participar en un enriquecedor foro de debate que tuvo lugar en la Universitat Jaume I en noviembre de 2003. Participar en este interesante encuentro me dejó patente la distancia que media entre la situación de la traducción y su estudio hoy y cuando yo empecé mi vida profesional en este campo, hace más de tres decenios. Hablar de profesión entonces no era habitual ni realista. Había vocaciones, sin duda, pero no existía un marco de trabajo y formación que permitiese plantearse un futuro de traductor. Desde distintas procedencias se llegaba a una actividad que podía ser un medio de vida más o menos satisfactorio, pero que distaba mucho de estar estructurada.

Esta situación, sin embargo, contaba con una excepción: las organizaciones internacionales. En lo que sigue relataré experiencias relacionadas con este contexto y me centraré sobre todo en las Naciones Unidas y los organismos especializados de su *sistema*, así como algunas otras organizaciones de características muy semejantes en lo que concierne a lo que aquí nos interesa, por lo que incluiré las de productos básicos (Organización Internacional del Café, Organización Internacional del Cacao, etc.). Las instituciones europeas llegaron más tarde para España, y por tanto para mis combinaciones lingüísticas, tienen características diferentes y, en todo caso, quedan fuera de mi experiencia personal, a la que quiero ceñirme aquí.

Fue en esas organizaciones internacionales que comento donde primero se configuró, en nuestros tiempos, la traducción como carrera, el enfoque *profesional* de una actividad antes inarticulada, aislada y *débil*. La creación de secciones de traducción dio lugar a un trabajo en equipo, caracterizado y pagado como actividad profesional equiparable a otras de ese carácter en las mismas organizaciones, al que era posible dedicarse con cierta seguridad de permanencia. De pasante a revisor, hubo vidas que transcurrieron por ese cauce hasta la jubilación y la pensión. Con ello fue surgiendo también un acervo de conocimientos, una depuración de conceptos y experiencias que se incorporó a los recursos de las organizaciones y al quehacer traductor en general.

Llama la atención que, ahora que la traducción ha ganado rango universitario y profesional, esté en crisis el concepto de las secciones o departamentos permanentes de traducción, no sólo en las organizaciones internacionales sino también en las grandes empresas en que existían con las mismas ventajas que señalamos. Los dogmas o las modas recientes de la economía y la gestión llevaron a fragmentar la labor de traducción orgánica y a contratarla fuera de la organización. En casos extremos fueron suprimidas por completo las secciones permanentes. Se generalizaron también los contratos a corto plazo, en detrimento de los que llegaban hasta la jubilación del funcionario.

Se está empezando a observar ahora un movimiento de corrección de esos excesos. Pero hay motivos para no acentuar demasiado el lado negativo de lo ocurrido estos últimos años. Es cierto que tiene cabida la traducción «externa», que puede incluso resultar absolutamente necesaria por el volumen de trabajo que se demanda, y es cierto también que puede mantenerse la calidad y la coherencia de las traducciones si están ancladas en un núcleo asentado en la organización. Sólo ese núcleo puede, por ejemplo, ir elaborando glosarios, manteniendo las referencias y unificando criterios cuando haga falta. Es posible que se esté configurando una estructura mixta que puede ser satisfactoria, a largo plazo, para todos los participantes, mientras no se desmantele el núcleo central.

El avance de la tecnología guarda relación también con lo que acabo de decir. Hace posible esa situación, pero no es su causa, y tiene, a mi modo de ver, aspectos muy prometedores. De una de sus facetas, la de los sistemas de traducción automática, se habla mucho; de otra, la de la comunicación informatizada, se habla menos. Se nos pregunta a menudo, con cierta aprehensión casi siempre, si en las organizaciones en que trabajamos se usa mucho o poco, y con qué resultados, la traducción automática. La traducción automática pareció muy prometedora en su momento, sobre todo a quienes la veían con mentalidad gerencial como solución del problema que plantea el enorme volumen de traducción que hay que abordar. Influyó en esas expectativas el exceso de optimismo en cuanto a lo que son los idiomas y, en general, la falta de conciencia, no sólo entre los administradores sino también entre los propios traductores y la sociedad en general, de lo que es traducir y de los distintos niveles a que se conocen y utilizan las lenguas. En las instituciones europeas existe una larga y, según parece, fructífera experiencia en este terreno. Se está demostrando que no puede confiarse a procedimientos automáticos la traducción de textos *delicados*, como son casi siempre los jurídicos. Se hace necesaria la intervención de revisores que refinen la traducción bruta.

Lo que sí es de valor indudable para el traductor son los instrumentos de ayuda informatizados, tales como las memorias de traducción, las bases de datos y, por supuesto, los recursos lexicográficos y las búsquedas en Internet. Es importante la formación de criterio, sobre todo en este último aspecto, para cribar con juicio crítico lo que allí se encuentre. Volviendo a la situación de crisis profesional, debo decir que uno de los aspectos más prometedores de la nueva tecnología es la posibilidad de comunicación rápida de los traductores externos entre sí y con un núcleo competente en la sede de la organización.

Quiero referirme, aunque sólo enumerándolos más que analizándolos, a un par de temas que nacen del ámbito de mis pasadas tareas y que brindo a la reflexión y el estudio de los lectores.

La condición o *estatus* del original y la que haya de tener su traducción (igual o subordinada) es factor de primer orden. Y también el destino de uno y otro texto. Se trata de criterios funcionales de aplicación en todas las esferas de la traducción, pero su cuidadosa consideración arroja luz sobre la raíz de algunas de las exigencias de la traducción en organizaciones internacionales. En ciertos casos, la traducción tiene la misma eficacia jurídica que el original, como ocurre en algunos tratados y acuerdos. En otros se trata de documentos menos importantes, o más efímeros, destinados muchas veces a ser debatidos o analizados en grupos de trabajo. Las repercusiones de esas y otras diferencias en la labor del traductor, e incluso en la posible conveniencia de hacerlo participar o dar su opinión profesional en la redacción del original, son sumamente importantes. Me remito a lo que he escrito al respecto con algo más de detenimiento (véase Pérez-Barreiro, 2000).

En este marco funcional, cabe destacar la doble exigencia de paralelismo formal entre la traducción y el original cuando se trata de documentos a los que se va a hacer referencia en debates o en su uso futuro. Una vez más, el estatus y el destino del documento son factores decisivos. En todo caso, no hay que olvidar que la fidelidad –requisito más esencial todavía que el paralelismo, ya que se aplica a todo tipo de traducción– nos impone la obligación de mantener el tono del texto. Con todo, y enlazado con esto, ¿se puede *mejorar* el original? Claro está que no es fácil trazar la línea divisoria entre una intervención justificada, necesaria y, sobre todo, *inofensiva* y un inmiscuirse en la expresión ajena y sustituirla por la propia. La renuncia a la elegancia en aras de la fidelidad es un principio bien establecido. Y, como todos los principios, no debe olvidarse nunca, pero no debe usarse nunca tampoco como fácil excusa para eludir esfuerzos. Además, elegancia no quiere decir adorno ni perifollos, sino facilidad y buen curso natural de la expresión.

El buen estilo tiene mucho que ver con otra imposición de la tarea traductora en el contexto de las organizaciones internacionales. La realidad propia de estas instituciones, como cualquier otra realidad social, ha dado origen a un lenguaje, en cierta medida, propio. Hay un estilo de las organizaciones y un *estilo de la casa* en cada una de ellas, además de lo que es propiamente terminología, de contenido más temático. Este estilo institucional es el poso de la labor de los traductores que nos antecedieron y la responsabilidad de quienes los sucedimos y nos sucederán. Hay que combinar, pues, el respeto a esta tradición con la necesidad indiscutible de evolución.

En esta misma línea, la uniformidad de referencia a la realidad *oficial* es muy importante. Todo cuanto tenga un nombre oficial o establecido debe recibir ese nombre tantas cuantas veces aparezca en las tareas de traducción. El traductor no debe *bautizar* lo que ya está bautizado.

Quizá quepa aquí referirse a que en las organizaciones internacionales de que hablo, a diferencia de la Unión Europea, cobra mayor relieve la condición de lengua universal que tiene el español. Debe el traductor ser especialmente sensible a esa realidad y evitar localismos, incluidos los peninsulares, y aprovechar también, con criterio abierto, la posibilidad de recoger aportaciones útiles, cualquiera que sea su procedencia.

Antes de poner fin a esta contribución, quisiera aportar un grano de arena desde la experiencia en estos contextos internacionales a la cuestión de cuánto derecho debe saber el traductor jurídico. Esta es una cuestión que bien podría generalizarse a «cuánto debe saber el traductor de lo que traduce». Mi opinión es, simplemente, que cuanto más, mejor. Y, en todo caso, tiene que saber mucho. Pero creo también que hay una forma especial de saber propia del traductor, y estoy seguro de que muchos de los colegas traductores y, también los traductólogos, sabrán a qué me refiero. No se trata de ser una enciclopedia ambulante: las enciclopedias siempre están ahí para consultarlas. Con todo, no hay que olvidar que es uno de los placeres de este nuestro menester enterarse de muchas cosas, explorar sin agotarlos –pero tampoco con superficialidad frívola– muchos aspectos del mundo y de la vida. No puedo explicar más ese *saber del traductor*, y en todo caso remito a otras contribuciones de este volumen (Mayoral, 2005). No obstante, tengo la seguridad de que existe: es una de esas cosas que entienden quienes comparten la pasión traductora.

BIBLIOGRAFÍA

MAYORAL ASENSIO, R. (2005): «¿Cuánto derecho debe saber el traductor jurídico?» en E. MONZÓ y A. BORJA (ed.) (2005): *La traducción y la interpretación en las relaciones jurídicas internacionales*, Castellón, Universitat Jaume I.

PÉREZ-BARREIRO, F. (2000): «Reflexiones sobre la traducción en el ámbito de las organizaciones internacionales» en D. KELLY (ed.) (2000): *La traducción y la interpretación en España hoy: perspectivas profesionales*, Granada, Comares, pp. 101-116.

COLOREAR LA LITERATURA GRIS: ÚLTIMAS TESIS EN TRADUCCIÓN JURÍDICA

APORTES PARA LA SISTEMATIZACIÓN DE LA ENSEÑANZA DE LA TRADUCCIÓN JURÍDICA (FRANCÉS-ESPAÑOL)

CRISTINA VALDERREY REÑONES
Universidad de Salamanca

1. INTRODUCCIÓN

EN ESTA TESIS leída en la Universidad de Salamanca en junio de 2002 se analiza la traducción jurídica (en adelante, TJ) con una finalidad concreta: aplicar los resultados obtenidos en dicho análisis a la formación de traductores profesionales con el propósito último de avanzar en la sistematización de la enseñanza en este campo.

En España, concretamente dentro de la combinación lingüística francés-español, el panorama investigador en TJ puede definirse como un ámbito poco transitado y, en ese sentido, caracterizado por la presencia de lagunas teóricas y metodológicas. Éstas derivan no sólo de la escasa nómina de estudiosos con la que cuenta la materia (Gallegos, 1996; Navarro, 1999; Ortega, 1996, 1999; San Ginés y Ortega, 1996; Véglia, 1995, 1997*a*, 1997*b*) sino también de la propia naturaleza de los trabajos existentes. Abundan los trabajos puntuales sobre aspectos concretos de la disciplina, por lo que no permiten aportar conclusiones de alcance general sobre las que asentar el necesario avance en materia didáctica.

Por lo que respecta al panorama francófono, y fuera del contexto canadiense (donde destacamos el ingente esfuerzo investigador llevado a cabo por el profesor Jean Claude Gémar; véase Gémar, 1979, 1982, 1995*a*, 1995*b*, etc.), esta encrucijada entre el derecho y la traductología tampoco ha sido un espacio muy frecuentado por los especialistas de una y otra disciplina. En líneas generales, los estudios existentes en lengua francesa están marcados por un aspecto fundamental: la aparición de grandes focos de estudio geográficamente delimitados –Canadá o, en menor grado, Suiza– y condicionados por las necesidades prácticas de dicho entorno. Es innegable que este hecho ha impulsado la investigación en el campo aunque sea a través de planteamientos sesgados, al favorecer una investigación centrada exclusivamente en las necesidades traductoras autóctonas; es decir, derivadas de situaciones de cooficialidad lingüística o de coexistencia de sistemas jurídicos diferentes. Como consecuencia de esto la investigación se polariza, por un lado, en el estudio del texto normativo y administrativo, de forma que obvia otras variedades textuales, y por otro lado, en el análisis de versiones vinculantes, con lo que desatiende otras finalidades traslativas como la traducción informativa.

Asimismo, y en aras de una caracterización más ajustada a la realidad de la investigación desarrollada en TJ, es preciso añadir que el mayor énfasis investigador ha sido puesto hasta el momento en la *fase de reexpresión* (búsqueda de equivalentes, adaptación a los usos genéricos en LT, etc.) frente a la fase previa de comprensión; fundamental en todo proceso traductor y obstáculo inicial, por excelencia, en la enseñanza. Quizá a este hecho haya contribuido la creencia tradicional que encumbra al jurista como traductor natural en este campo y que, a su vez, lleva a conceder atención prioritaria a la *figura del experto*, en detrimento del aprendiz, y a dirigir el interés investigador hacia las necesidades del primero (la búsqueda de equivalentes, ante todo, ya que se le presupone capacitado para comprender el texto jurídico).

2. METODOLOGÍA

Todo lo anterior deja traslucir un panorama investigador fragmentario que dificulta la sistematización de la materia, elemento básico este último para la elaboración de planteamientos didácticos y marcos metodológicos operativos. Para hacer frente a tales circunstancias, se apuesta por un método de perspectiva descriptiva que, desde una aproximación global, permita analizar las particularidades de este tipo de traducción en su conjunto. Más exactamente, en esta investigación se emplean dos tipos de análisis de carácter complementario: *descriptivo* y *experimental*. Con ello, se pretende demostrar la validez de ambos enfoques para avanzar en la sistematización de la enseñanza de la TJ.

El *método descriptivo* permite ahondar en el proceso traductor en TJ y caracterizar aquellos subcomponentes competenciales específicos en la práctica traductora en este campo, localizar vacíos teóricos y lagunas metodológicas, así como analizar aspectos poco estudiados que requerían un esfuerzo sistematizador mayor por tratarse de elementos clave en la enseñanza de la TJ. A saber: la naturaleza y funcionamiento del saber temático en TJ, la elaboración de propuestas taxonómicas operativas en el ámbito didáctico, el desarrollo de metodologías eficaces para mejorar la comprensión del texto jurídico o la caracterización de la figura del aprendiz tipo. Se sigue tres hilos conductores en el análisis descriptivo: la concepción del derecho como sistema, la dimensión sociocultural de éste y la relación estrecha existente entre lenguaje y derecho.

3. INVESTIGACIÓN

Se profundiza, primero, en la naturaleza sistémica del derecho y en sus implicaciones para la práctica y la enseñanza de la TJ; relacionadas, fundamentalmente, con el tipo de conocimientos sobre derecho que debe poseer el traductor jurídico para desempeñar su labor con garantías de éxito y, más en concreto, con el tipo de saber temático que debe adquirir el aprendiz. En lo que concierne a esta cuestión, existe un consenso generalizado en torno a su importancia capital y a la necesidad de desarrollar dicho saber en el aprendiz. Sin embargo, no se han elaborado planteamientos metodológicos sistematizados al respecto dejando, en muchos casos, el desarrollo de este componente competencial específico al albur de la autoformación del aprendiz. Esta ausencia de sistematización metodológica puede deberse al hecho de que se da por sentada la necesidad de que el aprendiz adquiera dichos conocimientos temáticos cuando siguen sin aportarse datos suficientemente esclarecedores sobre la naturaleza o el funcionamiento de éstos.

En este estudio se parte de la premisa siguiente: el saber temático del traductor no es asimilable al del jurista. Parafraseando a Sager (Cabré, 1993: 14-15), se sostiene que existen niveles diversos de saber y que en el tratamiento del conocimiento especializado puede intervenir tanto una competencia ejecutiva como una competencia operativa. Esto permite plantear que el saber empleado en la operación traslativa no es equiparable a la competencia ejecutiva, propia del experto en la materia, sino a la operativa. Sin ser especialista en derecho, el traductor jurídico comprende textos del campo hasta el punto de poder reexpresarlos en otra lengua; con lo que ocupa una posición de puente entre el lenguaje y la materia jurídica ya que conoce el lenguaje de ésta, pero no conoce la materia como la conoce el jurista. En definitiva, éste no tiene que dominar la estructura conceptual hasta lo que presupone el saber *ejecutarla*, como ocurre con el especialista.

Paralelamente, se reivindica el valor del derecho comparado en el desarrollo del saber temático del aprendiz. Y ello porque se entiende que dicho saber se corresponde más con un conocimiento sobre el funcionamiento de los sistemas jurídicos de trabajo que con un saber, estrictamente temático, sobre la normativa vigente. Se aboga, pues, por el desarrollo de un *saber sistémico sobre derecho de índole comparada*. A este respecto, las técnicas y métodos utilizados en derecho comparado resultan de gran ayuda para el aprendiz al permitir determinar diferencias y convergencias entre los sistemas jurídicos de trabajo, tanto desde el punto de vista terminológico (análisis microcomparado) como sistémico (análisis macrocomparado). Se propone, así, utilizar parámetros macrocomparados para extraer conocimientos sobre el funcionamiento de la materia jurídica en los distintos ordenamientos de trabajo, y esto desde diferentes ángulos. Entre otros: los mecanismos jurídicos empleados (como el *principio de jerarquía* aplicado a la organización judicial, administrativa, o normativa, etc.); los modos de estructuración de la materia jurídica (desde el punto de vista cronológico, en ramas y materias, etc.); el sistema al que pertenecen (esto es, si pertenecen a la misma familia jurídica o si, por el contrario, provienen de tradiciones jurídicas diferentes).

La información obtenida mediante una aproximación macrocomparada ofrece al aprendiz conocimientos que se inscriben en un *saber sistémico operativo de orden comparado* adecuado para la práctica de la TJ. Mientras el enfoque microcomparado tiene una aplicación puntual (análisis y resolución de problemas terminológicos concretos), en el macrocomparado, el número de datos de partida de la comparación se reduce ostensiblemente, por lo que se puede aspirar a una descripción exhaustiva. Esta afirmación tiene importantes implicaciones didácticas al plantear la posibilidad de un análisis sistemático y comparado de la materia jurídica empleando un número limitado de elementos de análisis que ofrecería, en consecuencia, informaciones finitas (más fáciles de procesar y asimilar por el aprendiz, por tanto) sobre conocimientos temáticos operativos para el traductor. En ese sentido, sería factible elaborar una metodología sistematizada, basada en la aproximación macrocomparada y aplicada a la enseñanza de la TJ.

En segundo lugar, se analiza la dimensión sociocultural del derecho de la que se deduce que la materia jurídica ha de entenderse como producto resultante de un contexto cultural concreto, en tanto que cada sociedad desarrolla su ordenamiento jurídico en armonía con su propia cultura. La amplia aceptación de esta idea explica que haya sido utilizada habitualmente para sostener la especificidad de la materia jurídica y su intraducibilidad; lo que, a su vez, ha favorecido que la búsqueda de equivalencias y los aspectos terminológicos hayan sido aspectos privilegiados en la investigación del campo.

Tradicionalmente, los estudios sobre TJ han puesto el énfasis en el aspecto terminológico con lo que la cuestión de la dimensión sociocultural queda reducida, en el acto traductor, al plano lingüístico y nocional. Sin embargo, dicha dimensión debe enfocarse desde un ángulo más amplio que trascienda el nivel microtextual para ocuparse también del contextual. Las implicaciones traslativas que se derivan de la dimensión sociocultural del derecho llevan a entender la traducción como un acto comunicativo en el que el *saber contextual del traductor jurídico* es determinante. En esta investigación, dicho saber contextual se relaciona con conocimientos inscritos en tres contextos diferentes: un contexto sistémico relativo al escenario jurídico en el que se efectúa la traducción, y que puede ser internacional, supranacional, nacional o regional;

un contexto laboral, esto es, el ámbito de trabajo en el que se desarrolla el acto traductor; y, finalmente, un contexto traslativo relacionado con los factores que integran la situación traslativa (el encargo y la finalidad del TT).

En tercer lugar, se analiza la dimensión lingüística del derecho desde diferentes perspectivas aunque concediendo un lugar preponderante a las clasificaciones textuales basadas en el género, entre las que se destaca la elaborada por Borja (2000), y de las que se subraya su operatividad en el ámbito didáctico ya que, según el planteamiento expuesto, de su estudio y dominio dimana un *saber genérico-pragmático* de suma utilidad para el aprendiz.

4. UNA TAXONOMÍA TEXTUAL

En el ámbito de la TJ, las clasificaciones textuales tradicionales parten en su elaboración de la idea de emisor autorizado y de la fuerza jurídica del texto, por lo que muchas de las propuestas existentes, hasta fecha reciente, se limitan a recoger los textos de autoridad (texto legislativo, contractual o judicial) o los elaborados por y para expertos. Sin embargo, tanto las exigencias prácticas del ejercicio de la TJ como las necesidades didácticas requieren propuestas taxonómicas basadas en planteamientos más amplios y flexibles.

De ahí que la clasificación aquí defendida (elaborada a partir de la propuesta de Borja, 2000) no sólo dé cuenta de los géneros jurídicos más típicamente susceptibles de versión en el mercado de la traducción (textos marco y textos de aplicación del derecho), sino también de materiales textuales caracterizados por proporcionar ayuda terminológica, documental o textual al aprendiz o al enseñante (textos auxiliares o de apoyo) o de aquellos otros que no suelen estar destinados directamente a la traducción, pero que el didacta explota con distintos fines pedagógicos (textos teóricos/explicativos).

Esta propuesta taxonómica de base genérica y aplicación didáctica se divide en cuatro macrocategorías discursivas: *textos marco* (o textos dispositivos) que conforman el escenario normativo para la práctica del derecho, *textos de aplicación* de la norma, *textos teórico-explicativos* (productos textuales de naturaleza muy diversa, aunque todos comparten una característica común: no poseer fuerza jurídica) y *textos auxiliares o de apoyo* que proporcionan información de carácter práctico e instrumental al aprendiz. Éstas se subdividen, a su vez, en diferentes categorías intermedias que aportan información añadida sobre el funcionamiento discursivo del texto jurídico. Así, dentro de los *textos marco* se distingue entre *textos constitucionales*, *tratados y convenios*, *textos legislativos* y *textos reglamentarios*. Los *textos de aplicación* aparecen divididos en *judiciales*, *comerciales*, *documentos privados* y *documentos administrativos*.

En la tercera macrocategoría, los *textos teórico-explicativos*, se introducen tres subgrupos: *textos doctrinales*, *textos de divulgación y semidivulgación* y *textos periodísticos*. Finalmente, los *textos auxiliares o de apoyo* se subdividen en *documentos de carácter terminológico y conceptual*, *formularios* y *otros* como bibliografías, catálogos, etc.

Bajo cada una de estas categorías intermedias se agrupan los distintos géneros jurídicos, concebidos en esta investigación como unidades básicas de análisis en el espacio didáctico. En ese sentido, un modelo de análisis del género jurídico que pretenda ser operativo y útil en el ámbito didáctico debe tener en cuenta tres niveles analíticos: *comunicativo, pragmático* e *intratextual.*

En el *nivel comunicativo*, se recogen los parámetros propuestos por Borja (2000), *emisor*, *receptor*, *modo*, *tono*; y se añaden dos nuevos (*campo* o rama jurídica en la que se inserta el texto y *escenario de la comunicación jurídica* en el que se estudian los factores temporal, espacial y sistémico). Para analizar el *nivel pragmático* se utilizan las variantes analíticas propuestas por Borja (2000); a saber: *foco dominante* y *foco secundario* (para caracterizar la *función*) y *finalidad.* En el *nivel intratextual* se analiza la *macroestructura* (o estructura textual típica), el *factor lingüístico-gramatical*, que supone un análisis de los rasgos lingüísticos característicos y del componente terminológico; y el *factor semántico-cognitivo*, que implica una comprensión profunda del texto.

En cualquier caso, a estos niveles esenciales en el análisis del funcionamiento del texto jurídico desde una perspectiva genérica, conviene añadir otros dos que se revelan necesarios en un modelo aplicado a la enseñanza de la TJ. Por un lado, el *contexto sociocultural* que resulta de gran trascendencia en el ámbito de la traducción, donde el paso de una cultura a otra requiere sopesar las diferencias convencionales existentes en un mismo género elaborado en diferentes lenguas. Se introduce, pues, en el modelo de análisis una vertiente comparada, imprescindible en toda clasificación genérica aplicada a la traducción. Por otro, la *situación traslativa* puesto que elaborar un modelo de utilidad didáctica significa rechazar una enseñanza en el vacío y defender un marco metodológico que contemple la diversidad existente en el ámbito laboral, así como distintos tipos de encargo. Es decir, capacitar al aprendiz para analizar diversas situaciones traslativas.

5. APLICACIONES PARA LA COMPETENCIA TRADUCTORA

El *análisis descriptivo* se salda con la identificación y caracterización de aquellos subcomponentes competenciales específicos con mayor peso en la práctica de la TJ: saber sistémico de orden comparado, saber contextual (integrado por conocimientos sobre el marco jurídico, el ámbito laboral y la situación traslativa), saber genérico-pragmático y otras habilidades que convierten al traductor en gestor competente de la información terminológica y documental relativa al campo jurídico. Dichos conocimientos hacen de éste un lector y productor experto en el campo. Se trata, evidentemente, de subcomponentes competenciales básicos que, en ese sentido, sufrirán variaciones según el entorno sociocultural y laboral en el que se desarrolle la actividad traductora.

En puridad, estos componentes representan la meta del proceso formativo por lo que, desde un propósito didáctico, lo realmente interesante será desarrollar métodos para favorecer su adquisición. Con esta intención nace la tercera parte de esta investigación consistente en un estudio experimental llevado a cabo (en tres grupos de tercer curso) en la Facultad de Traducción y Documentación de la Universidad de Salamanca a lo largo de los cursos académicos 98/99, 99/00 y 00/01. Se persigue en éste la mejora de una de las destrezas fundamentales de la competencia traductora, la comprensión, en el aprendiz de traductor en el campo jurídico. Un aspecto sistemáticamente desatendido en los trabajos que estudian la TJ y, particularmente, en aquéllos de corte didáctico. En este estudio experimental se pretende dar respuesta a estas necesidades didácticas desde una perspectiva procesual y recurriendo a planteamientos procedentes de la psicología del aprendizaje.

Se entiende la figura del aprendiz como núcleo del hecho formativo y, en ese sentido, se asume su papel activo en el proceso de aprendizaje. De ahí que el estudio se sustente en dos grandes pilares: caracterización del perfil del aprendiz tipo en TJ y análisis de su comportamiento procedimental.

Se ahonda, por tanto, en los mecanismos mentales que se desencadenan de manera recurrente en el aprendiz tipo durante el proceso de comprensión (de textos pertenecientes al ámbito jurídico; en concreto, textos semidivulgativos del campo medioambiental) y se analizan los problemas y dificultades de comprensión a los que se enfrenta éste. En los aprendizajes constructivos (como la comprensión) influye de manera determinante la toma de conciencia de los falsos aprendizajes anteriores y la ayuda para iniciar conductas adecuadas, por lo que se hace especial hincapié en la caracterización y análisis de las estrategias de comprensión fallidas y de los automatismos reprochables utilizados por el aprendiz.

En total, se identifican diez actuaciones erróneas (uso inadecuado de la estrategia de análisis del problema de comprensión: 1. focalización en elementos aislados, 2. focalización en el equivalente en LT; recursos inadecuados en la fase de búsqueda de soluciones: 3. asociaciones, 4. mal uso de las herramientas de búsqueda documental y terminológica; estrategias de reducción o simplificación del problema de comprensión: 5. abandono provisional del sentido, 6. resolución significativa a ultranza, 7. inhibición de la comprensión, 8. supresión del problema de comprensión, 9. escaso empleo de las estrategias de autocontrol del aprendizaje, 10. sobregeneralización); y dos tipos de automatismos reprochables: sobrevaloración e interferencias.

El objetivo último de esta clasificación es ayudar a desaprender estos hábitos erróneos mediante la elaboración de pautas de actuación pedagógica eficaces. Se considera que esta eficacia viene determinada por la adecuación a las necesidades reales del aprendiz, por lo que previamente se había realizado una caracterización del perfil del aprendiz tipo en la que se analizaron todos aquellos elementos condicionantes del aprendizaje, tanto factores externos (contexto académico) como factores de orden interno (implícitos afectivos y cognitivos).

Los datos recabados presentan a un aprendiz tipo sin especialización temática y, más concretamente, con escaso o, generalmente, nulo saber declarativo en el ámbito jurídico. A esto hay que añadir que los pocos conocimientos temáticos que posee, adquiridos normalmente en asignaturas de libre elección (LE), resultan escasamente operativos para el aprendizaje de la TJ. La conclusión a este respecto es la siguiente: en las asignaturas de LE se debería proponer, no un estudio de contenidos jurídicos, sino más bien un enfoque de carácter introductorio, metodológico y comparado; lo que sería de gran utilidad para aproximar al aprendiz al funcionamiento de la materia jurídica, en general, y al del texto jurídico, en particular. Finalmente, esta caracterización descubre a un aprendiz con escaso interés por el ámbito jurídico, que arrastra un bagaje de conocimientos implícitos (afectivos y cognitivos) desfavorable sobre el derecho. Esto último se materializa en el contexto académico en una falta de motivación y autoconfianza.

Los datos obtenidos de la caracterización del aprendiz tipo y de su comportamiento procedimental permiten concluir la existencia de tres clases de conocimientos que condicionan el desarrollo de la capacidad de comprensión del aprendiz de traductor en el campo jurídico: un saber declarativo sobre derecho (escaso y poco operativo para la práctica de la TJ), un saber implícito (que lo aleja del aprendiz motivado ante la materia de estudio) y un saber procedimental poco desarrollado. Ante tal panorama, se concluye que el enseñante ha de actuar pedagógicamente en dos direcciones: ayudar a aprender, mejorando los conocimientos temáticos operativos del aprendiz y proporcionándole estrategias de actuación adecuadas; y, ayudar a desaprender, favoreciendo la autorreflexión sobre el bagaje implícito desfavorable y aportando información relevante sobre las causas de los errores cometidos. Dicha actuación favorecerá la participación activa del aprendiz y fomentará su motivación ante la materia.

BIBLIOGRAFÍA

BORJA ALBI, A. (2000): *El texto jurídico inglés y su traducción al español*, Barcelona, Ariel.

CABRÉ, M. T. (1993): *La terminología. Teoría, metodología, aplicaciones*, Barcelona, Antártida/Empúries.

GALLEGOS ROSILLO, J. A. (1996): «Lenguaje jurídico y lengua francesa» en SAN GINÉS AGUILAR y ORTEGA ARJONILLA (eds.) (1996: 39-62).

GÉMAR, J. C. (1979): «La traduction juridique et son enseignement: aspects théoriques et pratiques», *Meta*, 24 (1), pp. 35-53.

— (ed.) (1982): *Langage du droit et traduction*, Quebec, Linguatech/Conseil de la langue française.

— (1995 *a*): *Traduire ou l'art d'interpréter. Fonctions, statut et esthétique de la traduction. Tome 1: Principes*, Quebec, Presses de l'Université du Québec.

— (1995 *b*): *Traduire ou l'art d'interpréter. Langue, droit et société: éléments de jurilinguistique. Tome 2: Application*, Quebec, Presses de l'Université du Québec.

NAVARRO DOMÍNGUEZ, F. (1999): «El discurso jurídico. Aspectos lingüísticos y culturales del lenguaje jurídico en los países del área francófona y su relación con la traducción» en M. Á. VEGA y R. MARTÍN-GAITERO (eds.) (1999): *Lengua y cultura. VII Encuentros Complutenses en torno a la Traducción*, Madrid, Editorial Complutense, pp. 437-447.

ORTEGA ARJONILLA, E. (1996): «El proceso de traducción de documentos jurídicos» en SAN GINÉS AGUILAR y ORTEGA ARJONILLA (eds.) (1996: 69-77).

— (1999): «Algunas reflexiones sobre la traducción en y para la Administración de Justicia desde una perspectiva académica y profesional» en M. FERIA GARCÍA (ed.) (1999): *Traducir para la justicia*, Granada, Comares, pp. 129-152.

SAN GINÉS AGUILAR, P. y E. ORTEGA ARJONILLA (eds.) (1996): *Introducción a la traducción jurídica y jurada (francés-español): orientaciones metodológicas para la realización de traducciones juradas y de documentos jurídicos*, Granada, Comares.

VÉGLIA, A. (1995): «La traduction d'articles de presse traitant de la justice» en R. MARTÍN-GAITERO (ed.) (1995): *V Encuentros Complutenses en torno a la Traducción*, Madrid, Editorial Complutense, pp. 603-610.

— (1997*a*): «Problèmes posés par la traduction de testaments» en M. Á. VEGA y R. MARTÍN-GAITERO (eds.) (1997): *La Palabra Vertida. VI Encuentros Complutenses en torno a la Traducción,* Madrid, Editorial Complutense, pp. 471-478.
— (1997*b*): «Analyse d'un arrêt de rejet de la cour de cassation» en J. PIQUÉ y otros (eds.) (1997): *La Langue de Spécialité et le Discours Scientifique,* Valencia, Nau Llibres, pp. 38-42.

LA TRADUCCIÓN DEL DOCUMENTO JURÍDICO NEGOCIAL Y LAS FUNCIONES JURILINGÜÍSTICAS

ELENA FERRAN LARRAZ
Universitat Pompeu Fabra

1. INTRODUCCIÓN

EN ESTE TRABAJO se exponen los resultados de la tesis doctoral de la autora (Ferran, 2004), presentada en la Universitat Autònoma de Barcelona en diciembre de 2004. La conclusión principal de esta tesis es que resulta posible relacionar los distintos conceptos jurídicos con su expresión lingüística para aprovechar las categorías que el derecho ha acuñado en relación con la eficacia jurídica, y dotar así a las formas lingüísticas correlativas fijadas por la pragmática y la lingüística textual de contenido jurídico. Se observa un paralelismo entre los conceptos acuñados por una y otra ciencias que nos permite hablar de *funciones jurilingüísticas*. Creemos demostrar en la tesis que sólo la remisión previa al derecho permite una traducción jurídica adecuada, de acuerdo con el modelo de traducción que proponemos, que se asienta en los universales jurilingüísticos, concebidos en términos de eficacia jurídica.

Sin embargo, antes de tratar del objetivo y resultados de la tesis, quisiéramos explicar qué nos ha movido a realizar un trabajo de índole interdisciplinar en esta encrucijada de derecho y lingüística. Las vivencias profesionales como abogada, traductora y docente de la traducción jurídica han determinado una concepción sobre el documento jurídico, su interpretación y su traducción. Como suele suceder, es la vida la que precede al pensamiento consciente: es la experiencia la que dota al pensamiento de algún sentido.

Así, en el ejercicio de la profesión de abogado, el documento se inserta en la narración de la vida; es una crónica histórica de lo que sucede, que no hace más que confirmar que la justicia no se produce mecánicamente en un universo perfecto de normas jurídicas, sino apelando a un sentido natural de la justicia que se relaciona con una razón práctica y con unas normas que parecen hijas del sentido común y de una visión global, diríamos *gestáltica*. En esta línea de experiencia, el marco de referencia del trabajo es el marco de la vida, de lo real, de lo verosímil, del pensamiento vivencial sobre el derecho y el propio pensamiento. Por eso la tesis doctoral se titula *La traducción jurídi-*

ca fundamentada en las funciones jurilingüísticas. El término *función* nos recuerda la conexión entre el derecho y la lengua a través de lo que concebimos como real y práctico. De hecho, hablamos de una *función práctica* global del documento y de otras funciones prácticas parciales, subordinadas a la primera.

Esta función no existe aislada de su materialización, y por lo tanto cabe interrogar ¿quién o qué realiza la función? La respuesta sería la estructura o forma lingüística. Para abarcar los distintos aspectos de la función en tanto que realizada por una estructura, se hace necesario un método de análisis de carácter multidimensional que repare en los distintos ángulos y perspectivas relevantes. Nuestro método de análisis repara concretamente en las *formas* o *estructuras*, comprobando que los conceptos jurídicos cobran esas formas lingüísticas para realizar su función real en la práctica.

En el estudio se observan, pues, dos polos, *formalismo* y *funcionalismo*. Por una parte, las formas, las estructuras jurilingüísticas se apoyan en conceptos jurídicos básicos estudiados por el formalismo jurídico. Por otra parte, por las razones aducidas (un pensamiento jurídico al servicio de la realidad práctica), el estudio de las formas *jurilingüísticas* sólo encuentra su verdadera dimensión si se inscribe en el marco de una interpretación del documento como colaborador de las necesidades concretas del hombre. Así, no sólo nos referimos a *conceptos básicos del derecho* como preámbulo de las formas y estructuras discursivas que ocasionan, sino a su dimensión práctica, principalmente mediante un énfasis especial en la *función práctica* del derecho, en general, y del documento jurídico que hay que traducir, en particular. La *función práctica* deviene el criterio prioritario, sin el cual es imposible la interpretación y lectura del documento, sin perjuicio de que aceptemos que esa *función práctica* tendrá que ser protegida por las normas del ordenamiento jurídico para tener virtualidad jurídica. En este punto, ese ordenamiento jurídico es previo y externo a las decisiones de los jueces y a esa *función práctica* que guía la intuición que los juristas y traductores tienen sobre la justicia.

Por todo ello, además de algunos conceptos del realismo (la función práctica), otros conceptos del formalismo jurídico son también útiles al traductor, no sólo por su mayor simplicidad, sino porque tienen su reflejo en el documento en forma de estructuras. Así, la forma ideal de la norma jurídica (*supuesto de hecho / consecuencia jurídica*), presentada por el formalista (Kelsen, 1973) tiene la ventaja de que permite visualizar una cláusula contractual como expresión de esa escisión entre el hecho y los efectos jurídicos que se derivan de él. Igualmente, el denominado *silogismo jurídico* se manifiesta en la estructura de los documentos jurídicos con un foco funcional predominantemente argumentativo, como son la sentencia o el dictamen.

Las formas como tales existen y es lícito prevalerse de una organización relativamente precisa y previsible del discurso jurídico. Pero esas formas conectan con la realidad y nos llevan a un *modelo pragmático-comunicativo de la traducción jurídica*. Un puente entre la teoría clásica del derecho, formalista, y el fenómeno sociológico permite atemperar la dogmática del formalismo en derecho y en traducción. Es a través de la observación empírica de los fenómenos como se atenúan las creencias apriorísticas. A nuestro entender, las ideas (las del idealismo o formalismo) guardan y parten, en principio, de una relación con lo sensorial de las formas. A veces, sin embargo, se desgajan tanto de la percepción y sentimiento que les dio origen, que se superponen al hombre, condicionándolo de forma artificial. Es cuando el ser humano presenta sus ideas como absolutos cuando éstas pierden su sustancia; mientras se produce un vaivén o comprobación constante en la realidad, la idea permanece viva, se regenera y realimenta en la propia realidad.

Debemos recordar que esos documentos con una estructura que recuerda a los dogmas del formalismo y del idealismo han servido a la vida y tienen que traducirse al servicio de la vida. Las rigideces del lenguaje encajonan, son insuficientes, esquematizan, pero el lenguaje no deja de ser la herramienta con la que cuenta el hombre para hacer realidad su necesidad e interés. El traductor, en su tarea traductora, también debe estar atento a la realidad que lo circunda y a las necesidades humanas que se manifiestan en un encargo de traducción más o menos explícito. Esa capacidad de escucha del exterior, esa capacidad de impregnar el documento de realidad es la que da un sentido a su tarea.

Las visiones formalistas extremas presentan al documento como algo muerto, como un conjunto de estructuras, como un conjunto de preconcepciones idealizadas sobre lo que es una institución determinada. Pensemos en un contrato de compraventa. Puede pensarse que no es más que una deducción de la regulación contenida en el Código Civil. De hecho, muchos de sus párrafos son una copia del Código Civil. Pero no hay que olvidar que la regulación del código, aunque no explicite las motivaciones que subyacen a sus artículos, no ha de aplicarse o traducirse de forma mecánica, olvidando que están al servicio de la vida y de que la vida fue antes que los códigos.

Es en este marco donde se inscribe nuestro modelo de traducción, fundamentado en los *universales* o *funciones jurilingüísticas*.

2. DESTINATARIOS Y MOTIVACIÓN

La tesis traza un puente entre el mundo del derecho (conceptos jurídicos) y las categorías lingüísticas correspondientes (conceptos de la lingüística textual y de la pragmática). De ahí que a él puedan acudir tanto los juristas como los lingüistas: los juristas, para beneficiarse de la descripción lingüística correspondiente. La lengua es para el jurista el mismo derecho: es su herramienta. Si la pule y afina, al tiempo que pule y afina el pensamiento que la inspira, la lengua se vuelve hábil y certera.

Por su parte, los filólogos y lingüistas, y también el alumno de traducción sin formación jurídica, encuentran en este trabajo la necesaria referencia al derecho. De ahí que con un espíritu didáctico nos remitamos a los conceptos jurídicos más básicos, que tienen, en consecuencia, un correlato lingüístico claro en el texto. Esta labor de simplificación, sin embargo, no merma la interpretación del documento, que queda sujeta a toda la riqueza que le presta el contexto, donde el contexto es sumamente complejo, evoluciona y se decanta en función de factores sociológicos inextricables.

Así, la tesis es síntesis y puente entre dos mundos, el del derecho y el de la lengua, como demuestra la denominación de cada uno de los binomios jurilingüísticos, que muestran ese doble aspecto:

Documento / texto
Porción de eficacia / sintagma *Tipo de documento / género textual*

Y ello para que uno u otro tipo de lector pueda entrar por alguna de las dos puertas, la que conozca, la jurídica o la lingüística, para descubrir lo que se halla tras la otra, la que desconoce. Y sobre todo, porque así se da cuenta del ensamblaje entre ambos accesos, que se dan la mano en un trabajo de estas características.

Desde el índice, la tesis doctoral muestra todos esos aspectos y la unión entre los mismos. Así, los capítulos centrales (II, III y IV) tratan del derecho, de la lengua y del ensamblaje entre los dos aspectos:

Las funciones jurídicas Las funciones lingüísticas Las *funciones jurilingüísticas*

Estos capítulos centrales, además, se ven envueltos por un marco de traducción en los dos capítulos extremos (el capítulo I y el capítulo V) que tratan de la traducción: el capítulo I desde la reflexión teórica, describiendo un modelo de traducción y el capítulo V desde la ilustración práctica.

Pero, ¿por qué un modelo de traducción jurídica? No existe en la teoría sobre traducción jurídica una caracterización completa y explícita de la traducción jurídica. Principalmente, porque no existe una caracterización explícita del objeto de la traducción, a saber, *el documento jurídico* en tanto que regulado por el derecho y emitido en el contexto específico de la comunicación internacional.

Es cierto que los tratadistas en traducción jurídica *comentan* la traducción jurídica, pero no se ha producido todavía un estudio riguroso de su naturaleza a partir del objeto de la traducción (el *documento jurídico eficaz*) y el contexto jurídico y sociológico en que se produce, normalmente de carácter internacional. El documento jurídico es un objeto *sui generis* que prescribe y condiciona tanto el concepto como la práctica de esta especialidad de traducción.

Nosotros hemos estudiado algunos aspectos de ese contexto jurídico y sociológico en mayor profundidad para facilitar la traducción jurídica en su relación con su expresión lingüística, estableciendo binomios derecho-lengua a los que denominamos *funciones jurilingüísticas*. El aspecto jurídico es determinante e ineludible para el traductor jurídico, rige su conducta de forma prioritaria (*principio de fidelidad* o equivalencia de efectos), sin perjuicio de que también estudiemos en cierta medida los condicionantes sociológicos o de conveniencia que rodean su actividad y la hacen más adaptada al medio (*principio de adaptación).*

3. PRESUPUESTOS

Nuestro modelo de traducción es la consecuencia de aplicar el método de análisis jurilingüístico y se funda en los siguientes presupuestos:

I. El primer capítulo, que establece un modelo de traducción, parte de un presupuesto previo: *la traducción jurídica está regulada por el derecho.*
   En efecto, es necesario reconocer la traducción jurídica como un fenómeno regulado por el derecho, pues se produce en un contexto de eficacia jurídica y muchas veces en un contexto de *colaboración internacional*, principalmente entre los órganos administrativos y judiciales de los países. Además, el contexto sociológico que rodea al fenómeno de la traducción jurídica también influye y coadyuva a que tome unos derroteros determinados.
   Así, la eficacia jurídica del documento que hay que traducir es la que impregna el encargo de traducción, de forma que éste se concibe necesariamente como colaborador en dicha eficacia jurídica. Efectivamente, concebimos un encargo estándar que pretende la equivalencia de efectos jurídicos. Así, la propia naturaleza del objeto de la traducción que constituye

el *documento jurídico eficaz* comunica a toda la experiencia traductora ese ingrediente fundamental. Además, la ley escrita, en ocasiones, regula la traducción jurídica.

II. El segundo capítulo (las funciones jurídicas) establece que, según derecho, procede la *interpretación teleológica* del *documento negocial.*
Estudiamos las normas de interpretación de los dos ordenamientos jurídicos intervinientes (*Common Law* y español) para comprobar que establecen ambos la *interpretación teleológica* del documento jurídico. La *interpretación teleológica* se corresponde con la denominada *pragmática* en los estudios de pragmática y lingüística textual.
Establecer la *interpretación teleológica* como guía para el traductor es importante, dado que en la práctica de la traducción jurídica y jurada se da una ausencia de interpretación que determina una forma de lectura *literalista* y la traducción consiguiente, a la que denominamos también *literalista.* A eso se añade, aun en casos en que se interpreta correctamente el texto, un literalismo en la fase de reformulación que practican algunos como supuestamente mejor a la generación de un texto *ex novo*, a partir del núcleo temático (de la *función práctica*).

III. El tercer capítulo (las funciones lingüísticas) se refiere al funcionalismo en lingüística, proporcionando un contrapunto al funcionalismo jurídico, anunciando cómo estas dos ciencias, en apariencia independientes, llegan a conclusiones y funciones correlativas, como se confirma en el capítulo IV.

IV. El cuarto capítulo (núcleo de la tesis) trata sobre las funciones *jurilingüísticas* (2 funciones marco, 3 funciones universales y 2 culturales).
Es posible relacionar los distintos conceptos jurídicos con su expresión lingüística para aprovechar las categorías que el derecho ha acuñado en relación con la eficacia jurídica y dotar así a las formas lingüísticas correlativas acuñadas por la pragmática y la lingüística textual de su contenido de eficacia jurídica. Se observa un paralelismo entre los conceptos acuñados por una y otras ciencias que nos permite hablar de *funciones jurilingüísticas.*

V. El quinto capítulo ilustra cómo el proceso traductor se beneficia de las *funciones jurilingüísticas.*
En cuanto a la comprensión, cabe señalar que el texto está compuesto por un conjunto de microporciones que colaboran a la construcción del senti-

do global del texto, siempre a la luz de la *función práctica* del negocio. Por ello, en la tesis desarrollamos un método de lectura (capítulo II) basado en la predicción del sentido e inferencia de la *función práctica*. Ello puede contribuir a resolver los *literalismos* que provienen de una mala comprensión del texto.

Por otro lado, en cuanto al proceso de reformulación, postulamos la generación de un texto meta *ex novo*, a partir de una cognición y comprensión de las *funciones jurilingüísticas* como portadoras de la *función práctica / función de eficacia jurídica*. En otras palabras, abogamos por una traducción documentada, que se apoya en una lectura de las porciones como secuencias y utiliza todo tipo de estrategias para que el texto meta tenga una *función* equivalente al texto de partida en términos de efectos jurídicos, concebidos como *universales*.

4. EL OBJETO DE ESTUDIO

Hemos escogido el *documento negocial* como objeto de estudio en tanto que su traducción se encarga al traductor jurídico para que surta plenos efectos jurídicos. El *documento negocial* constituye la plasmación de los negocios jurídicos, es decir, de los actos jurídicos realizados por los ciudadanos en ejercicio de la autonomía de la voluntad y libertad de gestionar sus bienes e intereses. Lo hemos escogido en atención a su relevancia práctica. En primer lugar, es el encargo más típico del intérprete jurado vinculado al mundo privado. En segundo lugar, es un encargo de traducción que entraña gran responsabilidad, dado que la eficacia jurídica del documento compromete directamente la realización de los derechos de los particulares. En tercer lugar, esa misma eficacia constituye el sentido del documento y un criterio de fidelidad en ia traducción que nos permite denunciar los vicios que se han instalado en la práctica de la traducción jurídica.

Aunque la mayor parte de los ejemplos tratan de la traducción de textos jurídicos anglosajones hacia el castellano, el modelo se aplica a cualquier tipo de combinación lingüística. Sin embargo, hemos decidido analizar el lenguaje jurídico anglosajón porque presenta más problemas de comprensión en nuestro ámbito lingüístico que los lenguajes jurídicos romanistas, en particular por el casuismo de los textos anglosajones.

Estudiamos las *funciones jurilingüísticas* con preferencia en el testamento y, subsidiariamente, cuando lo consideramos necesario, en el contrato. Limitar los ejemplos a estos dos tipos de documento o géneros permite agilizar la lectura del trabajo. Cualquiera de los dos ejemplos permite comprobar la mayor parte de las *funciones jurilingüísticas*. En principio, no está en nuestro ánimo el contrastar el contrato y el testamento, que son lo suficientemente parecidos para los propósitos de este trabajo. Sin embargo, en ocasiones, el contraste entre ambos géneros permite ilustrar mejor algún fenómeno de los tratados. Así, por ejemplo, el testamento porta una mayor carga cultural que el contrato: el testamento se ha mostrado más idóneo para demostrar que las diferencias entre los ordenamientos jurídicos en materia de sucesiones son importantes (aunque no necesariamente se plasmen en el redactado del testamento). Por el contrario, el contrato, y en particular los contratos mercantiles internacionales, están regulados por la *lex mercatoria* internacional, donde las distintas culturas no muestran tantas diferencias.

Los ejemplos son útiles en tanto que documentos negociales e ilustran las funciones jurilingüísticas: el discurso jurídico común divisible en porciones de eficacia; la superestructura en subtextos; la progresión temática verbal, etc., en tanto que fenómenos inherentes al documento jurídico como tal. Los ejemplos son útiles también en tanto que pertenecen a un tipo / género de negocio que muestra la especificidad correspondiente de cada uno de los fenómenos.

5. EL MÉTODO DE ANÁLISIS

Nuestra pregunta de investigación en un comienzo fue la siguiente: ¿es posible definir los elementos propios del discurso jurídico en función de conceptos jurídicos fundamentales estableciendo correlaciones o *funciones jurilingüísticas*? ¿Ayudaría eso a conectar el mundo del derecho con el mundo de la lengua? La búsqueda y percepción de estas funciones se basa en cinco intuiciones previas que pueden resumirse del modo que sigue.

- El tejido discursivo del documento jurídico es una sustancia que se deja desglosar.
- Es asimismo una sustancia que se aglutina en torno al esqueleto de verbos.
- Esos verbos conectan con la vida y con la función práctica de la que hemos hablado anteriormente.
- El documento puede seccionarse de acuerdo con la imagen de *cajas rusas*: las cajas dentro de las cajas, de forma que unas cajas contienen a otras. De menor a mayor tamaño las cajas quedan ordenadas de la siguiente forma:
  - la *porción de eficacia* (sintagma);
  - la *unidad de eficacia jurídica* (la oración);

- el *subtexto* (cláusula contractual y los párrafos que la componen);
- la *parte del documento* (por ejemplo, la parte dispositiva, el encabezamiento y el cierre), y finalmente
- *el documento*. Además, en ocasiones, el documento tiene una última caja que lo envuelve, un envoltorio. La última caja está constituida por *la forma solemne*, si existe, y por la *capa superficial del estilo* que funciona como un mero adorno y no contribuye a la eficacia jurídica.

- Y, finalmente, y ésta es la quinta intuición, en el documento se observa una progresión, una construcción de todos los elementos hacia la generación del sentido global. Así, esa sustancia, ese esqueleto o cadena de verbos, esas cajas dentro de las cajas, progresan en el seno del documento hacia la creación del sentido del documento, concebido como un todo global.

Estas intuiciones nos han permitido formular las *funciones jurilingüísticas* al servicio de la eficacia jurídica mediante la realización de unas tareas determinadas. Desde que comienza el proceso traductor con la observación del texto de partida hasta la reformulación del texto meta realizamos dos tareas: una de *comprobación* y otra de *comparación*. El método se asienta, por una parte, en la comprobación y definición de las *funciones jurilingüísticas* en documentos negociales angloamericanos y, por otra, en la comparación posterior de las funciones comprobadas en documentos españoles. Por lo que respecta a la comparación (*Common Law / Civil Law*), ésta es posible gracias a dos disciplinas comparadas, al derecho comparado y a la textología comparada. Efectivamente, la propia actividad traductora nos lleva a una comparación de derechos y de lenguajes jurídicos que nos permite establecer la existencia, bien de funciones comunes a los derechos y, consecuentemente, a los lenguajes jurídicos de los distintos países, bien de funciones diferentes, por diferencias culturales. Las primeras alcanzan la naturaleza de *universales* o, por lo menos, son comunes a los ordenamientos jurídicos occidentales. Las hemos denominado *funciones universales*. Las segundas muestran diferencias de eficacia o mentalidad jurídica importantes; se trata de las *funciones culturales*.

6. RESULTADOS

Estudiamos dos de las funciones de forma previa porque son el marco (*funciones marco*) para el estudio posterior de otras funciones micro o macro a las que denominamos *funciones menores*. Presentamos brevemente ambos tipos de función en *a*) funciones marco y *b*) funciones menores.

a) **Funciones marco**

CATEGORÍA JURÍDICA	CATEGORÍA LINGÜÍSTICA
Documento	Texto
Tipo de documento	Género textual

En primer lugar, el acto jurídico, en tanto que núcleo del sentido y origen del documento, se presenta lógicamente como el primer aspecto consignado y a tratar (primera función marco *documento-texto*); en segundo lugar presentamos su calidad de fenómeno institucional (segunda correlación marco: *tipo de negocio-género textual*). Todas las correlaciones *derecho-lengua*, o lo que es lo mismo, todas las *funciones jurilingüísticas*, participan de esta tendencia a la estabilidad y constituyen, en consecuencia, rasgos del género textual.

Tratar estos dos aspectos es una cuestión ineludible, pues contempla los dos aspectos fundamentales del documento jurídico que se traduce: el documento como la encarnación de un acto y el acto como un bien institucional de la comunidad. Además, la pragmática y la lingüística textual están interesadas en estos dos aspectos y son capaces de describirlos con rigor. Así, la pragmática ha estudiado los *actos de habla* en su relación con la producción del texto y los *criterios de textualidad*, por una parte y se ha interesado por el *género textual,* por otra.

Las funciones anteriores (las funciones marco y las funciones menores), a su vez, quedan desbrozadas en muchos aspectos en la «Tabla General de Correlaciones» (Ferran, 2004: 158 y siguientes). Incluimos esta tabla a continuación.

TABLA 1

Tabla General de Correlaciones entre funciones marco y funciones menores

CORRELACIONES DERECHO-LENGUA: *FUNCIONES JURILINGÜÍSTICAS*		
DERECHO	PRAGMÁTICA	NUEVA DENOMINACIÓN
Documento	Texto	
Acto jurídico	Acto de habla	
Declaración de voluntad principal	Macroacto de habla	
Declaraciones de voluntad subsidiarias	Actos ilocutivos subsidiarios	
Criterios de interpretación	*Criterios de textualidad*	

Interpretación teleológica	Coherencia	
Función social (Ross)	Función pragmática y núcleo temático (van Dick)	Función práctica o motivación
Función de eficacia	Función pragmática global. Funciones pragmáticas parciales	
Semejanza entre documentos	Intertextualidad (1)	
Remisión a otros documentos	Intertextualidad (2)	
Tipo de negocio	*Género textual*	
Carácter institucional del derecho	Carácter convencional del discurso	
	Las 5 funciones jurilingüísticas ilustrativas	
Primera función universal: la porción de eficacia		
Sujetos Objeto o bien Acto Circunstancias	Sintagmas lexicalizados con la función pragmática correspondiente: agente, objeto, acto, etc.	Porción de eficacia
Obligación, derecho, facultad, etc. (*jural functions*)	Unidad de Conocimiento Especializado (UCE)	Unidad de Eficacia Jurídica (UEJ)
Negocio jurídico como relación jurídica	El texto como construcción de segmentos menores Remisión a otros documentos	Discurso jurídico común divisible en porciones de eficacia
Segunda y tercera funciones universales		
Actos jurídicos del documento	Progresión temática verbal	
Las partes del documento. Parte dispositiva dividida en cláusulas	Superestructura en subtextos	
Dos funciones culturales		
La forma solemne	Fórmulas de solemnidad	
Mentalidad generalista o casuista	Estilo de redacción casuista o generalista	

La tabla de las dos páginas precedentes es un compendio de todos los aspectos tratados en este trabajo. Contiene los focos de interés de la investigación, que son los del traductor.

BIBLIOGRAFÍA

VAN DIJK, T. A. (1980): *Macrostructures*, Hillsdale, NJ, Lawrence Erlbaum.

FERRAN, E. (2004): *La traducción jurídica del documento jurídico negocial fundamentada en las funciones jurilingüísticas. Un enfoque pragmático* [tesis doctoral]. Universitat Autònoma de Barcelona.

KELSEN, H. (1973): *Teoría pura del Derecho* [traducción de M. Nieve], Buenos Aires, Eudeba.

ROSS, A. (1958): *On Law and Justice*, Londres, Stevenss & Sons.

INVESTIGANDO LA TRADUCCIÓN COMO ACCIÓN SOCIAL: LOS DOCUMENTOS ACADÉMICOS (ESPAÑOL-INGLÉS)

CATHERINE WAY[1]
Universidad de Granada

1. INTRODUCCIÓN

TODA INVESTIGACIÓN requiere la desconfianza del investigador ante lo que cree conocer o saber, lo que refleja una necesidad de comprobar los conocimientos por sí mismo. Así, este estudio (Way, 2003) surge de la necesidad de comprobar por nosotros mismos la realidad profesional y el quehacer diario de los intérpretes jurados en la traducción de los documentos académicos en España. Surge, además, de la necesidad de comprobar si lo que aconsejamos como prácticas habituales a los futuros intérpretes jurados desde nuestra propia experiencia profesional o la experiencia ajena compartida (generalmente limitada) se extiende al resto de la profesión. Lo que nos animó, además, a emprender este estudio fue la necesidad de descubrir y analizar el papel que juega el intérprete jurado en este proceso social.

La elección de los documentos académicos, y específicamente, del título universitario en particular se debe a la importancia que revisten estos documentos para la movilidad y la libre circulación de las personas. Esta cuestión ha preocupado a la Unión Europea desde su creación, como demuestran los distintos convenios e iniciativas que ha lanzado para fomentar estas actividades. De hecho, es el problema que los ciudadanos plantean con más frecuencia al servicio de Orientación de la Comisión Europea. La cifra de más de 4.000 solicitudes de homologación al Ministerio de Educación, Cultura y Deporte nos puede ofrecer una idea de la envergadura y de la creciente importancia de este proceso. Cabe añadir que los textos administrativos, en general, han recibido poca atención en la investigación sobre la traducción, a pesar de la importancia que cobran para los administrados, cuya vida profesional e incluso personal depende de ellos.

---

1. La investigación aquí descrita se ha realizado en el marco del grupo de investigación de la Junta de Andalucía HUM 763 AVANTI.

Para emprender nuestro estudio, hemos enfocado nuestra investigación, desde la perspectiva del Análisis Crítico del Discurso, en algún problema de la práctica social que necesitara la intervención del intérprete jurado. Para ello, utilizamos como base el modelo tridimensional de Fairclough (1992) quien sugiere la descripción del texto, la interpretación de la práctica discursiva (producción, distribución, y consumo/recepción del texto) y la explicación de cómo la práctica discursiva se relaciona con la práctica social, además de cómo se relacionan los tres elementos entre sí. A esto añadimos el elemento de la traducción y el agente traductor al ampliar el estudio a textos que deben moverse entre dos culturas y lenguas. Desde esta perspectiva nos hemos propuesto investigar el contexto social y traductológico de un hecho discursivo en su totalidad, obligándonos a traspasar las fronteras de varias disciplinas implicadas en el proceso social en cuestión.

2. OBJETIVOS DE LA INVESTIGACIÓN

Para llevar a cabo nuestro estudio, esbozamos un marco teórico desde la perspectiva de la educación comparada y el derecho comparado, la textología comparada, la sociología, el análisis crítico del discurso y la traductología, que nos permite plantear unos objetivos en un estudio que cubre dos niveles.

En la primera parte del estudio, nos propusimos tres objetivos:

1. Realizar un estudio descriptivo del contexto social que rige la producción de los títulos universitarios. Este estudio nos permite analizar y comparar los orígenes y la producción de los mismos.
2. Realizar un análisis del contexto social que requiere la traducción de dichos títulos, en este caso el reconocimiento de títulos universitarios en España y en el Reino Unido, contexto en el cual serán recibidas también las traducciones de los títulos.
3. Desde la traductología nos propusimos analizar el contexto traductológico que rige la traducción de los títulos universitarios, especialmente la traducción jurada, haciendo hincapié en las normas existentes que rigen la intervención del intérprete jurado en este proceso social.

La segunda parte del estudio es un estudio empírico que responde a otros tres objetivos:

1. Realizar el análisis de la situación profesional del intérprete jurado en relación con la traducción de los títulos universitarios.

2. Describir y analizar los aspectos formales de la traducción profesional de títulos universitarios y especialmente analizar las técnicas de traducción aplicadas a los elementos fundamentales de los títulos para su eficacia en este proceso social.
3. Descubrir la naturaleza de las relaciones entre los agentes involucrados en este proceso social (Administración, cliente, intérprete jurado, y universidades británicas).

3. EL MODELO DE ANÁLISIS

Para cumplir con nuestros objetivos, diseñamos un modelo de análisis que nos permite pasar del texto al contexto sociocultural y traductológico, analizando este hecho discursivo desde la perspectiva de los agentes involucrados, especialmente desde la del intérprete jurado. El modelo sigue sendas paralelas a otros trabajos que estudian al traductor como actor social. Los fundamentos del presente son discursivos, abrazan ampliamente el contexto y se han adaptado al estudio de una situación muy concreta de traducción: la de títulos académicos entre Inglaterra y España.

El desarrollo se realiza a través de los siguientes pasos:

1. El estudio del contexto social de la producción de un tipo de texto en dos culturas/países y lenguas (el título universitario).
2. El estudio de la situación social en la que será recibido el texto en la otra cultura (reconocimiento del título universitario).
3. El estudio de la situación que rodea y rige su traducción en España (la traducción jurada).
4. La recopilación de un corpus de textos completos y reales en cada una de las dos lenguas.

Tras dibujar este trasfondo pasamos al estudio empírico, que requiere:

5. El análisis de la macroestructura para comparar los dos corpus recopilados.
6. La selección de dos textos tipo (uno de cada lengua) representativos del tipo de texto.
7. La selección de un universo de sujetos (los intérpretes jurados en activo en España).
8. El envío de los dos textos tipo a intérpretes jurados que ejercen la profesión para su traducción con un encargo real.
9. El envío de un cuestionario a los intérpretes jurados para recabar información acerca de su actuación y situación profesional.

Con las respuestas recopiladas en los pasos 8 y 9, proseguimos con los siguientes:

10. El análisis de la traducción de los dos textos seleccionados para comparar las traducciones realizadas por intérpretes jurados en un número lo más amplio posible.
11. El análisis del cuestionario enviado a los intérpretes jurados acerca de este tipo de texto en concreto y los elementos que rodean su traducción para respaldar y analizar sus decisiones.
12. El estudio de la recepción de los textos traducidos y de su eficacia respecto al encargo de traducción.
13. La propuesta de alternativas a las prácticas actuales (si fuesen necesarias).

Inevitablemente, la aplicación práctica de este modelo se ha enfrentado a una serie de problemas a lo largo del estudio. En primer lugar, la complejidad y la envergadura del modelo de análisis que hemos propuesto sobrepasan los límites físicos y temporales de un estudio como el que planteábamos, enmarcado en una tesis doctoral, lo cual nos obliga a dejar los puntos 12 y 13 (estudio de la recepción y propuesta de alternativas) para un futuro próximo.

Sobre la recopilación de los dos corpus, podemos destacar la complejidad de esta tarea dada la reticencia (comprensible por una parte) de las universidades a enviarnos títulos originales alegando razones de seguridad. Hemos encontrado un desconocimiento generalizado y cierta desconfianza, en algunos casos, acerca del papel del intérprete jurado y de la traducción, y por extensión de la investigación.

Inevitablemente, la falta de medios económicos para remunerar a los sujetos influye poderosamente en el índice de respuesta de estudios de este tipo. Además, la escasa bibliografía existente de autores como Alcaraz (1998) Alcaraz y Hughes (2002), Borja (1998, 1999, 2000), Franzoni (1994, 1996), Mayoral (1991, 1999*a*, 1999*b*, 2000, 2002*a*, 2002*b*), Monzó (2002), Peñarroja (1989*a*, 1989*b*, 1989*c*, 2000*a*, 2000*b*), y pocos más, está muy desperdigada.

4. CUMPLIMIENTO DE LOS OBJETIVOS Y RESULTADOS DE LA INVESTIGACIÓN

Hemos descrito y comparado la producción de los títulos en dos sistemas universitarios, lo cual nos ha llevado a mostrar la mayor homogeneidad del sistema universitario español, reflejada en la producción unificada de los títulos que emite, y la mayor heterogeneidad del sistema universitario británico reflejada en la casi total libertad para crear títulos según las demandas del mercado y el desarrollo de los campos del saber. Ambos sistemas demuestran claramente los efectos del desarrollo histórico y cultural que les rodea y que influyen en la producción y recepción de los títulos.

Este análisis nos ha permitido primero esbozar la posible macroestructura de los títulos universitarios según las normas vigentes en los dos países implicados, y nos ha permitido resumir las funciones principales de los títulos que se comprueban más tarde con el análisis de los dos corpus. Por otro lado, nos ha permitido comprobar que las únicas funciones que coinciden totalmente en los dos corpus son: el uso del escudo de la universidad; el nombre y apellidos del titulado; y el sello (generalmente en seco) de la universidad. Las demás funciones muestran distintos grados de coincidencia parciales o nulos.

Asimismo, hemos podido constatar que, mientras los títulos españoles comparten 10 funciones en todos los casos, los títulos británicos comparten solamente 3 funciones en su totalidad. Los títulos españoles coinciden, además de en las funciones, casi al 100% en la redacción, como era de esperar por la legislación detallada que rige su producción. No obstante, hemos encontrado alguna anomalía que incumple dicha normativa. En los títulos británicos, aunque las funciones coincidan, rara vez coincide la redacción, lo que dificulta su clasificación.

Para cumplir con nuestro segundo objetivo, hemos descrito los sistemas de reconocimiento de estudios en ambos países, sujetos ambos a la normativa de la Unión Europea, además de a su propia legislación. Describimos el contexto social que rodea la necesidad de la traducción de los títulos universitarios y los problemas a los que podrá enfrentarse tanto el cliente como el intérprete jurado en sus relaciones con la Administración. Quedan patentes las mayores dificultades que se encuentran para homologar un título británico en España, realzando la importancia de la traducción de estos documentos. Pudimos constatar también en esta parte del estudio el desconocimiento generalizado acerca de los intérpretes jurados y de su labor en la Administración de ambos países.

Podemos concluir que el título se concibe de formas distintas, lo cual induce a la aplicación de las normativas europeas de reconocimiento de maneras muy diferentes. Estas diferencias se deben, en parte, según Hofstede (1991), a las diferencias entre la sociedad individualista (en la que sitúa al Reino Unido) y la sociedad colectivista (en la que sitúa a España). Aunque ambos países están cada vez más cerca del límite entre estos dos tipos de sociedad, acercándose y asemejándose en muchos aspectos, las estructuras administrativas y legislativas siguen arraigadas en el desarrollo histórico que las creó, dificultando, así, la posibilidad de limar las diferencias y desarrollar sistemas comunes de reconocimiento.

Centrándonos en el contexto traductológico, hemos constatado la dificultad que supone clasificar los textos especializados y las repercusiones que tiene esta dificultad para la traducción de los mismos. Constatamos, asimismo, la compleja relación entre la Administración y el administrado que rodea la traducción de los textos que nos conciernen. Mientras que la bibliografía disponible acerca de la traducción de los títulos académicos parece coincidir en los problemas y las dificultades que dichos textos presentan para los traductores, tras un análisis de la figura del intérprete jurado en España, hemos podido constatar como lo hacen ya otros estudios (Monzó, 2002) que la profesión sigue sin definir su posición en la sociedad. La situación profesional se refleja, asimismo, en la falta de directrices claras acerca de la traducción jurada en general y, especialmente, en el caso de los títulos universitarios (véase en este sentido también Monzó, 2003). Constatamos la existencia de dos propuestas de formato para las traducciones juradas y de varias propuestas de técnicas de traducción aplicables a distintos elementos del texto, cuya utilización hemos podido comprobar en el estudio empírico.

En la segunda parte de nuestro estudio describimos la metodología utilizada para realizar el estudio empírico detallado en nuestro modelo de análisis. El envío del cuestionario a los intérpretes jurados y de dos títulos para su traducción al español y al inglés constituye, quizás, la parte más laboriosa y compleja de nuestro estudio. Nos parece, sin embargo, fundamental para poder comprobar la realidad de la práctica profesional que constituye la traducción de los títulos universitarios.

Nuestro universo de sujetos (basado en la lista de intérpretes jurados de la Oficina de Interpretación de Lenguas (OIL) del Ministerio de Asuntos Exteriores (MAE) de 2001) nos ofrece un total de 658 sujetos, 468 mujeres, y 190 hombres. De ellos 441 han accedido al nombramiento de intérprete jurado por la Licenciatura en Traducción e Interpretación, 216 por examen del MAE, y solamente 1 por reconocimiento de un título europeo.

Para considerar los datos recopilados representativos, la muestra de sujetos debía reflejar la composición y las características exactas del universo total. Para el envío del cuestionario y de los títulos, decidimos intentar mantener las mismas proporciones que muestra la lista de la OIL, tomando en cuenta para la selección de la muestra aleatoria las variables siguientes:

- sexo;
- vía de acceso al nombramiento;
- año de acceso al nombramiento, y
- distribución por provincia.

De hecho, hemos respetado dichos parámetros en la selección de los sujetos para el estudio, aunque finalmente la distribución por provincia ha sido alterada por la inclusión del estudio piloto en el análisis global y por la repuesta desigual de los sujetos. Enviamos 300 cartas, y recibimos 53 respuestas al cuestionario, 49 traducciones al español (T1) y 46 al inglés (T2). Aunque el estudio piloto, realizado en la provincia de Granada, muestra un índice de respuesta de casi un 40 % (debido probablemente a los vínculos de los sujetos con la Universidad de Granada y a su cercanía geográfica), el índice de respuesta es de casi un 18 % para el estudio global.

Los resultados del cuestionario arrojan datos, que aunque no se pueden considerar representativos, sí son muy interesantes para esbozar una idea acerca de la situación de la profesión del intérprete jurado. Nuestro universo de sujetos muestra una profesión joven y mayoritariamente femenina, donde el 60 % se han incorporado a la profesión en los últimos 3 años. Más del 80% de nuestros sujetos traducen tanto al español como al inglés, lo cual hace patente, en cierta manera, la necesidad de la traducción inversa en el mercado de trabajo y, por consiguiente, en la formación de los licenciados. Apreciamos que solamente un 24,5 % de los sujetos pertenecen a asociaciones profesionales, y existe una clara correlación entre dicha afiliación y la edad (los más jóvenes son menos proclives al asociacionismo). Mayoritariamente los sujetos trabajan por cuenta propia, y se dedican todos en mayor o menor medida a la traducción jurada. Los resultados demuestran que existe un mercado de traducción de títulos y escasas relaciones entre los agentes involucrados.

En cuanto a la segunda fase del estudio, podemos subrayar diversas cuestiones. En primer lugar, el análisis de las traducciones recibidas nos ha proporcionado datos acerca de los formatos utilizados, el soporte físico, la frecuencia de uso de la certificación establecida en el BOE, y las estrategias de traducción aplicadas. Entre los aspectos formales analizados nos ha sorprendido la irregularidad en el uso de la certificación. Un 35 % de los sujetos reproducen fielmente la certificación exigida por el BOE en la T1 (primera traducción), el 45 % lo omiten, y el 20 % la reproducen parcialmente, e incorporan elementos que no contempla la normativa mencionada anteriormente. Los datos muestran una incidencia mayor en el uso de la certificación completa en la segunda traducción, T2 (un 46 % de manera completa, un 24 % parcial y un 30 % de omisión), quizás porque aparece como un único elemento en lengua española, lo que evita interferencias de otras posibles fórmulas de cierre. No debemos olvidar, sin embargo, que la omisión puede deberse al deseo de mantenerse en el anonimato.

De los elementos traducidos analizados podemos destacar la traducción de la titulación *Bachelor of Arts*, donde podemos apreciar el uso predominante de la traducción a través del préstamo léxico y la definición, lo cual nos puede indicar que los intérpretes jurados respetan las competencias de las autoridades educativas en cuanto al reconocimiento de los estudios, mientras, al mismo tiempo, hacen un esfuerzo por describir objetivamente en qué consiste la titulación.

Sin embargo, para la traducción de *with Honours* encontramos otras técnicas aplicadas que son más variadas, y predomina claramente el calco y la omisión. Las definiciones ofrecidas se refieren al sistema de títulos en general o definen *with Honours* como una calificación o especialización. Siguen ofreciendo una propuesta de equivalencia 9 (16,2 %) de los sujetos, cifra menor que en el caso de la denominación del título en sí.

En cuanto a las relaciones entre los agentes involucrados en este proceso social hemos podido constatar la falta de contacto entre los sujetos y las administraciones implicadas. No sabemos todavía si este mínimo contacto se debe a una falta de autoconfianza en la profesión, al trato que los traductores suelen recibir en otros ámbitos profesionales o a una falta de competencia interpersonal para tratar en igualdad de condiciones con miembros de otras profesiones.

Sorprendentemente, tan sólo 7 de los 53 sujetos han contactado con el MECD por cuestiones relacionadas con la traducción de títulos, sin mucho éxito, y 7 con las universidades británicas, en este caso de manera más productiva. Nos sorprende asimismo el hecho de que solamente 11 sujetos hayan recurrido a la OIL para resolver dudas acerca de sus traducciones. Aunque la OIL ocupa una posición reguladora para la profesión, no ejerce de colegio profesional ni mantiene un contacto diario con la realidad profesional de los intérpretes jurados. Sirve, sin embargo, como punto de referencia en cuanto a las directrices generales aplicadas a la traducción jurada.

En cuanto a la relación entre el intérprete jurado y el cliente, los datos ofrecidos por los sujetos refutan la insinuación que algunos miembros de la Administración hacen respecto a una relación colusoria, en la cual el intérprete jurado manipula los datos de los títulos en beneficio del cliente. Apreciamos una relación de confianza relativa cuando se trata de utilizar al cliente como fuente de información.

Para concluir, podemos decir que aunque la primera parte de nuestra investigación, desde las múltiples perspectivas involucradas, ha ocupado una mayor parte de nuestro estudio de lo esperado, lo consideramos fundamental para poder comprender la producción y recepción de los documentos que nos conciernen, así como para recopilar la información desperdigada acerca del contexto traductológico.

Nuestro análisis de los títulos de cada país nos obliga a cuestionar, hasta cierto punto, la utilidad de estos corpus como textos paralelos, dadas las divergencias entre ellos. Las macroestructuras son claramente diferentes en muchos aspectos, mostrando en común tan sólo algunos elementos, algunas expresiones o términos que podrán facilitar nuestra labor traductora.

Por otra parte, a pesar de las dificultades iniciales encontradas para establecer el universo de sujetos para el cuestionario, y del bajo índice de respuesta a un estudio postal, creemos haber recopilado una cantidad de datos acerca de los intérpretes jurados que podrá ser de utilidad en el futuro. Pese al desconocimiento y desconfianza ante nuestra investigación por parte de la Administración, tras insistir mucho en nuestra tarea, debemos recalcar el interés que nuestra investigación ha suscitado en algunas universidades, así como en el MECD y las oficinas NARIC, los cuales muestran, generalmente, su sorpresa por nuestro interés en su trabajo.

Aún nos queda en el tintero el estudio de muchos más datos y elementos de las traducciones y del cuestionario, así como el estudio de la recepción de las traducciones por parte de las administraciones implicadas. Éste será nuestro próximo reto.

BIBLIOGRAFÍA

ALCARAZ VARÓ, E. (1998): *El inglés jurídico. Textos y documentos*, Barcelona, Ariel.

ALCARAZ VARÓ, E. y B. HUGHES (2002): *Legal Translation Explained*, Manchester, St. Jerome.

BORJA ALBI, A. (1998): *Estudio descriptivo de la traducción jurídica. Un enfoque discursivo* [tesis doctoral], Universidad Autónoma de Barcelona.

— (1999): «La traducción jurídica en España al filo del milenio: profesión e investigación», *Perspectives: Studies in Translatology*, 7 (2), pp. 199-208.

— (2000): *El texto jurídico inglés y su traducción al español*, Barcelona, Ariel.

FAIRCLOUGH, N. (1992): *Discourse and Social Change*. Cambridge, Polity Press.

FRANZONI DE MOLDAVSKY, A. (1994): «El traductor público frente a los textos no jurídicos», *Voces*, 3, pp. 28-31.

— (1996): «La equivalencia funcional en traducción jurídica», *Voces*, 5, pp. 2-13.

HOFSTEDE, G. (1991): *Culture and Organizations. Software of the Mind. Intercultural Cooperation and its Importance for Survival,* Nueva York, McGraw-Hill.

MAYORAL ASENSIO, R. (1991): «La traducción jurada de documentos académicos norteamericanos», *Sendebar*, 2, pp. 45-57.
— (1999*a*): «Las fidelidades del traductor jurado: una batalla indecisa» en M. FERIA (ed.) (1999): *Traducir para la justicia*, Granada, Comares, pp. 17-58.
— (1999*b*): «Traducción oficial (jurada) y función» en M. FERIA (ed.) (1999): *Traducir para la justicia*, Granada, Comares, pp. 59-86.
— (2000): «Consideraciones sobre la profesión de traductor jurado» en D. KELLY (ed.) (2000): *La traducción y la interpretación en España hoy: perspectivas profesionales*, Granada, Comares, pp. 117-144.
— (2002*a*): «Los cambios en la profesión del traductor o intérprete jurado en España», *Boletín de la Asociación de Traductores e Intérpretes Jurados de Cataluña*, s.p.
— (2002*b*): «¿Cómo se hace la traducción jurídica?», *Puentes*, 2, pp. 9-14.
MONZÓ NEBOT, E. (2002): *La professió del traductor jurídic i jurat: descripció sociològica del professional i anàlisi discursiva del transgènere* [tesis doctoral], Castellón de la Plana, Universitat Jaume I.
— (2003): «Las traducciones profesionales en la formación de traductores jurídicos: enseña socializando» en R. MUÑOZ MARTÍN (ed.) (2003): *I AIETI. Actas del I Congreso Internacional de la Asociación Ibérica de Estudios de Traducción*, Granada, Universidad de Granada, pp. 441-453.
OFICINA DE INTERPRETACIÓN DE LENGUAS, MAE. (2001): *Lista actualizada de intérpretes jurados 2001*, Madrid, MAE.
— (2002): *Lista actualizada de intérpretes jurados 2002*, Madrid, MAE.
— (2003): *Lista actualizada de intérpretes jurados 2003*, Madrid, MAE.
PEÑARROJA FA, J. (1989 *a*): «Intérpretes jurados y notariado», *Boletín informativo de la APETI*, I (4), pp. 27.
— (1989*b*): «Intérpretes jurados: documentos para su historia», *Boletín informativo de la APETI*, I (nueva serie), pp. 27-28.
— (1989*c*): «Intérpretes jurados: documentos para su prehistoria», I-II. *Boletín informativo de la APETI*, I (nueva serie), pp. 31-32.
— (1990): «Los intérpretes jurados durante la guerra civil», *Boletín Informativo de la APETI*, I (8), pp. 27.
— (2000*a*): «Historia de los Intérpretes Jurados» [página web], *Associació de Traductors i Intèrprets Jurats de Catalunya* <http://www.atijc.com/ca/historia.htm> [última consulta de 8 de junio de 2005].
— (2000*b*): «Historia de los Intérpretes Jurados», *Boletín de la Asociación de Traductores e Intérpretes Jurados de Cataluña*, s.p.
WAY, C. (2003): *La traducción como acción social: el caso de los documentos académicos* [tesis doctoral], Granada, Departamento de Traducción e Interpretación, Universidad de Granada.

LA TRADUCCIÓN DE LOS DOCUMENTOS DEL DERECHO DE MARCAS

Mª DEL CARMEN ACUYO VERDEJO
Universidad de Granada

1. INTRODUCCIÓN

CON EL INCREMENTO de traducciones de textos cada vez más especializados en el mercado laboral, surge la necesidad de realizar estudios sistemáticos sobre su traducción con el fin de facilitar al traductor su tarea. En este sentido, la investigación realizada por la autora en la tesis que aquí se presenta (Acuyo, 2003*a*) viene a cubrir una laguna existente en un campo concreto de la traducción jurídica y, más concretamente, en la convergencia del derecho de la propiedad industrial y de la traducción.

La tesis está estructurada en 9 capítulos. El capítulo 1 consta de una introducción y una delimitación del campo de estudio, al tiempo que argumenta las principales razones que nos llevan a iniciar una investigación de estas características en esta área de especialidad. El capítulo 2 hace un recorrido por las principales aportaciones que han realizado los diferentes autores sobre enfoques textuales, y en particular dentro de la traducción jurídica. A continuación, en el capítulo 3 se expone y describe nuestro modelo de análisis textual aplicado a los documentos del derecho de marcas y, más concretamente, a los documentos susceptibles de traducción que se suceden en el procedimiento de registro de una marca en cuatro contextos jurídicos diferentes: el español, el británico, el europeo y el internacional. El capítulo 4 realiza un análisis comparado de los distintos sistemas jurídicos que acabamos de mencionar, con el fin de observar las diferencias de conceptos y la posible asimetría procesal existente entre ellos, en especial entre el derecho de marcas español y británico. El capítulo 5 hace un recorrido exhaustivo por las diferentes fuentes de referencia, tanto bibliográficas como terminológicas o en formato de base de datos, de extrema utilidad para el traductor de este tipo de documentos. En el capítulo 6 llevamos a cabo el análisis propiamente textual de los textos recopilados para nuestro corpus, tomando como referencia el parámetro de la superestructura. En el capítulo 7 se vierten las principales reflexiones que los resultados de tal análisis nos merecen y se matizan conceptos tales como el hibridismo, la multifuncionalidad, la creación de textos bilingües y multilingües, los textos paralelos, la normalización de los documentos, especialmente en los contextos europeos e internacionales, el concepto de superestructura, así como los conceptos de texto origen, texto meta, cultura de origen y cultura meta.

Finalizamos esta investigación con unas reflexiones generales en las que se menciona la consecución de los objetivos marcados al inicio de nuestro trabajo, al tiempo que se esbozan algunos de los retos a los que se enfrentará el traductor en un futuro, sobre todo teniendo en cuenta las implicaciones que suponen para la traducción de este tipo de documentos la adhesión de los nuevos estados miembros a la Unión Europea.

2. OBJETIVOS

Una vez delimitado nuestro objeto de estudio y tras realizar un breve recorrido por los principales capítulos de la tesis doctoral, exponemos a continuación algunos de los objetivos que pretendimos alcanzar con este estudio concreto:

- Definir y establecer las diferencias y similitudes entre los principales conceptos y figuras jurídicas que aparecen en el derecho de marcas, en general, y en el procedimiento de concesión, en particular, a través de un análisis comparativo de este ámbito del derecho en los distintos sistemas jurídicos, en especial entre el sistema español y el británico.
- Establecer un inventario de los principales documentos que intervienen en dicho proceso, especialmente de aquéllos que necesitan traducción.
- Identificar el papel que juega la traducción en todo el procedimiento de concesión de una marca, en especial en el ámbito comunitario e internacional.
- Recopilar las principales fuentes de referencia y documentación jurídicas que regulan el derecho de marcas en el ámbito nacional (español y británico), comunitario e internacional.
- Identificar los principales factores extratextuales que componen la situación comunicativa de los textos recopilados.
- Recopilar un corpus bilingüe (inglés-español) de textos escritos que participan en ese procedimiento de concesión.
- Identificar las convenciones textuales de cada uno de los textos y observar las diferencias existentes entre los textos redactados en español y en inglés.

- Identificar la tendencia actual en la evolución de los documentos dentro del contexto de la globalización.

3. METODOLOGÍA

Para la consecución de estos objetivos, y teniendo en cuenta el carácter predominantemente descriptivo del trabajo, la metodología que hemos seguido está basada en los pilares que se describen a continuación.

El primer fundamento del trabajo es el diseño de una metodología mixta, ya que, por un lado, se plantea un estudio comparativo de los distintos sistemas jurídicos, propio del derecho comparado, para analizar el grado de simetría procesal en dichos sistemas jurídicos, en especial entre el español y el británico, así como las diferencias conceptuales existentes entre ellos. De otro lado, se adopta una metodología basada en la textología comparada mediante la recopilación de un corpus de documentos propios del procedimiento de registro de marcas. En definitiva, el método de análisis que se ha seguido ha tenido en cuenta diversos factores tales como el campo temático, la variedad de textos que forman parte del procedimiento de registro de una marca y que necesitan traducción, las diferentes culturas jurídicas e institucionales intervinientes, así como la situación comunicativa que caracteriza a dichos textos.

4. MATERIAL

El material utilizado para nuestra investigación se compone primordialmente de un corpus de 40 textos paralelos y escritos en su origen en inglés y en español. Dichos textos fueron recopilados tras visitar las distintas instituciones de la propiedad industrial encargadas del registro de marcas, a saber, la Oficina Española de Patentes y Marcas (OEPM) en España, *The Patent Office* en el Reino Unido, la Oficina de Armonización del Mercado Interior (OAMI) en Alicante y la Organización Mundial de la Propiedad Intelectual (OMPI) en Ginebra.

5. ANÁLISIS

Los tres aspectos que hemos analizado en nuestra tesis son fundamentalmente tres: la dimensión jurídica, la profesional y la textual.

5.1. Análisis jurídico

Consideramos oportuno aplicar una metodología basada, en parte, en elementos propios del derecho comparado por varias razones. En este sentido, cabe señalar en primer lugar que la(s) lengua(s) en la(s) que los documentos han de ir redactados viene(n) determinada(s) tanto por las distintas leyes que aquí se analizan como por sus respectivos reglamentos.

En segundo lugar, no sólo el idioma viene determinado por las leyes y los reglamentos que las desarrollan, sino que incluso la forma que revisten dichos documentos aparece recogida en los distintos instrumentos jurídicos que hemos analizado para esta investigación. En algunos casos, la ley nos informa de que se trata de documentos normalizados y en otros casos parece existir una cierta libertad en cuanto al formato, siempre y cuando dichos documentos contengan las menciones que la ley y el reglamento consideren obligatorias.

En tercer lugar, son los propios instrumentos jurídicos los que determinan las menciones, los contenidos básicos y hasta el régimen lingüístico de cada documento (art. 11.9 de la Ley de Marcas). Baste mencionar, como ejemplo, la referencia que sobre la solicitud de registro de marca establece el artículo 12.1 de la Ley y al que habría que completar con el artículo 1 del Reglamento que desarrolla a la misma:

La solicitud deberá contener, al menos:

a) una instancia por la que se solicite el registro de marca
b) la identificación del solicitante
c) la reproducción de la marca
d) la lista de productos o servicios para los que se solicita el registro

En cuarto lugar, es a través de la lectura y comparación de los diferentes instrumentos jurídicos cuando conocemos los distintos documentos que surgen en un procedimiento de concesión de una marca española, británica, comunitaria o internacional, al tiempo que nos ofrece una visión clara de cuál va a ser la situación comunicativa y el contexto en los que se insertan los distintos documentos, por cuanto, también en la ley, se nos describe quién emite el documento (emisor), a quién va dirigido (receptor), qué relación existe entre ambos, qué efectos produce o qué función va a cumplir dicho documento, el conocimiento compartido por los interlocutores respecto del tema en cuestión, es decir, toda la información situacional y contextual.

Finalmente, cabe señalar que el análisis de los documentos legislativos nos proporciona además una buena base de conocimientos en derecho comparado, considerada ésta por algunos autores (Borja, 1998: 505, 507) como una fuente imprescindible para paliar la complejidad conceptual y las diferencias existentes entre los distintos sistemas jurídicos, principalmente el sistema de *common law* y el romano-germánico, en nuestro caso.

Por otro lado, este estudio nos lleva también a descubrir el régimen lingüístico y de traducción existente en el campo del derecho de la propiedad industrial, al tiempo que se extrae un inventario de los documentos que intervienen en este procedimiento de registro de marca.

5.2. Análisis profesional

Es de sobra conocida la laguna existente, en la mayoría de las ramas del saber, entre la teoría y la práctica. En este sentido, el derecho de la propiedad industrial no es una excepción. Así pues, con este antecedente, nos adentramos en la tarea de recopilar los textos realizando visitas a las distintas oficinas de la propiedad industrial y consultando los expedientes en el registro de cada una de ellas: la OEPM en Madrid, *The Patent Office* en Londres, la AOMI en Alicante y la OMPI en Ginebra.

Una de las principales diferencias que se desprende de nuestro estudio sobre los profesionales encargados de las traducciones de este tipo de documentos reside en la formación de los mismos y en la competencia para traducir dichos documentos. Para responder a estas dos cuestiones, formación y competencia, analizamos la situación en cada uno de los cuatro contextos, el español, el británico, el europeo y el internacional (Acuyo, 2003*b*).

Así, por ejemplo, en España la traducción de documentos de la propiedad industrial constituye una fuente de trabajo para los intérpretes jurados en España, si bien ésta se ve condicionada por la presencia de los Agentes de la Propiedad Industrial. Esta realidad nos demuestra, por un lado, la falta de regulación de la profesión de traductor e intérprete que existe en España y que se podría subsanar mediante la creación de un colegio profesional y, por otro, como consecuencia de lo anterior, el intrusismo que, en general, padece hoy día la profesión de traductor e intérprete (Pujol, 2000; Monzó, 2002).

La práctica habitual suele ser el contratar los servicios de un traductor, a ser posible especializado en temas de derecho de propiedad industrial, para que se ocupe de la traducción de estos documentos. Asimismo, la Oficina de Patentes en el Reino Unido tampoco se hace cargo de la traducción de documentos que, aunque procedentes de otros países, no estén redactados en lengua inglesa. En estos casos la traducción corre a cargo de la persona que presenta el documento.

5.3. Análisis textual

El capítulo seis de nuestra tesis lo dedicamos al estudio de las convenciones textuales de cada uno de los textos que conforman nuestro corpus, propiamente dicho, y tras la cual se vislumbran ya hasta qué punto la aproximación de las distintas legislaciones nacionales inciden en la organización de las convenciones textuales de los textos, haciendo especial hincapié en la creciente tendencia a la normalización, en algunos textos, frente a la permanencia de ciertos elementos de retórica textual propios de cada una de las culturas involucradas en nuestro estudio, en otros. En algunos textos hemos encontrado también una curiosa combinación de ambos fenómenos, especialmente en las culturas textuales europeas e internacional.

Tal y como mencionábamos en la introducción, el parámetro textual seleccionado para llevar a cabo nuestro estudio de las convenciones textuales es el de la superestructura. Con dicho parámetro nos propusimos identificar la superestructura común al mismo texto, pero en los cuatro contextos culturales diferentes y ello con el fin de facilitar al traductor la traducción de este tipo de texto. No obstante, tras este análisis, observamos la imposibilidad de identificar una superestructura prototípica única para cada bloque de textos.

Asimismo, este análisis de las convenciones textuales nos ha permitido descubrir el importante papel que la legislación y las normas de estilo marcadas por las distintas instituciones de la propiedad industrial tienen en la superestructura de dichos textos y, por ende, en sus convenciones textuales y en su contenido (Acuyo, 2004). Ésta es una de las razones que justifican la ausencia de una superestructura común pero nos encontramos con otras no menos importantes. Nos referimos, por un lado, al hecho de que los bloques de información no aparezcan en el mismo orden, que dichos bloques no son los mismos en algunos casos y, por otro, la falta de simetría procesal y documental en los cuatro sistemas jurídicos, es decir, no todos los textos aparecen como tales en las mismas situaciones comunicativas.

Tras este análisis, resultó necesario reconsiderar, y en algunos casos redefinir, algunos de los conceptos que tradicionalmente han servido de base a los estudios de traducción, en general, y a la textología comparada, en particular. De entre dichos conceptos cabe señalar los de texto paralelo, texto de origen y texto meta, cultura de origen y cultura meta.

Asimismo, surgen también fenómenos nuevos que vienen a confirmar, con ejemplos directos de la práctica profesional, lo que ya esbozaban algunos autores (Schäffner, 1998, 2001; Stolze 2001, entre otros), y es la tendencia al hibridismo como consecuencia de la convivencia de las diferentes culturas en contextos multiculturales como el de las organizaciones de la Unión Europea y las internacionales. Otro de los fenómenos es la creciente tendencia a la creación de textos multilingües, especialmente los generados en el seno de instituciones supranacionales con la particularidad de que en dichos contextos los textos no son considerados traducciones, sino textos originales.

6. DISCUSIÓN DE LOS RESULTADOS

Tras realizar el análisis de los textos que conforman nuestro corpus desde una triple perspectiva (jurídica, profesional y textual) y retomando los objetivos que nos planteamos al inicio de esta investigación consideramos oportuno subrayar algunos elementos de juicio.

En primer lugar, un análisis comparado de los cuatro sistemas jurídicos sobre el derecho de marca en España, en el Reino Unido, en Europa y en el ámbito internacional ha resultado ser de extrema utilidad para la traducción de este tipo de textos. Esta primera fase del análisis ha proporcionado al traductor un conocimiento amplio de los conceptos y los elementos culturales propios de cada sistema jurídico. Dicho análisis nos ha permitido además proporcionar al traductor información relativa a los factores extratextuales que determinan la situación comunicativa.

En segundo lugar, otro de los resultados importantes de nuestra investigación reside en el hecho de haber compilado para el traductor valiosas fuentes de documentación, tales como bases de datos utilizadas por las diferentes oficinas nacionales, europea e internacional y que también pueden ser utilizadas por el propio solicitante, agentes de la propiedad industrial y traductores. Su principal utilidad reside en facilitar terminología y fraseología especializada y contextualizada

En tercer lugar, nuestra investigación ha demostrado la pertinencia, la eficacia y la utilidad que tiene para el traductor el crear corpus de textos originales para distintas combinaciones lingüísticas. El traductor los puede utilizar como fuente de referencia con el fin de encontrar soluciones de traducción y de mejorar notablemente la calidad del texto traducido.

En cuarto lugar, las implicaciones de la continua aproximación de las legislaciones nacionales para las convenciones textuales de los textos jurídicos creados en la Unión Europea remiten sobre todo a la existencia de diferentes grados de normalización, a la presencia de hibridismo textual y cultural junto con la persistencia de elementos culturales propios de las culturas jurídicas implicadas. Todos estos elementos, tanto los híbridos, como los elementos culturales afectan directamente a la comprensión del texto, a su formato y, por ende, a las decisiones que el traductor tome para la solución de dichos problemas.

Por otro lado, el análisis de la superestructura de los documentos proporciona al traductor una información real, fiable y contextualizada de las convenciones textuales de los textos que componen nuestro corpus.

Quisiéramos subrayar asimismo las repercusiones que este tipo de análisis tiene para el desarrollo de herramientas de traducción asistida, ya que el material compilado ayuda al traductor a encontrar soluciones y bloques de información paralelos en ambas lenguas, inglés y español especialmente en los textos con un alto índice de normalización, que son, por otra parte, la gran mayoría de ellos. Al mismo tiempo, estos bloques paralelos de información y su correspondiente extracción terminológica podrían ser utilizados para crear memorias de traducción para la traducción de textos jurídicos, así como para crear glosarios electrónicos con la metodología empleada por la lingüística de corpus.

Finalmente, nuestra investigación pone de manifiesto los principales retos y la formación que requiere un traductor para ser contratado como tal no sólo en calidad de freelance, sino también por las distintas instituciones nacionales, europeas e internacionales. Nos referimos a la OAMI o a la OMPI. En este sentido abogamos por la necesidad de una formación multidisciplinar como la vía que ofrece al traductor adquirir unos conocimientos sólidos que le permitan afrontar los retos que la traducción de documentos de la propiedad industrial encierra.

BIBLIOGRAFÍA

(2001): Ley 17/2001, de 7 de diciembre, de Marcas, BOE n.º 294, de 8 de diciembre de 2001.

(2002): Real Decreto 687/2002, de 12 de julio, por el que se aprueba el reglamento para la ejecución de la Ley 17/2001, de 7 de diciembre, de marcas, BOE n.º 167, de 13 de julio de 2002.

ACUYO VERDEJO, M. C. (2003 *a*): *La traducción de documentos del derecho de marcas: Aspectos jurídicos, profesionales y textuales* [tesis doctoral], Departamento de Traducción e Interpretación, Universidad de Granada.

— (2003*b*): «El traductor de documentos de la propiedad industrial», *Butlletí de l'Associació de Traductors i Intèrprets Jurats de Catalunya*, Invierno, s.p.

— (2004): «Analysis of Textual Conventions in the Translation of Industrial Property Documents» en las actas del congreso *Translating in the 21st Century: Trends and Prospects*, Aristotle University de Tesalónica, Grecia, 27-29 de septiembre de 2002, pp. 29-36.

BORJA ALBI, A. (1998): *Estudio descriptivo de la traducción jurídica, un enfoque discursivo*, vol. I [tesis doctoral], Facultad de Traducción e Interpretación de la Universidad Autónoma de Barcelona.

MONZÓ NEBOT, E. (2002): *La professió del traductor jurídic i jurat: Descripció sociològica del professional i anàlisi discursiva del transgènere* [tesis doctoral], Universitat Jaume I, Castellón de la Plana.

PUJOL, M. (1999): «Hacia un colegio profesional» en D. KELLY (ed.): *La traducción y la interpretación en España hoy: perspectivas profesionales*, Granada, Comares, pp. 225-231.

SCHÄFFNER, C. (1998*a*): «Parallel Texts in Translation» en L. BOWKER y otros (eds.) (1998): *Unity in Diversity? Current Trends in Translation Studies*, Manchester, St. Jerome, pp. 83-90.

— (ed.) (2001): *Language Work and the European Union,* número especial de *Perspectives: Studies in Translatology*, 9 (4).

SCHÄFFNER, C. y B. ADAB (ed.) (2001): *Hybrid Texts and Translation,* número especial de *Across Languages and Cultures*, 2 (2).

SIMON, S. (2001): «Cultural and Textual Hybridity» en SCHÄFFNER y ADAB (2001: 217-226).